海外藏中国古代文物精粹

吕济民题

吕章申　主编

中国国家博物馆国际交流系列丛书

海外藏中国古代文物精粹

英国国立维多利亚与艾伯特博物馆卷

时代出版传媒股份有限公司
安徽美术出版社

总　序

中国国家博物馆馆长　吕章申

中华文明源远流长，每个历史时期都有杰出的创造。她们所串联成的中华文明史以及各类历史遗存，都见证了中华民族伟大的创造精神和历代先贤的聪明才智。这些今天陈列在博物馆中的文明瑰宝，承载着历史，传播着文明。她们是中华民族薪火相传的物证，也是现代文明中博物馆学和考古学发展成就的见证。

众所周知，由于历史的原因，自19世纪中期以来，由于外国列强的掠夺和战争，加上文物走私等诸多因素，中国古代文物大量流失海外，其中不乏精品和孤品。据联合国教科文组织不完全统计，在全世界47个国家200多家博物馆的藏品中，中国文物有164万余件。这些流失在海外的中国古代文物有相当一部分至今尚未正式向世人刊布，而有的虽已发表，却资料零散，信息不全。因此，要想了解中国流失海外文物的整体情况，或只是了解某个博物馆中国藏品的概况，在目前都是很困难的。

中国国家博物馆作为中华文化的祠堂和祖庙，我们不仅痛感这些凝聚中华文明的国之瑰宝的流失，而且深感有责任肩负调查、研究这些流失海外中国古代文物的重任，这是我们的文化自觉，也是我们的文化自信。显然，就目前的情况对流失海外的中国古代文物进行全面调查、整理、研究是有相当困难的，但是，基于中国国家博物馆多年来与世界一些著名博物馆和收藏机构合作的成果，择其主要，选其代表，有规划、有系统地进行与各博物馆之间的合作，编纂一套《海外藏中国古代文物精粹》丛书，让更多的人了解流失海外的中国古代文物的状况，并以此推动对于流失海外中国古代文物的整理和研究，则具有非常重要的意义。

《海外藏中国古代文物精粹》丛书以馆立卷，每卷收录180至200件（套）文物，由我馆及海外博物馆的专家共同研究，合作撰写说明文字。其中还附有相关文物的其他图片，以期通过对比而加深对于某一具体文物的认识，以及通过与相关文物之间的联系来深化对于某一类文物的研究。该丛书的出版在全面了解各馆所藏中国古代文物总量的基础上，摸清流失海外文物流传的路径，深入认识并研究其中的精品，为海内外文物研究专家和爱好者提供参考资料，为中外文化交流及博物馆馆际合作提供平台，为国家制定针对海外文物的政策提供借鉴。

《海外藏中国古代文物精粹》丛书自2005年底立项，至今历时8年多始见成书，足见其工作之艰巨，编务之繁重，研究之不易。这套丛书的陆续面世，是我馆与各国博物馆之间通力合作的成果。为此，我要感谢海外博物馆同仁的鼎力相助，也要感谢我馆专家学者的辛勤工作，是大家的共同努力使得这套丛书得以出版。我相信随着丛书的推出，必将促进海外流失文物的整理和研究工作迈上一个新的台阶。

2014年4月

序 言

英国国立维多利亚与艾伯特博物馆馆长　马丁·罗特

英国国立维多利亚与艾伯特博物馆（V&A）有幸与中国国家博物馆合作，从V&A馆藏18,000多件中国文物中挑选了195件精品，编纂成册。《海外藏中国古代文物精粹·英国国立维多利亚与艾伯特博物馆卷》即将面世，我们为此感到万分欣悦。

V&A的前身是南肯盛顿博物馆。它起源于1851年在伦敦海德公园举办的“万国工业产品博览会”。创立博物馆的宗旨，是收集全球各地及各时代、设计优良而又制作精美的工艺品。经过160多年的经营，历任馆长和藏品主管努力不懈地遵行这个使命，建立了一个丰富而又包罗万有的艺术宝库，增强了参观者的知识，也让世界各地的设计师和创作行业获得灵感和启发。我们的中国藏品，在国际博物馆界享有极高声誉，被公认为一级水平，其中数件更是全球独一无二的稀世珍品，如明宣德剔红龙凤纹三屉方桌（本书第139件，P252），即是一例。

同样重要的是V&A历任职员和其他学者们的研究成果。早在1904年，史提芬·布绍尔（1844—1908）出版了经典之作《中国艺术》，向广大读者介绍了V&A的中国藏品。这本书在往后的20年一共重印了6次之多。它在中国也是极受欢迎的，1923年商务印书馆出版了中译本。从1904年到2014年，我们出版了数十本有关中国文物的书籍。前辈学者们的成就，为《海外藏中国古代文物精粹·英国国立维多利亚与艾伯特博物馆卷》一书的编写提供了宝贵的参考资料。

除了亚洲部，V&A档案部也扮演了非常重要的角色。它是个名副其实的知识泉源。有了完善的存档系统，文物入藏时的历史背景得以被记录下来。中国自8世纪开始已是全球最大的陶瓷出口国家，而英国则以航海业著称。随着英国海上贸易的增长，中国瓷器和其他工艺品也就源源不断地运抵英国，装饰着英国的皇宫和富贵人家的庄园。到了19世纪中叶南肯盛顿博物馆成立时，中国产品已是英国人生活的一部分了。《海外藏中国古代文物精粹·英国国立维多利亚与艾伯特博物馆卷》这本书是图文并茂的历史缩影，让我们了解英国人怎样享用、珍藏和研究中国工艺品。

感谢中国国家博物馆同仁。他们参考了最新的考古发掘资料和古代文献，将他们的学术成果编入书中。V&A和中国国家博物馆两馆的共同努力，写下了中英两国，即出产地的中国和消费地的英国的一段历史交流。我期待将来两馆会有更多的合作。

2014年4月

目录

青铜　漆器及其他

中国文物和英国国立维多利亚与艾伯特博物馆

刘明倩（V&A 博物馆中国藏品主任）

中国国家博物馆决定出版《海外藏中国古代文物精粹》，是项很有意义的事。英国国立维多利亚与艾伯特博物馆（Victoria and Albert Museum，后文简称 V&A 或"维博"），馆藏中国文物超过 18,000 件。要谈该批文物如何在英国出现，笔者打算先简单地介绍一点英国的历史和社会背景。

英国是个海岛，没有丰富的天然资源，英国人向外发展的个性，似乎是与生俱来的。1498 年葡萄牙探险家达迦马成功地绕过非洲好望角抵达印度，英国的航海家也就不断地到亚洲寻找生计。1600 年英国东印度公司成立，将亚洲的物产运到英国售卖。印度的香料、中国的丝绸和其他林林总总的亚洲土产，成了英国人致富的源泉，和英国民生息息相关。

航海生涯是危险的。除了台风、疟疾，还有敌人的大炮。当时欧洲各国的船队在海上互相火拼劫掠，是常见的事。英国首先在 1588 年击败了西班牙舰队，再经过百多年努力，终于在 18 世纪雄霸了航海事业。自 18 世纪开始，开往中国的商船以英国为数最多，不是没原因的。英国海军的威望，一直到 1956 年苏伊士运河事件时才呈现疲态。

谈到航海，历史学家们很自然便想到了郑和。郑和下西洋，比达迦马早了近百年，证明中国的造船业并不落后。但中国和英国有一个重要的分别——郑和的船队是属于皇帝的，倘若皇帝对外交失去兴趣，造船厂也就停止生产。宣德皇帝之后便再没有下西洋的故事了。前往南洋贩卖的闽粤沿海居民，他们没大量资本建造远航船只，更买不起枪炮和航海仪器。欧洲船一旦驶进印度洋，中国船是无法和它们竞争的。英国商船便不同了。船是属于商人的，是他们的谋生工具，加上当时来自欧洲的剧烈竞争，英国人若要保有既得的地盘，唯一办法是不断改良船只，让它们更坚固、更有战斗力。

自女王伊丽莎白一世（1533—1603）开始，英国的君主普遍对贸易非常重视，间接地提高了英国商人的社会地位。这不独和中国传统观念迥然不同，连法国人也认为是自贬身价的做法。据说拿破仑曾轻蔑地形容英国是个"充满店主的国家"，意思是英国人只懂做买卖，不懂打仗。后来他被这个只懂做买卖的国家打败了，那是题外话。但英国商人的势力大，从拿破仑这名句是可以看出来的。

维多利亚女王统治期间（1837—1901），是英国的全盛时期。那时富人越来越多，从事收藏的也由王室贵族伸延到社会其他阶层。当时英国人的足迹达到世界每一角落，收藏家们的橱柜也就充满了来自世界各地的奇珍异宝。伦敦有专门为收藏家服务的店铺，它们不是古董店，可称之为"艺术珍品店"，店中各色各样的货物便包括中国瓷器、漆器、象牙球、玳瑁小箱子等。而伦敦能拥有两间大型的综合性博物馆，也完全得力于收藏家。

因为英国国民的活动范围不局限于英伦三岛，被视为"国宝"的艺术品也就不局限于英国本地出产。英国各大国立博物馆馆藏当中，英国制品的数量只占很低的百分比。维博有一列 15 个"英国展厅"，占地 3000 平方米，但展出的 3000 多件珍品则来自世界各地，那是因为英国人在过去 500 年中，衣食住行各方面在一定程度上均依赖进口货，故而和英国历史有密切关系的器物也不尽是本地制品。这种现象是较为特殊的。今天，英国政府设有专管艺术品的部门。若有国宝级的艺术品要被卖到国外，即使那件艺术品不是英国制造，该部门也会尽力筹募足够的钱将那件艺术品买下来，以免它流出国门。

一、艾伯特亲王和亨利·高尔

在中国人心目中，博物馆是存放文物的地方。

其实，英国的博物馆功用很广，存放历史性文物只是众多用途之一。

英国是博物馆的发源地，有 300 多年经营博物馆的经验。牛津的阿什莫林博物馆（Ashmolean Museum），开馆于 1683 年，是全英国也是全世界最早成立的公开博物馆。博物馆内的器物，当时是大学教授们的教学材料。

维多利亚与艾伯特博物馆，则是 1851 年“万国工业产品博览会”的延续。该博览会是第一届“世博”，展期不到 6 个月，参观人数却超过 600 万，是个既受群众欢迎又获知识分子好评的展览。它结束后，世界其他大城市纷纷举办类似的展览。先是纽约（1853），跟着是巴黎（1855），之后是维也纳（1873）、费城（1876）、芝加哥（1893）等。到了 1928 年，正式统筹世博的官方机构成立，英文简称 BIE，总部在巴黎。2010 年的世博是在上海举行的，其中一件备受瞩目的展品，是英国画家亨利·塞卢斯（Henry Courtney Selous,1803—1890）的油画（图 01），描绘了第一届世博开幕仪式的场景，帆布上除了英女王和王夫艾伯特亲王（Prince Albert, 1819—1861），还有位穿着清代冠服的中国官员，和其他国家的代表们站在显眼的位置。这幅油画之所以引人注目，是因为当时清政府没有派官方代表参展，画中的中国官员是谁，引起了中国学术界的兴趣。

作为 1851 年博览会领导人的艾伯特亲王，自然受到四面八方的赞誉，脸上很有光彩。但他明白会场是临时建筑，博览会结束后，展品也会各自返回自己的国家。为长远计，他决定将博览会赚得的盈利用来兴建一所永久性的博物馆。筹备博物馆的任务，落在英国设计学院院长亨利·高尔（Henry Cole, 1808—1882）身上。

有一点值得提出：无论是博览会也好还是博物馆也好，两者的出发点完全是为了改良生产，没有刻意去搜罗历史文物。艾伯特亲王办博览会，是因为英国产品虽然坚固耐用，但设计上并不出色。举个例，英国制造的钟表运行准确，但钟表的外表却不如法国制的漂亮。艾伯特亲王认为英国制造商应多看其他国家的产品，吸取别人的长处。他又指出英国工人应多接触艺术品，培养一点艺术素质。

其实，什么才算好的艺术或好的设计，是因人而异的。博览会结束后，高尔和三位评选员从数以万计的展品中挑选了 244 件，作为英国设计学院的永久收藏。它们包括法国的瓷瓶和银盒，意大利的木书架，比利时的铁碗，爱尔兰的银胸针，土耳其的浴巾，印度的钢刀、银踝环和宝石手镯，还有英国本土的瓷碟、镀金银杯和铜烛台。它们全是新制品，最能代表维多利亚时代的品味。

虽然那 244 件展品中没有中国货在内，但高尔在翌年，即 1852 年，买了 22 件中国工艺品，证明中国工艺品在他心中并非毫无分量。那 22 件包括漆盒、漆盘、铜胎画珐琅杯、广彩瓷盘、象牙卡片架、滑石砚屏、玉如意、螺钿盒、清装美人像、铜香炉等。那批工艺品购自前文提到的艺术珍品店。东西大部分是新制，但在一堆新制品当中，却有一件康熙瓷盘和一件崇祯瓷瓶（图 02）。查看当时的纪录，康熙瓷盘被错认为日本货，崇祯瓷瓶则定为“现代”。17 世纪时外销到欧洲的中国瓷器多得很，这两件在欧洲度过了一百多年、二百多年岁月的瓷器，它们的本来面目已不为世人所知了。虽说是高尔对中国陶瓷认识不够深，但间接地也表示那时在英国流传的明末清初瓷器极多，否则英国商人不会把它们和 19 世纪的产品以同样的价钱出售。

若说英国人对古物完全不感兴趣，那也不尽正

图 01
1851年万国工业产品博览会开幕仪式

图 02
明崇祯青花人物长颈瓶

图 03
清雍正粉彩花卉纹盘，盘底弘治刻款

确。英国有“考古学会”，成立于1843年，但主要范围在保护古建筑和历史遗迹。英国也有“古物专家”。1854年去世的英国参议员雷夫·本纳（Ralph Bernal, 1784—1854），便是公认的鉴古权威。他遗留下来的藏品超过4000件。高尔企图说服当时的英国财政司将它们全盘买下来，但财政司不肯。结果是遗产交拍卖行拍卖，英国设计学院投得730件，其中41件是中国货。将这41件和1852年购入的那批工艺品互相比较，最大的分别是本纳藏品中有13件雍正乾隆粉彩盘，而1852年那批则没有。可惜本纳没给那些粉彩盘断代，他是否以为那13件瓷盘是很古老的东西，后人也就无从猜测。

最耐人寻味的是，其中一件盘刻有暗花龙纹，还有“大明弘治年制”刻款（图03），证明那瓷盘是弘治时期的素胎瓷盘，在紫禁城的仓库中呆了二百多年，雍正时被翻出来作为釉上彩绘之用。画花卉的应该是在内廷供职的画师，而烧制的地方也应是清宫造办处而不是景德镇。而笔者最关注但又找不到答案的，是这件盘如何落入本纳手中。1854年第二次鸦片战争还未发生，不能解释为掠自圆明园的战利品。笔者顺带指出，当时所有关于中国陶瓷的英文、法文专著尚未面世，即使本纳留意到瓷盘刻有中国文字，他也不会懂得个中意义的。

二、1860——关键性的一年

笔者大致可以肯定，1860年之前离开中国的器物，都是商品性质，分别只是有些商品是便宜货、有些是昂贵的奢侈品，故而有些被视作等闲，有些则被珍如拱璧。中国货销往外国，自汉代开始从没间断，英国只是众多的顾客之一而已。卖的是古物也好，新货也好，货物的来源也各不相同，但起码买卖双方是心甘情愿的。但鸦片战争改变了这种局面。因为英国用了武力，在中国人心目中是侵略者。再加上当时清廷要应付太平军，英国总洗不脱乘人之危的罪名。直到今时今日，还有不少中国学者认为流散到国外的中国文物，统统是1860年英法联军抢自圆明园的。这种想法虽然并不正确，但由此也可看出，鸦片战争留下的坏印象并不容易洗去。

英国人自然不认为他们是乘人之危。当时普遍的看法是：打胜仗代表国家强盛，掠取战利品也是理所当然的。因为舆论界不批评英国军人在中国的所作所为，拍卖行和珍品店也就推波助澜，只要是中国的东西，一律说是“来自圆明园”，就这样道听途说、以讹传讹，孰真孰假简直是笔纠缠不清的糊涂账。

“文物”这个概念，要在1860年后才慢慢地在英国人的意识中出现。根据《北京条约》，中国开放了广州以外的其他口岸，到中国居住的英国人陆续增多了，有些学懂了中文，有些则和中国的古董商打交道，渐渐认识到清代之前的物质文明。那批人虽不是专职研究学术，但他们对中国事物有较深认识，又著书立说，在祖家英国被视为“汉学家”。其中以史提芬·布绍尔（Stephen W. Bushell, 1844—1908）（图04）对中国古物最有研究。

布绍尔是个医生。1868年抵达北京，任职于英国驻华公使馆，看病诊症之余便逛古董店，又自学中文。在汉文的领域而言，法国人其实比英国人起步得更早。法国传教士自康熙朝便在清宫服务，传教士又大多有语言天分，所以第一个翻译《景德镇陶录》的，是比布绍尔早了半个世纪的法国人史丹尼斯拉·朱利安（Stanislas Julien, 1797—1873）。该书法文译本在1856年面世。布绍尔比朱利安优胜的地方，是他有看到实物的机会。他一再指出朱利安翻译上的错误，因为朱利安虽然懂中文，但他不懂陶瓷的专有词汇。后来布绍尔翻译《陶说》，目的之一恐怕是要让世人知道他的翻译功夫比朱利安高明。

布绍尔抵达北京后很快便开始买古董了。当时北京的古董商，对洋人顾客并不仇视。布绍尔对古物的认识，应该是学自古董商。而他在1870—1900年这30年间买到的器物，也代表了当时北京古董市场的一般情况。1883年他替南肯盛顿博物馆（South Kensington Museum，维博的前身）买了253件中国工艺品，本书收录了3件。其中一件明永乐白釉爵（本书第38件，P076），才花了5先令，布绍尔认为它是德化窑。与其说他看走了眼，毋宁说是卖给他的古董商不识货，否则不会把明早期官窑的当明末民窑的卖。

图04
史提芬·布绍尔

1899年，布绍尔即将退休返回英国老家，便将一批历年买到的青铜器转让给维博（本书第113件，P206；第119件，P218）。但有十多件明清瓷器他一直留着，也许是他特别钟爱的吧。直到1975年，他的曾孙女因年事已高，要处理先人的遗物，便写信给维博。当时维博刚成立了远东部（下详）。部长听见是布绍尔的后人便已极端兴奋，再见到那件明隆庆青花团鸾凤纹罐（本书第57件，P105）和那对唐英款青花烛台（本书第87件，P154），真是喜出望外。布绍尔女士见到先人的东西分离了四分之三个世纪之后又再重聚一堂，也是万分高兴。

还有一点很值得提出：布绍尔买到的假货亦不少，证明那时的古董市场也和今天一样，充塞着林林总总的赝品。他买了件“汝窑观音尊”，刊登

图 05
汝窑观音尊，载《中国艺术》，1904年

在他自己的著作《中国艺术》上（图05）。因为有图片，可以看出那件观音尊造型上类似宋元青白瓷的魂瓶，但不是真正的出土器，应是仿制品。

中国的假古董行业可说是历史悠久。只不过清末时有了照相机，今天的艺术史家可以从中看出当时“流行”仿什么。假古董甚少是无中生有的，它们大都出自某件蓝本。笔者认为布绍尔那件观音尊的蓝本是宋元魂瓶。魂瓶是明器，没有传世品。由此可以推论，宋元陶瓷在清末已出土了。可惜布绍尔买观音尊的年份不清楚，笔者未能更准确地计算出宋元陶瓷出土的年份，只能说是在1900年之前。

19世纪最后的十数年，出土的文物又何止宋元陶瓷呢！科学性的发掘当时尚未出现，所谓“出土”，其实是乡民无意中的发现。史前玉器（被误认为是周代）和殷墟甲骨均是那时发现的，为当时中国本地收藏家带来的激动和兴奋不难想象。吴大澂的《古玉图考》（1889）和刘鹗的《铁云藏龟》（1903），便是中国收藏家们研究成果的两个例子。

三、清末民初时期的盗掘热潮

当时布绍尔买瓷器，就和吴大澂买玉器一样，基本上是公平交易。但外国人加入搜购热潮带来两个很不好的后果。在中国，需求量增多了，乡民也就无休无止地四处乱挖乱掘。在英国，“发现上千年的古陶瓷”是很吸引人的新闻，引起了部分英国收藏家的兴趣。而本来已是无孔不入的商人，又多了项可牟利的商品。不幸的是：清末时中国人穷而英国人富有，买到出土古物的以外国人居多。20世纪早期的英国收藏家乔治·尤莫霍浦路斯（George Eumorfopoulos, 1863—1939）说：他第一次在伦敦市场上看到汉唐陶俑是1906年。到了1909年，他手头上已有足够的古陶瓷办一个特展了[1]。

满清政府倒台后，古物买卖进行得更猖狂。英国爱冒险的人士，纷纷跑到北京或上海猎奇搜异。他们和伦敦的珍品店达成协议，代他们挑选品质好的东西并安排运输，从中赚取佣金（见下面“布诶父子公司”条）。有些珍品店则索性在上海开分店。中国的有识之士也就体会到文物流失的严重性，直到1935年，民国政府才明文禁止古物出口。这半个世纪中到底有多少古物被卖到外国，是无法计算的。

翻阅20世纪初期英国人的述说，可以明白到为什么现代的评论家指责帝国主义。举一个例子，尤莫霍浦路斯说古墓发现多了，以前只能从书上看到的古陶瓷他有机会亲手抚摸，感到万分得意。但他从没考虑到古墓是别人的古墓。拿破仑对英国人的评价也许是对的，他们的心态是商人的心态。在商言商，有多少商人会替对方设想呢？

姑且不论英国收藏家的出发点是好是坏，外国人对出土文物感兴趣，也带来一些长远性的好处。首先是科学性考古进入了中国。这方面的先驱是留学英国的首任中国地质研究所所长丁文江（1887—1936），和来自瑞典的地质学家约翰·安特生（Johan Gunnar Andersson, 1874—1960）[2]。在这之前，人们对古代物质文明的认识，完全掌握在一小撮对古物有兴趣的学者手里。学者若判断错误，人民对先人的生活方式也就有了错误的理解。吴大澂将史前玉琮断为周代，中外收藏家接受了他的判断，世人也就不知道远在文字尚未发明之前，中国人已能制造高达45厘米的玉琮了。科学比人的判断可靠，这是毋庸置疑的。科学考古在中国生根植基后，大大丰富了人们对历史的认识。

英国人研究古物的方法，和中国人也很不同。例如玉器，中国学者总爱说“玉有五德”，英国学者可不来这一套，他们会说玉是“透闪石和阳起石系列矿物集合体，摩氏硬度6.5，比重2.8—3.1，折射率1.62”。“五德”说抽象而“透闪石”说实在，中国学者明白到实在的描绘有它优胜的地方，也就从善如流地吸纳这种方法。陶瓷亦一样。中国学者会用“窑变”这词汇来形容钧窑的釉色，英国学者则会说，那是因为釉上撒了氧化铜的缘故。中国学者爱将陶瓷分门别类，英国学者则爱探究制作过程。虽说是各有所长，但因为有了外来的冲击，中国学者也就会自我检讨，改善自己的不足之处。

撇开民族情怀不谈，若单从“知识传播”的角度来看，英国有值得赞扬的地方。英国有博物馆供市民参观，古物在中国则深锁在紫禁城高墙内或藏家家中。等到故宫博物院成立了，国内又战祸连年，国宝颠沛流离，故宫职员很难有做研究的机会。在英国则相反。因为在公立机构和私人藏家手头上的中国文物数量丰富，研究这课题的人也就多了。东方陶瓷学会（Oriental Ceramic Society）首先在1921年成立。受了它的影响，“英国陶瓷学会”便不甘人后地在1927年宣告成立。伦敦大学下辖的东方学院，在1930年开创了中国艺术学士课程。大学课程比学会聚会更认真、更客观。到了1935年，英国皇家艺术学院举办史无前例的大型“中国艺术展览”，参展的共16个国家219个单位。英国在这领域上的领袖地位是得到全球公认了。

四、南肯盛顿博物馆的诞生

回头再说英国设计学院。虽然王夫艾伯特亲王在“万国工业产品博览会”结束后便决定兴建一所永久性的博物馆，但那栋建筑物在1857年才竣工。博物馆还在筹备阶段，设计学院院长亨利·高尔便已迫不及待地收购藏品。买来的东西，暂时性地放在马波路大厦（Marlborough House）里。

1857年开放的南肯盛顿博物馆（South Kensington Museum，后文简称“南博”），外貌不算富丽堂皇。三列长长的矮屋并排着（图06），传媒开玩笑地说它们像三排蒸汽炉。幸而高尔魄力过人，他不断地扩建。到他1873年退休时，蒸汽炉已消失，取而代之是北展厅、南展厅和石膏雕塑展厅。在它们的西侧，高尔建了一群四边形楼房，环绕着中心一个方形花园。楼房两层高，换言之南博多了东、南、西、北四廊两层共八个展厅。

馆藏方面，以陶瓷最为丰富。本书收录195件中国文物，以陶瓷占大多数，那绝非偶然。当时英国的制瓷行业并未成熟，南博积极收

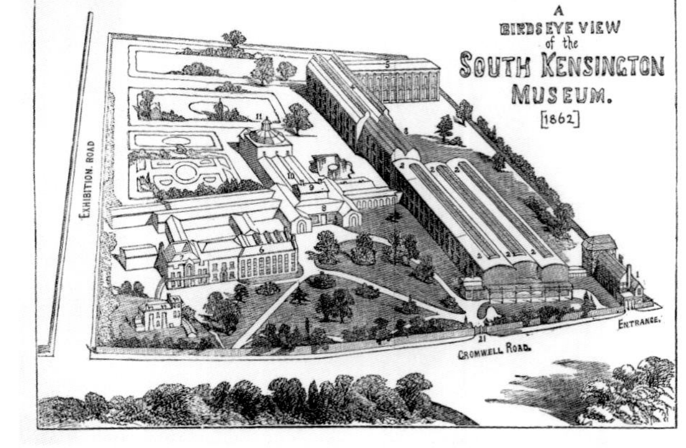

图06
南肯盛顿博物馆鸟瞰示意图，1862年

图 07
南肯盛顿博物馆陶瓷展厅，约1876年

图 08
素廷展厅，约1912年

图 09
今日的陶瓷展厅，2009年

购世界各地陶瓷产品以资借镜。而各类中国文物当中，英国人又对陶瓷最为熟悉。他们自 18 世纪便用中国瓷器装饰厅堂了。南博陶瓷展厅，在西廊二楼（今天已改为银器展厅），梁柱铺满了不同形状的瓷片（图 07）。中国陶瓷是和其他国家的陶瓷一起陈列的。

南博花钱买来的中国陶瓷只占少数，大部分馆藏是收藏家捐赠的。1905 年，威廉 · 古兰（William G. Gulland, 1841—1906）捐了一批中国单色釉瓷器给南博，有红、绿、黄、蓝、黑、紫金等各种颜色，他的用意是让英国制瓷工人从中研究出单色釉的配方。一件明永乐红釉高足杯（本书第 39 件，P077），是当时欧洲制瓷人士最感兴趣的釉色，称为“火焰红”，英国和法国均有烧制。古兰送的那批铜红釉器，大部分是乾隆时期的。明代铜红釉和清代铜红釉两者的分别，英国学术界要等到 1930 年左右才弄清楚。

古兰是个商人，在一家进出口公司任职，经常到香港、广州、厦门、宁波等通商口岸公干。收藏中国陶瓷是他的业余爱好。他写了本《中国瓷器》，上、下两册，分别在 1898 年和 1902 年出版。他的妻子朱丽亚（Julia Gulland）也同样爱好收藏。本书收录的 5 件雍正瓷器（本书第 78—80 件，P142—144；第 83 件，P150；第 86 件，P153），便是她 1907 年捐赠的。

说到清瓷收藏家，最有名气的是乔治 · 素廷（George Salting, 1835—1909）。1889—1909 年这 20 年间，有谁谈到中国瓷器，总免不了要提到素廷的名字。他的财富是他父亲留给他的。素廷不往亚洲跑，但他在伦敦和巴黎的拍卖会上一掷千金毫无吝色，故能在艺术市场上引起一股潮流。他喜欢一种青花冰梅纹盖罐，英国人叫它“姜罐”，那种盖罐的售价便升得很高。他又喜欢黑地五彩花瓶，法国人称为“黑色系列”。康熙朝的黑地五彩产量并不多，因为英国有这需求，中国古董商便将原来不是黑地的五彩瓷瓶加添上黑彩。

自 1887 年开始，素廷将自己的藏品借给南博展出。之后他不断地买，借给南博的物品也不断地增加。1909 年 12 月他去世，遗赠给南博的单是中国陶瓷便有1405件，还有铜器和其他杂项。1909 年南博已改名为“维多利亚与艾伯特博物馆”，所有扩建部分亦已完成并投入使用，陶瓷展厅搬到六楼，素廷遗赠的中国瓷器在特辟的展厅陈列（图 08）。1911 年开幕时各大报章争相报道，造成很大的轰动。时光荏苒，素廷的藏品是越旧越可爱，但展厅中的展柜经过差不多一个世纪后已是老态龙钟了。维博在2009年将六楼全部陶瓷展厅装修一新（图09）。丰富的馆藏，令所有的参观者叹为观止。

本书的清瓷部分，一半属于素廷旧藏，可见他的品味确有过人之处。偶尔他也会买到明代的东西，如明正德五彩十八学士图盖罐（本书第49件，P092）。素廷是个典型的维多利亚时代的收藏家，以"美观"为收藏方针，不太注重藏品的文化背景。维多利亚时代结束后，很多英国收藏家将他们的注意力转移到刚出土的中国古物身上。20世纪的收藏界，是另一番景象了。

五、20世纪的V&A

V&A地处伦敦西南部，离伦敦大学东方学院（1938年改名为"亚非学院"）较远，因而它和伦敦大学中国艺术史系的讲师们合作机会不多。自1905年起维博设有五个藏品部门，即陶瓷、家具、金属品、纺织品和雕塑。陶瓷部历任部长，虽然他们对中国陶瓷很有经验，但他们的研究角度大多是将中国陶瓷作为欧洲装饰历史的一部分，没有专门研究中国陶瓷的学者。即便如此，1911—1963年这半个世纪中，维博收购中国陶瓷从没间断，可见中国陶瓷一直受到重视。著作方面，最为人称道的是布绍尔的《中国艺术》，1904年出版，到了1924年还在重版。1923年商务印书馆还出版了中译本，译者戴岳。布绍尔虽然不是维博职员，但那本书是维博请他写的，书中讨论的器物大多数是维博馆藏。

1921年东方陶瓷学会成立。维博陶瓷部部长本纳·日克汉姆（Bernard Rackham, 1876—1964）和大英博物馆古器物部的罗勃·霍森（Robert L. Hobson, 1872—1941）是始创会员。自此之后，几乎所有对中国工艺品有兴趣的英国人都加入了东方陶瓷学会[3]。1910—1935年这25年内，中国一片混乱，当时又没有国际法律约束文物买卖，因为英国人出得起高价，伦敦遂成了中国文物的集散地。藏家们买的是宋代或更早的东西，不能再像以前一样只看物件的外貌是否漂亮，无可避免地开始探究中国历史和中国艺术史，连珍品店的店东们也得花时间做考证。故而20世纪上半叶的藏家，和博物馆或学术界关系十分密切。东方陶瓷学会会员对博物馆的馈赠，或在他们生前、或在死后，成了维博藏品的主要来源。

维博的陈列方法，是根据材质分门别类的（印度例外——因为印度藏品直接来自东印度公司）。素廷遗赠的清代瓷器因为数量多，有专用的展厅。中国纺织品和其他国家的同类物品一起陈列。而根据1918年一张导游图，北廊是展陈东方金属品的地方。这种陈列方式一直沿用到第二次世界大战结束后才有所改变。大战时博物馆虽是照常开放，但德军的空袭频频，像陶瓷之类的易破物品都包扎起来搬到较安全的地方了。1944年藏品陆续回到博物馆，万事从新开始，要尝试新的陈列方法，那是稍纵即逝的最佳时刻。馆长遂毅然决定开辟远东展厅（图10）及伊斯兰展厅。即使有了远东展厅，负责该展厅的职员仍是散布在不同的部门里。到了1963年，约翰·艾尔斯（John Ayers, 1922年生）升任陶瓷部副部长，他是维博第一个专攻中国陶瓷的学者。再过七年，远东部成立，艾尔

图10
远东艺术展厅，1952年

图 11
大维德为自己藏品图录作序，载《大维德藏中国陶瓷》，1934年

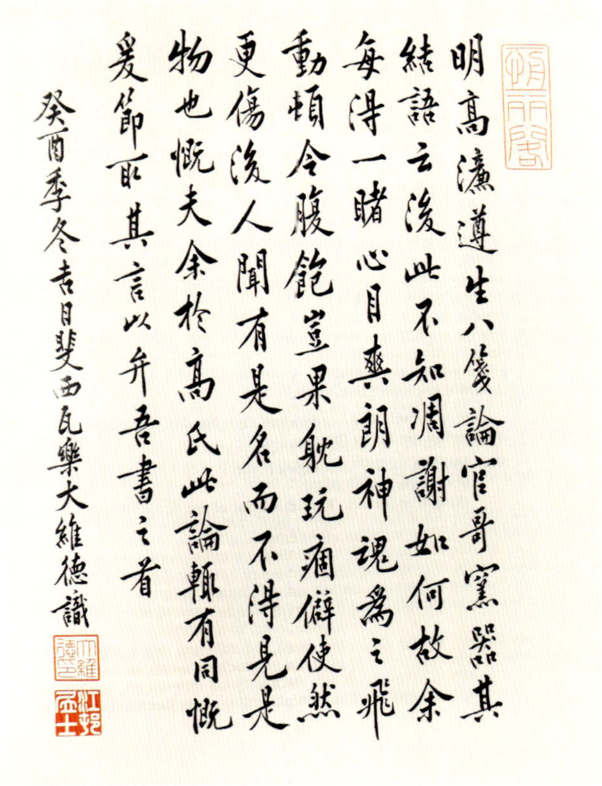

明高濂遵生八牋論官哥窯器其結語云後此不知凋謝如何故余每得一睹心目爽朗神魂爲之飛動頓令腹飽豈果耽玩痼僻使然更傷後人聞有是名而不得見是物也慨夫余於高氏此論輒有同慨爰節取其言以弁吾書之首

癸酉季冬吉日斐西瓦樂大維德識

斯任部长，被调派到远东部的职员们才能专一地研究中、日、韩艺术史。部长又聘用懂中文或日文的毕业生。这种局面自然比以前更专业。

艾尔斯不独热爱中国文物，他和当时的藏家亦非常友善。年届 80 高龄的藏家哈利 · 嘎纳（Harry Garner, 1891—1977）为了庆贺维博远东部成立，送了件北宋汝窑盏托给维博（本书第 6 件，P025），并写了一封信，说他 40 年来向维博请益无间，而维博上自馆长下至职员，对他均是勉励有加。那件汝窑盏托，便算是他的一点心意。远东部成立时维博的馆长是约翰 · 波普韩尼斯（John Pope-Hennessy, 1913—1994）。他对远东部非常支持。1973 年艾尔斯买了两件非常重要但又非常昂贵的中国漆器（见下面“漆器”条），全赖馆长肯拨款。与此同时，远东国家的经济开始发达。1986 年东芝公司赞助了日本展厅，1987 年出现了中国外销展厅，跟着是香港著名收藏家徐展堂先生（1940—2010）赞助的中国展厅（1991）和三星公司赞助的韩国展厅（1992）。

二次大战后的英国藏家，嘎纳是其中杰出的一名。他的正职是航空学家，中国陶瓷和漆器是他的业余爱好。1953 年他退休，专心从事研究和写作。1954 年出版《东方蓝与白》，1970 年出版《中国和日本珐琅器》，1979 年出版《中国漆器》（那时他已去世）。有学者说他晚年创造了第二个事业高峰，是非常中肯的说法。因为他是科学家出身，研究漆器时会买来各种原料，按古书的描述亲自逐层髹涂，看到效果才算满意。本书收录的漆器大部分是他的旧藏（本书第 134 件，P245；第 137 件，P250；第 138 件，P251；第 141—143 件，P256—258；第 146 件，P264；第 153 件，P280）。

六、数风流人物

1935 年 “中国艺术展览” 在英国皇家艺术学院登场，送东西参展的英国藏家超过 100 人。值得特别一提的是乔治 · 尤莫霍浦路斯（George Eumorfopoulos, 1863—1939）和斐西瓦乐 · 大维德（Percival David, 1892—1964）[4]。严格来说尤氏是希腊人，但他生在英国长在英国，《英国名人录》中有他的名字，将他归入英国藏家行列并不牵强。尤氏 1906 年购入第一件中国陶瓷，1921 年出任东方陶瓷学会首届会长。他收藏的层面很广，收录在本书的除了唐宋陶瓷，还有青铜、金银器、玉器和雕塑。据和他相熟的朋友说，尤氏家中辟有陈列室摆放各种藏品，对中国古物有兴趣的人，即使和他素不相识，只要向他提出请求，他也会开门让访客参观。尤氏的打算是成立一间“东方艺术博物馆”，但 1929 年全球经济大萧条，令他财政上出现问题，他被迫放弃那计划。1935 年他将历年珍藏以市价四分之一的价钱卖了给大英博物馆和维博。

大维德则是 1935 年“中国艺术展览”的主要策划人。本书收录的一件明洪武釉里红把莲纹军持（本书第 37 件，P074），是他 1937 年送给维博十数件瓷器之一。大维德懂中文，这在英国

藏家中是罕见的。“斐西瓦乐”是他自己挑选的中文译名，还特别费功夫将它印在1934年的藏品图录上（图11）。他也是第一个亲自跑到北京跟故宫博物院打交道的英国藏家。大维德最卓越的收藏成果，是一对有元至正十一年（1351）纪年的青花供瓶、和14件汝窑器，当时除了台北故宫之外没有任何人能和他相比。其实他在推广中国艺术教育方面的贡献更大。伦敦大学是因为他大力提倡才设立中国艺术学士课程的。1953年他将全部藏品捐给伦敦大学，“大维德中国艺术基金会”成为伦敦大学辖下的机构，慕名来访的博物馆界从业人员不独来自欧美国家，连远东地区包括日本和中国台湾、香港等地的学者，也公认大维德基金会是不能不看的陶瓷重地。基金会的职员如韩斯复（S. Howard Hansford, 1899—1973）、华威廉（William Watson, 1917—2007）、梅格丽（Margaret Medley, 1918—2000）等，均是优秀的学者，钻研孜孜不倦，著作量亦丰。可惜好景不长，2008年伦敦大学宣布不再负担基金会的业务经费，基金会关门，藏品迁往大英博物馆陈列。

1. 约翰·包森牧师（Rev.John F.Bloxam, 1928年殁）

20世纪早期，英国人开始对明代瓷器发生兴趣。当时出现在英国市场的明瓷有两类。嘉靖或以后的外销瓷，包括“克拉克”瓷，英国藏家对这类并不陌生。嘉靖之前的景德镇瓷器，他们是听说过的，但谁都不敢肯定它们的庐山真面目是怎么一回事。1910年伯灵顿美术俱乐部（Burlington Fine Arts Club）办“早期中国陶瓷展览”，包森牧师是参展人之一，但明代部分中没有一件是早于弘治的。可见他并不知道他自己拥有的青花缠枝莲纹罐（本书第41件，P080）是永乐时期的产品。罐口沿铃的嵌绿松石铜扣是19世纪西藏风格。包森从未到过中国，没接触过明初官窑。也许他见缠枝莲纹罐铃了西藏铜扣，便把罐视为嘉靖、万历外销瓷。事实上永乐、宣德两位皇帝和西藏喇嘛领袖往来密切。永乐青花瓷应是大明皇朝送给西藏僧人的礼物。

2. 阿驰波特·白兰士敦（Archibald D.Brankston, 1909—1941）

他是个在上海出生的英国人，父亲是工程师，他长大后也是工程师。1933—1935年间参与香港城门水塘的建筑工程。因健康欠佳，1935年回到英国，刚好碰上皇家艺术学院正密锣紧鼓地筹备“中国艺术展览”，因他的汉语说得好，便请他参与筹备工作。展览结束后，他申请到奖学金前往北京和景德镇做研究。他的专著《明初景德镇窑》1938年在北京出版。就在前景一片光明的情况下，这位年轻学者却因肺炎病殁，时年仅31岁。

《明初景德镇窑》是用英文写成的书，但出版地不是伦敦而是北京，证明当时居住在中国的外国人为数不少。白兰士敦在北京结交了不少朋友，书中提到的有中国藏家吴赉熙（下详）、美国人福开森（John C. Ferguson, 1866—1945）和法国人亨利·魏德（Henri Vetch）。后者开了间书店，专门出版中国题材的英文或法文书。除了《明初景德镇窑》，还出版了古斯塔夫·艾克（Gustav Ecke, 1896—1971）著的《中国花梨家具图考》。1937年日本侵华行动开始，但魏德的出版事业似乎并未受影响，因为这两本书的出版日期是1938年和1944年。后来他的出版社搬到了香港，出版了很多香港大学的书籍。

白兰士敦和其他英国藏家最大的不同之处，是他并不富有。他的明初瓷器是用省下的薪水买的。他在英国逗留的日子不多，瓷器应该是在香港或中国买到的。第二次大战后有学者说1930年代中国藏家对明初瓷器“完全不感兴趣”[5]，是不确切的说法。由明清以至民国，所有中国藏家都知道明初瓷器是好东西。只不过当时有闲钱的中国人实在太少，相对之下，即使受薪阶级如白兰士敦，也能以较低的价钱买到精美的明初官窑。他去世后，他父亲将他的藏品悉数捐给了大英博物馆。老先生本人也不是富豪之辈，但他没有将儿子的藏品出售，至为难得。维博这件明永乐青花莲子碗（本书第 40 件，P078），则是他姐姐送给维博，用来纪念他的。

3. 阿尔佛 · 克拉克（Alfred Clark, 1873—1950）

他是美国人，经营电影及留声机生意，1928 年入英籍。自 1934 年起任东方陶瓷学会理事委员十多年。元蓝釉白雁衔芦纹马盂（本书第 30 件，P063）是他的旧藏，1953 年拍卖，为维博购得。

4. 亨利 · 哈里斯（Henry B. Harris,1929 年殁）

东方陶瓷学会始创会员之一。他的藏品，由宋到清各朝均有。陶瓷学会成立初年，维博在 40 号陈列室拨出几个展柜展示会员们的藏品，每三四个月变换主题。而首届的主题是宋元青瓷，哈里斯还发表了一篇文章。他去世时遗嘱说，要让维博和大英两家博物馆从他藏品中挑选合适的作永久庋藏。清康熙五彩芦塘鸳鸯图碗（本书第 70 件，P126）便是其中一件。

5. 阿比 · 勒邦（Aubrey Le Blond）

他的身份不太明朗。只知道他 1913 年在朝鲜搜罗到一批古陶瓷，1914 年将它们借给维博展出，1918 年将“借”改为“捐赠”。那批陶瓷可以肯定是盗掘之物，可见当时盗墓风气不单在中国蔓延，而是遍及整个亚洲。

那批陶瓷一半是高丽青瓷，但亦有北宋定窑（本书第 11 件，P032）和当阳峪窑（本书第 13 件，P036），应该是宋代流传到高丽而被当地显贵拿去作陪葬之用。

6. 李艾琛（1982 年殁）

在维博的纪录上他的名字是 Professor Esonhero Victor Lee，而 1982 年 11 月 2 日《香港快报》则称他为“旅英学人”，但笔者一直查不到他是哪所大学的教授。他在 1971 年通过伦敦一家珍品店 Sydney Moss 认识了维博，之后时有馈赠。除了陶瓷（本书第 27 件，P058；第 90 件，P159），还有玉雕。

7. 朱利士 · 李察（Jules Richard）和罗勃 · 默多克史密斯（Robert Murdoch Smith, 1835—1900）

李察不是英国藏家。他住在波斯多年，建立了一个数量达 2000 件的东方艺术品典藏库，内容包括陶瓷、金属器、漆器、纺织品、绘画、手稿，等等，既有伊斯兰制作，也有中国制而卖往中东的东西。默多克史密斯是经纪人。通过他的协助，维博在 1876 年将那批藏品买了下来[6]。

那批藏品中约有 200 多件是中国瓷器，对研究中国艺术史的学者来说，真是绝好的第一手资料。其中一件明嘉靖青花寿托八宝纹八棱罐（本书第 51 件，P095），16 世纪时由中国卖往波斯，19 世纪时再由波斯卖往英国，印证了中国瓷器在波斯受珍视的程度。这种用来装载食品的大罐，若换了其他粗瓷，早就被打破扔掉了。李察典藏中还有元青花和永乐青花，不过当时没有人认识到它们的确切年代。

8. 瓦特 · 塞治尉克（Mrs Walter Sedgwick, 1883—1967）

很多藏家都是夫唱妇随（例如古兰、克拉克、谢勒曼），但塞治尉克夫人却是个独立的女藏家，她丈夫对中国古物无大兴趣。维博一共拥有四件元青花大盘，其中一件青花雉鸡竹石花果纹盘（本书第 34 件，P070），是她的旧藏。这类大盘是元代专门卖给阿拉伯人的外销瓷。英国既不是产地又不是用家，可维博馆藏四件元青花大盘，全是在伦敦买到的。伦敦是全球艺术品的集散地，这是很有力的例证。

9. 查尔斯 · 谢勒曼（Charles Seligman, 1873—1940）

伦敦大学民俗学教授。他收藏中国古物，出发点恐怕是希望“格物而后知至”。他的藏品以青铜、玉器为主，而且多数直接在中国搜购（见下面“考伯克”条）。明成化斗彩树鸟纹高足杯（本书第46件，P087）是他去世后由他妻子拿出来拍卖的，但这并不表示她中止了收藏活动。藏家们拍卖自己部分藏品，在英国收藏界并不稀奇。开始时他们收某一类器物，后来改变方针，又或者对早期买的东西玩厌了，便将它们拍卖。谢勒曼夫人在1965年去世。她的藏品部分赠与大英博物馆，部分给了维博（本书第116件，P212；第123件，P226）。

10. 史提芬·翁克华斯（Stephen D. Winkworth）和威廉·翁克华斯（William W. Winkworth，1897—1991）

史提芬是12位东方陶瓷学会始创会员之一。他去世后藏品由他儿子威廉继承，也有部分流出市面。本书收录的明弘治青花飞鱼纹双耳瓶（本书第48件，P090）是他的旧藏，被另一藏家在拍卖会上买到。后来转让给维博。

威廉在1922年加入大英博物馆服务，但只干了数年便离开了。之后他当经纪人，看到好的艺术品便买入，找到合适的买家再将它卖出。那件元青花西厢记拷红图梅瓶（本书第32件，P066），便是他卖给维博的。可惜未能确定梅瓶是他父亲之物，还是他购自别人。

七、珍品店和经纪人

英国既是个“充满店主的国家”，它的店铺自然是遍布大街小巷，而经营的货物更是包罗万有、式式具备。维多利亚时代的珍品店，规模有大有小，但东主大都是交游广阔、人际关系极好的社交能手，那样才能保证来货充裕。有些珍品店亲自往中国买货，法兰克公司（S.M. Franck & Co.）和约翰·史帕斯（John Sparks）属于这类。其实当时已经抵达欧美的中国工艺品数量也很可观，布诶父子公司（Bluett & Sons）经营的物品，以这类为大宗。

经纪人则没有开店铺，他们买自相熟的朋友，卖也是卖给熟人。很多经纪人开始时是为了自己的爱好买东西。买得多了，路径熟了，新入行的同好有时会向他请教，或请他代为寻觅，藏家也就变成业余经纪人。但无论是店铺经营也好，私人经营也好，没有人会透露自己的营业方法。珍品店和经纪人的事迹，要等当事人去世后才逐渐为外界所知。还有一类是长时期居住在中国大陆或香港、身份不太明朗的欧美人士。他们肯定有插手中国古物买卖，但留下的资料却是一鳞半爪，后世无从追查。尤莫霍浦路斯在1925年将他的陶瓷藏品编纂成册出版，认购该书的西方人不独来自北京或上海，还有汉口、河南、天津、大连、承德、潮阳、云南等地。地域分布之广，可比美今日的西式快餐店。

维博从珍品店或经纪人处买来文物，甚少会查问文物的历史。若文物的原主是著名的收藏家，珍品店或许会说出来，以增加该文物的声价，但那毕竟是少数。而珍品店的规模，也和文物的品质无大关系。有些极其罕有的物品，会出现在一家名不见经传的小店，明成化五彩牡丹纹罐（本书第47件，P088）便是其中一例。

1. 法兰克公司（S.M. Franck & Co.）

这是最早和V&A做生意的珍品店，一批日本版画便是1886年从他们那儿买的。维博档案上还存有他们1909年用的信笺，那时他们在日本兵库县有分号。店主风尘仆仆来往于亚洲和伦敦之间。其中一封信中他提到坐轮船往中国，可见在第二次世界大战之前，轮船是主要的交通工具。

维博在20世纪初从他们那里买到的中国陶瓷，上至唐邢窑白釉褐斑皮囊壶（本书第4件，P023），下至清乾隆青花爵盘（本书第89件，P158），种类繁多。但历史意义重大的一件，要数明万历五彩孔雀牡丹纹花觚（本书第58件，P106），入藏日期是1920年，同时购入的还有几件唐宋陶瓷。花觚因为是大型器物，又有万历款，被大英博物馆的霍森刊载在他的著作《明代陶瓷》中。那时艺术品市场已不再流行“来自中国宫廷”这推销术语了。这件真正来自清宫的花觚，便在维博展柜中静静地度过了60多年，无人过问。直到1990年，一位东方陶瓷学会会员安东尼·杜布利（Anthony du Boulay）发表了一篇演讲[7]。杜布利的祖叔辈中有一位是军官，名叫诺尔·杜布利（Noel du Boulay, 1861—1949），1900年八国联军占领北京后被派去看守颐和园。写八国联军事迹的外国人多得很，杜布利却没有写，但他留下一些书信、文件和照片。其中三份文件很有历史价值。

第一份是1900年10月2日他上司写给他的信，吩咐他立即前往颐和园，会同其他英国官员，查点该处的尚存器物并开列清单。若有人恶意毁坏器物或盗窃器物，他必须将事情始末记录下来。若有其他联军军人愿意和英军合作，杜布利必须请他们签字作为见证。

第二份是杜布利10月7日给他上司写的报告。三支英国军队共135人已入驻颐和园，另有意大利水手约100人。他们查看了六个大殿和其他次要的房间，里面容易携带的陈设品已荡然无存，只剩下承放用的木座木架。没被取走的瓷器、家具等，为了方便看管，便将它们集中在一处。

第三份又是报告，写在1901年，但不知是何月何日。英军快要撤离颐和园了，杜布利做好了园内尚存器物的清单，交给内务府总管，总管看过认为无误，英军便算是卸下看管的任务。清单上有一对万历“号筒形高身瓶”，因为杜布利拍了照片，可以看出和维博这件花觚一模一样，很容易令人推想两者是同一件东西。但若果真如此，颐和园的花觚怎么会在20年后出现在伦敦市场呢？这个疑问到今天为止还未得到答案。

2. 布诶父子公司（Buett & Sons）

始创于1884年，但尚存的档案只能上溯到1907年。布诶祖孙三代。公司始创人阿佛列·布诶（Alfred E. Bluett），1917年去世，业务由他两个儿子里奥纳德（Leonard）和埃德嘎（Edgar）继承，三传至罗杰·布诶（Roger Bluett），最后在20世纪末歇业。它和维博有70多年良好关系。

第一和第二代布诶都不往中国跑。第二次世界大战之前，他们和一些旅居在北京或上海的英国人合作。后者在中国做买办，再将文物运到伦敦出售。有些买办是投机分子，在中国没有固定寓所，布诶寄给他们的书函，其中一人的地址是上海汇丰银行，另一人则是香港渣打银行。文物运离中国，有经由西伯利亚铁路的，也有作为邮包经邮政局寄出的。

1935年12月，一位和布诶合作了10年的哥林斯先生（W.F. Collins）在信中说，中国政府禁止所有古物出口。这意味着直至1935年，古物出口并不犯法。因为再没生意可做，哥林斯离开了中国，搬到南非去干其他事了[8]。

3. 奥瓦·考伯克（Orvar Karlbeck, 1881—1967）

这位瑞典籍工程师是长时期居住在中国的欧美人士之一。但他出版了好几本书，又留下大量报告，所以他的身份半点也不模糊[9]。1928—1934年间，他替欧美的博物馆和私人藏家在中国购买刚出土的文物。学术界中人称那群委托者为“考伯克委托团”。维博不是团员，但谢勒曼委托他买了不少。1964年梭罗门夫人送给维博的唐三彩马（本书第186件，P336），便是考伯克代买的，据说是在洛阳出土的。

4. 卢芹斋（C.T. Loo, 1880—1957）

卢芹斋的店铺设在巴黎和纽约，不在伦敦。他的故事在中文网页上传说纷纭，很多是捕风捉影的说法。但1924年在彰德府和洛阳有两宗墓葬被发现，出土的玉器他全部买去了。这段故事是他自己透露的，应该不假[10]。尤莫霍浦路斯旧藏的西周玉卷龙（本书第 175 件，P318）便来自其中一个墓葬。法国汉学家保罗·伯希和（Paul Pelliot, 1878—1945）写的《卢芹斋所藏中国古玉》，载有玉卷龙的图片[11]。

5. 通运公司（Tonying）

通运公司有说是张静江（1877—1950）开办的，有说是张静江和卢芹斋合伙。维博档案存有该公司 1919 年的来函（图 12），可以印证一些人云亦云的历史片段：

（1）信笺上印有张仁杰（即张静江）的名字，当时的拼法是 Tsang Jen-Tshié，还写明是 dealer in Chinese works of art。

（2）公司刚迁往克爵士街（Clarges Street）营业，新信笺还未印好，1919 年之前他们的地址在新邦街（New Bond Street）。

（3）该公司在巴黎、上海和北京设有分店。

（4）经理叫 K.K. Chow，他的中文名字不详。他在信中说，在伦敦已 12 年。换言之，伦敦通运在 1907 年成立。

维博在 1920 年从通运买了件邢窑褐釉印花人物纹扁壶（本书第 2 件，P021）。K.K. Chow 则在 1921 年以个人名义送了件孔雀绿釉三足洗给大英博物馆。至于张静江，他的政治生涯很多人都写过。但做古董买卖毕竟要有货源。《海外收藏世家》一书说，张静江的货源是他的舅父、声名远播的大收藏家庞莱臣（1864—1949）。据庞莱臣说："比年各直省故家名族因遭丧乱，避地来沪，往往出其所藏……就舍求售者踵相接。"[12]落难王孙为了生活，要变卖先人的珍藏，去找当时经济条件丰裕的庞莱臣，是非常可信的解释。这也间接说明为何那么多明初官窑瓷器在 20 世纪 20 年代出现在古玩市场。明初官窑跟唐宋陶瓷不一样，都是传世品而非出土器。改朝换代带来古董珍玩易主，历史上屡见不鲜。民国社会跟封建社会不同之处，是古董珍玩会越洋出国，演变成历史文物外流。

6. 仇炎之（Edward T. Chow, 1910—1980）

仇炎之又是个屡屡出现在中文网页上的名字。1960 年他卖给维博一件成化斗彩鸡缸杯（本书第 45 件，P086）。那时他住在香港。

7. 吴赉熙

他和维博没有生意往来，但布诶公司、白兰士敦和大维德均提到他。他曾为《天下》月刊写过一篇《论铜红釉》的文章。《天下》月刊是民国政府资助的英文刊物，目的是对西方人士介绍中国文化和推动中西交流。吴赉熙的文章是他自己用英文写的，还是别人为他翻译的，这不清楚。他收藏的明代官窑非常够水准。1937 年七七卢沟桥事变前夕，吴赉熙将他的藏品运到伦敦，交由苏富比公司拍卖[13]。拍卖图录没写吴赉熙的名字，只说是"北平一位藏家"。布诶公司买了不少，再转卖给其他英国藏家。吴赉熙本人可能到过伦敦。大英博物馆中一件明洪武白釉暗花凤

TSANG JEN-TSHIÉ
DEALER IN CHINESE WORKS OF ART

TELEGRAPHIC ADDRESS:
TONYING { LONDON / PARIS / SHANGHAI / PEKING

TELEPHONE: REGENT 2754

19/4480.

TONYING
44 Clarges St.
~~161 New Bond Street~~
LONDON W. 29th. September 1919

Dear Mr. Rackham.

I have at hand your very kind letter of Sept. 27th. and it please me very greatly to know that you are interested in a few pieces which have now available.

Having been in London for a period of twelve years and not having had business dealing with your Museum, we are all the more pleased that the present opportunity has come forward and sincerely trust that we will had a closer friendship with regard to the line in which we are both interested.

Very unfortunately Mr. Hadden has purchased the Tang jar, glazed green inside also the two small saucers with plum blossom, however the Tze Chou jar is still available (No. 60442) I am sending to you on approval and should you desire to retain same, it will be a pleasure to be able to offer it to you and the Museum at the cost price of £65—.

Thanking you for your many past courtesies and assuring of our best interest in your behalf at all times,

Sincerely yours,
K. K. Chow.

Tzu-chou
Pl. receive on approval for purchase.
B. R.

图 12
通运公司写给维博的信，1919年

纹盘，便是他在 1930 年捐赠的[14]。

8. 瑞兴隆（Jui Hsing Lung）

这是晚清时北京一家古玩店，1884 年曾派两位店员到伦敦出席“健康展览”，是目前最早见载于文字记录的古玩店[15]。

1883 年至 1886 年这四年中，南肯盛顿博物馆（维博的前身）陆续办了四个国际性的专题展览：1883 年是“渔业展览”、1884 年“健康展览”、1885 年“发明展览”、1886 年“殖民地展览”。“渔业”和“健康”两个展览，清政府交给了当时中国海关总税务司罗矜·赫德（Robert Hart, 1835—1911）办理。

赫德是爱尔兰人，是晚清时期少数受聘于清政府的外国人之一。对他来说，筹办国际性展览是份吃力不讨好的苦差。“渔业展览”结束后，他埋怨英国筹备方“没给中国足够时间来准备”，又埋怨“英国人以为一眨眼的工夫就能在中国取得愿意提供资金并愿意承办的合作人”[16]。

即使如此，他还是为“健康展览”花了不少心思。展览主题虽然是“健康”，但赫德显然竭力要让英国人了解中国人的生活习惯。中国展厅中有牌楼、民屋、茶馆、餐馆和四家商店，即北京瑞兴隆古玩店、汉口美之乡烟草店、九江永兴隆瓷器店、广州广联兴杂货店。店内备有货物供游客购买。本书中那件康熙蓝釉地阿拉伯文多穆壶（本书第 74 件，P134）便是从该店买的，同时买的还有一件顺治时期的红绿彩瓶。

还有一事值得一提：到了 1885 年，清廷总理衙门不再委派赫德代办参展事务了。他们组织了官方代表团出席“发明展览”，还将部分展品，即 16 件滑石雕刻和 18 件乐器送给了南博作为永久庋藏。

八、陶瓷以外

维博馆藏中国文物，以陶瓷最多最精。纺织品数量也很多（约 2400 件），但本书只收录三件（本书第 190—192 件，P344—346）。商周青铜器，主要来自尤莫霍浦路斯旧藏。尤氏未将旧藏出售之前曾出版过图录，图录全名很长，叫《尤莫霍浦路斯藏中国与高丽青铜器、雕塑、玉器、珠宝和其他》。撰写人是伦敦大学哥涛学院（Courtauld Institute）的斐西瓦乐·叶斯（W. Perceval Yetts, 1878—1957）教授。他似乎和当时任职于燕京大学的容庚（1894—1983）相识。图录中提到容庚的名字，而容庚在 1958 年出版的《殷周青铜器通论》也有刊载尤氏的藏品。

尤氏在图录序言中说，青铜礼器不独中国人钟爱，日本人也不遗余力地搜罗，故而它们的售价并不便宜。那件西周夔龙纹青铜卣（本书第 114 件，P208），第一次世界大战之前出现在伦敦市场，当时索价上千英镑。那是骇人听闻的数字——1913 年维博买的全套江户时代日本武士盔甲才花了 200 英镑，加上英国人对青铜器认识不深，结果只有一个人，即威廉·阿历山大（William Alexander），胆敢将它买下来。阿历山大的知名度也很高。该卣买来后马上送到伯灵顿美术俱乐部展出。他去世后夔龙纹卣为尤氏购得，但尤氏付的价钱又升高了不少。

布绍尔 1904 年出版的《中国艺术》，其中一章论及青铜器，引用了铜牺尊（本书第 119 件，P218），但伯簋（本书第 113 件，P206）则未有刊载。汉代以后的青铜器，他只提到香炉，故猜想他不太了解自宋以来历代仿制青铜礼器的事情。伯簋他断为周代。

恩纳斯·博洛克斯（Ernest A. Brooks）是个住在美国长岛的英国人。1925 年他的女儿联络维博说，她父亲在生时曾再三表示他的藏品要捐给博物馆，现在他去世了，她想知道维博是否愿意接受这项遗赠。博洛克斯从事收藏 50 多年，买到的青铜器大部分都是上乘佳作（本书第 103

件，P186；第 117 件，P214；第 121 件，P222；第 122 件，P224）。可惜他女儿对他藏品的来源不甚清楚，只说他生前曾在法国居住了很长时间，很多东西都是在那里买的。

1. 金银器

本书收录金银器共 8 件，全部是尤莫霍浦路斯的旧藏。上面提到叶斯撰写的图录，原来的计划是出版五册。但第四、五册最终没有面世，他收购金银器和玉器（本书第 166—173 件，P306—314；第 175 件，P318；第 177 件，P320）的过程也就成了一片空白，后人无从追寻。

2. 珐琅器

掐丝珐琅和画珐琅，是两种不同的工艺，产地也不同。18—19 世纪时欧洲商人从广州买了不少画珐琅，有些品种还是授意广东工匠特制的。像画珐琅提梁壶（本书第 163 件，P300），是 18 世纪英国人喝茶的道具之一，器形仿当时流行的英国银水壶样式。现今存在各英国博物馆的多数属于这类外销货。其实广州画珐琅也有非常精致的，供广东官员进贡给皇帝。供应国内市场的日用器应该也很多。不过日用品用旧了便被扔掉，不像装饰品那样被保存下来。维博藏的画珐琅火锅（本书第 165 件，P304），是地道的华人食具，机缘巧合地到了英国。原来的物主瓦特·黑德博（Walter L. Hildburgh, 1876—1955），专门收集世界各地的金属制品。他曾到过亚洲多次，猜想火锅是在中国买的。1947 年火锅入藏维博时被称为“水壶”，可见当时英国人不知道它的真正用途。

画珐琅本是铜胎，但 19 世纪时它们偏偏被称为“洋磁”。1815 年蓝浦《景德镇陶录·洋磁窑》条目说：

西洋古里国造始者著代莫考。亦以铜为器骨甚薄嵌磁粉烧成有五色绘彩可观。推之作铜声世称洋磁。泽雅鲜美实不及磁器也。今广中多仿造。

19 世纪末布绍尔旅居北京时这称谓还在沿用。

掐丝珐琅则是鸦片战争之后才流传到英国的。鸦片战争之前，没有藏家或珍品店提到掐丝珐琅这品种。19 世纪末，英国人时兴用五光十色的瓶瓶罐罐装饰他们的厅堂。除了釉上彩瓷器，金碧辉煌的掐丝珐琅也很受欢迎。亨利·佛罗伦斯（Henry L. Florence, 1917 年殁）便是个珐琅器的热爱者。他看了素廷捐给维博的中国文物后，萌生了向素廷看齐的意念。1911 年维博派人造访佛罗伦斯，看看哪些物品值得博物馆收藏。根据维博职员做的纪录，佛罗伦斯的客厅摆放了很多珐琅器（本书第 156 件，P286、第 160 件，P294）。

3. 雕塑

布绍尔在北京旅居了 30 年，属雕塑类的文物只买了铁拐李、吕洞宾等铜塑像（本书第 130 件，P238）数件。他写的《中国艺术》，花了不少篇幅介绍汉代画像砖，但 1900 年之前购买画像砖的藏家无论中外几乎等于零。一来画像砖笨重、陈设不容易；二来画面没有鲜明的特征，粗看是每一件都差不多。除非对汉代或之前的历史非常熟悉，一般人是不大懂得欣赏这艺术的。

第一个有系统地研究中国石雕的西方学者，是瑞典人奥斯瓦·希仁（Osvald Siren, 1879—1966），1920 年他的职业是斯德哥尔摩大学美术系教授。据他说，当时已有不少中国石雕在欧美出现了。为了更深入了解那些雕塑，他带着照相机去了云冈和龙门，拍了几百张石窟内的现场照片，又商得欧美各大博物馆和私人藏家提供其他图像，经过一番排比对照，写成了经典之作《5—14 世纪中国雕塑》，1925—1926 年以法文出版，共四册。

数一数希仁书中开列的公私收藏单位，得出的结论是美国最多，共 17 家。其次是法国，共 14 家。英国只有 3 家——即大英博物馆、维博和尤莫霍浦路斯。美国的收藏单位以博物馆居多，但在法国，大部分石雕都在珍品店中。换言之，石雕是商品而非藏品。例如维博在1971年从拍卖会买来的东魏武定二年（544）三尊石碑造像（本书第188件，P340），希仁书中便有记载，当时属于法国一家珍品店。至于珍品店如何购得此物，是个无人能解答的问题。大型的石刻不比小型铜塑像，理论上不是私人财产，谁有权将它售卖呢？若说是珍品店将它偷运出境，如此笨重的东西是很难避过海关人员耳目的。何况当时已流散到外国的石雕起码有一百多宗，倘若全是走私出境，中国海关人员的办事效率也未免太低了。

本书收录的另一件北齐石雕火焰背光佛坐像（本书第189件，P342），捐赠者是一位名叫贺伯·高尔文（Herbert Coleman, 1950年殁）的英国人。维博档案上没有太多有关高尔文的资料，只知道他1926年在中国买了这件佛像。他在中国干什么不清楚，但他不是古董经纪，和维博也没有生意往来。他提出捐献时称佛像为“观音”，可见他对中国艺术也没太深认识。将这尊庞大的石雕千里迢迢地运到英国，应是颇费周章的事情。高尔文既不是为了转卖牟利，只能解释为他被石雕的美丽外表所吸引。今天，因为有关各国博物馆藏品的资讯增多了，笔者也就知道和这件火焰背光佛坐像极为相似的石雕还有三件：一件藏巴黎塞努奇博物馆（Musée Cernuschi），一件藏上海博物馆，第三件属日本私人收藏。

加彩木雕水月观音坐像（本书第135件，P246）和金漆木雕关帝坐像（本书第145件，P262），均经过维博修复部细心检查处理。维博修复部也像藏品部一样，是根据材质分门别类的。欧洲雕塑也有木制的。观音像因为是东方制品，年代又早，雕塑修复组组长约翰·拉森（John Larson）对它特别感兴趣，给它做了一连串的分析和化验。西方博物馆的修复部，他们的工作范围不局限于将破损的艺术品修好。详细检查某件文物，能令现代学者了解几百年前工匠们的作业流程。拉森的研究工作完成后，写了本很详尽、附有图片的书[17]。他指出中国大型木雕，通常由多块不同大小的木材组成，早期欧洲木雕则只用一根木材，雕不出上窄下宽的轮廓，故而欧洲木雕大多是立像，很少见坐像。树干伐下后，干心和干周边的收缩率也不一样，干心收缩得慢而干周边收缩得快。欧洲工匠为了避免塑像出现裂痕，往往将树干从上而下一分为二，再将干心挖掉。观音像是由14块不同形状的木材组成的，没有收缩率问题。木材质地上乘，过了几百年都不见虫蛀痕迹。

木雕关帝像的入藏年份比观音像更早，但直至1989年徐展堂中国艺术展厅的筹备工作进入紧锣密鼓阶段，雕塑修复组才有机会对它进行全面检查及去垢。关帝像是空心的，像的背部有一小门，打开小门发现两本观音经，一本刊印于明崇祯十二年（1639），另一本刊印于清顺治十三年（1656），应该是这塑像安放入庙宇时的供物。在关帝像内供放观音经，也可看出当时佛、道两教的界线并不鲜明，民众采取了“兼收并蓄”的态度。小门关上后便一直没打开过，因为门上涂的漆层没有被扰乱过的迹象。观音经是明末清初刊物，为关帝像的断代提供了有力的旁证。

明治时代的日本，金属工艺特别发达。19世纪在欧洲举行的世界博览会，日本送往参展的很多是铜塑像。故而20世纪早期，英国人常常将中国铜器错认为日本制品，老子骑牛铜像（本书第133件，P244）便是其中之一。它原是比利时人爱德华·贺维兹（Edouard Horwitz）的藏品，由他的妹妹捐给维博。进馆时的纪录是“日本制”，直到20世纪后期才更正过来。

4. 漆器

英国人对漆器的认识，也是从日本开始。16世纪中国瓷器传到英国，被称为“china”。

在17世纪，欧洲商人买的漆器却大多是日本货，故而髹漆工艺被称为“japanning”。款彩十二曲屏风（本书第148件，P266），17—18世纪时卖到欧洲的也不少，但欧洲人不知道它们的产地，称之为“歌罗曼多”屏风（Coromandel screen），因为来远东贸易的欧洲船只，回程时通常驶经印度的歌罗曼多海岸。至于剔犀、剔红、填漆等品种，要等到鸦片战争之后才流入英国市场。剔红或金漆宝座，英国人视为最具代表中国皇家生活的器物。1922年一件乾隆雕漆宝座（本书第154件，P283）出现在史萍父子公司（Spink & Son）的陈列室，引起传媒极大兴趣，《伦敦新闻画报》作了专文介绍。结果是一位名叫乔治·史伟夫（George P. Swift）的商人买来送给了维博。

史萍父子公司，是伦敦一家极具规模、历史悠久的珍品店，业务范围包括珠宝、钱币和亚洲工艺品，到今天还十分活跃。说来凑巧，维博馆藏最著名的明代漆器——宣德剔红龙凤纹三屉方桌（本书第139件，P252），也是史萍公司经手的，时间应该是乾隆宝座卖出后几年。宣德方桌当时没像乾隆宝座般轰动，被一个在英国念书的德籍犹太人费兹·卢比尔（Fritz Low-Beer, 1906—1976）买了。那时卢比尔只是个20多岁的小伙子，偏偏是对中国漆器情有独钟。到了第二次世界大战前夕，在德国的犹太人感受到纳粹党的压力，纷纷逃亡海外。卢比尔携同妻子逃到荷兰，最后在纽约定居，成为美国公民。

卢氏夫妇在纽约57街开了间中国艺术品专卖店。但对中国漆器，他还是买进的多、卖出的少。他将自己的藏品借给博物馆办特展，和学术界也常有往来。直到1973年，他同意将藏品中最珍贵的两件，即宣德剔红方桌和宣德填漆龙凤纹小柜（本书第140件，P254）卖给维博。其余的漆器，部分进了柏林和斯图格特（Stuttgart）博物馆[18]。

注释：

[1] Burlington Fine Arts Club, *Exhibition of Early Chinese Pottery and Porcelain*, 1910.

[2] 马思中、陈星灿编著《中国之前的中国》，斯德哥尔摩，2004年。

[3] 刘明倩：《从丝绸到瓷器》，上海辞书出版社，2008年，篇13。

[4] 刘明倩：《从丝绸到瓷器》，上海辞书出版社，2008年，篇11、12。

[5] Soame Jenyns, *The A.D. Brankston Collection of Chinese Porcelain*, *British Museum Quarterly*, vol. XIX, no.3, 1954.

[6] 刘明倩《从丝绸到瓷器》，上海辞书出版社，2008年，篇6。

[7] Anthony du Boulay, *The Summer Palace Beijing 1900: An Inventory by Noel du Boulay Commandant 1900-1901*, *OCS Transactions* vol.55, 1992, pp 83—102.

[8] Dominic Jellinek, "Bluett Essay", *Chinese Art Research into Provenance*, www.hatii.arts.gla.ac.uk.

[9] Orvar Karlbeck, *Treasure Seeker in China*, London: Cresset Press, 1957；另参阅刘明倩《从丝绸到瓷器》，上海辞书出版社，2008年，篇15。

[10] C.T. Loo, *An exhibition of Chinese Archaic Jades, Arranged for Norton Gallery of Art, West Palm Beach, Florida*, 1950, Preface.

[11] P. Pelliot, *Jades archaiques de Chine appurtenant à C.T. Loo*, Paris and Brussels, 1925, pl.XVII(I).

[12] 郑重：《海外收藏世家》，上海书店出版社，2003年，第77页。

[13] Sothebys London, *Valuable Chinese Porcelain*, 26 May 1937.

[14] Jessica Harrison-Hall, *Ming Ceramics in the British Museum*, London 2001, p595.

[15] *Illustrated Catalogue of the Chinese Collection of Exhibits for the International Heath Exhibition*, London 1884, London: William Clowes & Sons Ltd, 1884, p142.

[16] 《中国与世博历史记录1851—1940》，上海科学技术文献出版社，2002年，第258页。

[17] John Larson and Rose Kerr, *Guanyin: A Masterpiece Revealed*, London 1985.

[18] Patricia Frick, *Fritz Low-Beer a Collector and Connoisseur of the First Generation Orientations*, vol.37, no.8, 2006, pp 91—96.

陶瓷

1

青釉贴花狮纹三足尊

C.78—1949
西晋
高8.9厘米，直径13.2厘米
购自布误父子公司

器广口，平沿，直壁，平底，下承以三个“熊”形装饰的器足。器表施青釉，釉层均匀，釉色青绿，有细碎开片纹。腹上、下阴刻弦纹、圆圈纹，中间阴刻斜方格网纹，腹壁正中堆贴奔跑的狮纹。胎质坚硬，外底露胎呈灰褐色。

青瓷烧造在中国历史悠久，早在1800多年前的东汉，浙江上虞已烧出成熟的青瓷，三国两晋南北朝时期，青瓷日臻完善，青瓷的烧制进入到成熟阶段。尊为盛酒器具，除瓷质外，还有铜、漆、玉等质地。青瓷尊在汉晋时期较为流行。西晋时期，青瓷造型主要特征是多以动物造型出现，如青瓷熊尊、“羊”形烛台、“虎”形虎子等。除动物造型外，青瓷纹饰也多用动物纹样，如狮纹、龙纹和熊纹等，多代表吉祥寓意。

魏晋时期，佛教的一些典型宗教符号，如狮子、莲花、佛像、菩提叶等，开始出现在青瓷装饰中，反应了佛教在当时的传播与流行。狮子原产于非洲、南美洲和印度等地，到东汉章帝时，狮子才被作为贡品传入我国。《后汉书·章帝本纪》载：章和元年（87），“是岁，西域长史班超击莎车，大破之。月氏国遣使献扶拔、狮子。”这是狮子传入我国最早的史书记载。狮子传到中国后，逐渐被神化，早期狮子有佛教寓意的一面，如《大智度论》载“佛为人中狮子”，并作为纹饰开始装饰于器物表面。宋代以后，狮子开始步入世俗化，步入民间艺术领域。本品造型和制作工艺与上海博物馆藏西晋青釉尊相近。隋至南宋时期有较精致的白瓷和青瓷制品。

本品仿汉代铜尊造型，腹部奔跑的狮纹，底部“熊”形的三足，增添了器物的美感，反应出西晋青瓷所特有的艺术和审美情趣。

张润平

2

邢窑褐釉印花人物纹扁壶

C.432—1920
隋
高21.9厘米，宽19.1厘米
购自伦敦通运公司

壶呈扁圆形，上窄下宽，斜直口，平唇，短颈，肩部有对称双系，便于穿绳携带，扁圆腹，平足外撇。通体施褐色釉，釉层光亮。腹部印花图案，满饰缠枝菩提花叶纹，中间站立一对西域人，似正在吹奏祷告，纹饰带有浓重的佛教色彩。

邢窑是以烧造白瓷为主的中国北方的重要窑场。邢窑始于北朝，发展于隋、初唐，兴盛于唐中后期，唐末五代转入低潮，又复兴于宋，延续至金元。隋代邢窑以河北内丘北大丰、内丘城关、中丰洞等窑为代表，品种有白釉、青和、褐釉、黑釉等。装饰手法有模印、戳印、刻画、雕塑、贴塑、镂空等，是邢窑工艺的主要体现。纹饰除人物纹外主要有花卉类，包括莲瓣纹、忍冬纹、朵花纹等，动物类有龙、凤、鸡首、狮首、象首、猴等，几何类纹有弦纹、绳纹、波浪纹和连珠纹等。

这类器形和纹饰常见于北朝到隋代的邢窑瓷器中，有黄釉、酱釉、褐釉、橄榄绿釉、青釉和白釉等，纹饰有朱雀葡萄纹、乐舞纹及佛教纹饰。其中乐舞纹饰较为多见，《隋书·音乐志》载："杂乐有西凉、鼙舞、清乐、龟兹等。然吹笛、弹琵琶、五弦、及歌舞之伎，自文襄以来皆所爱好"。本品造型和纹饰都受波斯文化影响，反映出当时我国中原地区和中亚、西域地区之间的友好交往。从北朝开始，我国与中亚、西域诸国往来较多，关系也较密切。由于佛教传入影响，西域地区的一些装饰图案如联珠纹、莲瓣纹、忍冬纹、菩提纹等，成为常见纹饰并移植到瓷器上。最早的该类扁壶常见出土于北朝时期的墓葬，如1971年河南安阳县洪河屯北齐骠骑大将军范粹墓出土的几件黄釉贴花人物纹扁壶。本品造形和纹饰与1985年河北内丘礼堂北侧中兴市场窑址出土的隋代黄釉双系印花扁壶相近。

本品纹饰模制精细清楚，釉色褐黄，釉下挂白色化妆土，积釉处呈酱黑色，晕散流淌。造型端庄，纹饰有浓郁的异域风情之美。

张润平

3

邢窑白釉刻花扁壶

C.894—1936
唐
高35.6厘米
乔治·尤莫霍浦路斯旧藏

直口，口部后配黑色盖，短颈，溜肩，扁圆形腹，腹部正中刻划花叶纹，椭圆形足。通体施白釉。

白瓷经过北朝时期初创，隋代发展，到唐代已经非常成熟，以邢窑白瓷为代表，工艺精湛。唐代邢窑窑址在河北省内丘、临城等地。邢窑白瓷的装饰多朴素无纹，以釉色取胜，装饰上只有少量的划花和贴花等，以其白胜霜雪的洁净色调和朴素大方的典雅风格见长。

邢窑白瓷一般胎质坚实，洁白细腻，釉面光滑明亮，色泽莹润雪白，被唐代陆羽称为“类银”、“类雪”。陆羽《茶经》记载：“碗，越州上，鼎州次，婺州次；岳州次，寿州、洪州次。若邢瓷类银，则越瓷类玉，邢不如越一也。若邢瓷类雪，则越瓷类冰，邢不如越二也。邢瓷白而茶色丹，越瓷青而茶色绿，邢不如越三也。”虽然陆羽在《茶经》中就茶具而言，论证邢窑白瓷不如越窑青瓷，但是将邢窑瓷器的色泽比作“类银”、“类雪”也充满了赞美之情。

邢窑白瓷在唐代，生产规模大，产量高且影响深远，在当时与越窑青瓷并重，形成了中国陶瓷史上“南青北白”的局面。唐李肇在《国史补》中记载：“内丘白瓷瓯，端溪紫石砚，天下无贵贱，通用之。”

一些邢窑器底常阴刻“盈”或“大盈”款识，此外还有“翰林”、“官”、“药”等款识。这类邢窑白瓷胎薄质坚，釉质莹白光润。有专家认为刻有“盈”或“大盈”款的瓷器是邢窑专为唐代大明宫内的大盈库烧造的供品。在文献中也曾记载唐代邢窑为朝廷烧造白瓷器，供皇家使用。刻款的邢窑瓷器是品质极佳的精品。

本品造型规整饱满，制作精致，釉色白润，明亮如银，光洁纯净，纹饰流畅简洁，风格俊秀雅丽。

张润平

4

邢窑白釉褐斑皮囊壶

C.103—1913
唐
高21.6厘米
购自法兰克公司

本品造型应是仿造北方少数民族皮囊壶的造型而烧造的。壶上窄下宽，上端一侧有管状流，流直口，中间为环式提梁，壶体一侧和腹部正中有凸起的仿皮囊缝合的起线装饰，似仿皮革缝缀的接缝和纹饰。通体施白釉，腹部及一侧有褐色斑点。器形浑厚饱满，胎质坚硬。

东晋时期部分青釉瓷器上开始出现褐色彩斑，这类瓷器也称褐斑青瓷，常在青釉瓷口部、器身出现的褐色彩斑点，多数为高温釉上彩斑。褐斑青瓷改变了早期青瓷的单一色彩，为彩绘瓷的萌芽创造了条件。

“邢瓷尚素”，光素是邢窑的主要特征，但也有一些装饰工艺，邢窑彩装饰有点彩和三彩两种。点彩装饰非常少见，主要用于扁壶、钵及动物和人物造型的面部及身体等部位的装饰。隋代成熟白瓷的烧造成功，为彩绘瓷的发展创造了条件。1959年河南安阳隋开皇十四年（594）张盛墓出土了几件白釉瓷塑，均用黑釉彩作为装饰，其中一件白釉黑彩侍吏俑，其冠、发、眉、眼、胡须、衣服肩、袖口、履、剑鞘等处用黑釉点画，增加了瓷塑的艺术效果。本品与1980年河北省临城县祁村窑址采集的唐代白釉印花皮囊壶以及故宫博物院藏唐代白釉皮囊壶的造型基本相同。

本品造型和装饰技法都有所创新，造型模仿北方游牧民族的皮囊壶，腹部仿有皮囊缝合凸起的棱线，仿造逼真，反映出唐代瓷器造型善于汲取外来文化，使瓷器造型更加新颖独特。

张润平

5

三彩兽柄龙首注子

Circ.57—1935
唐
高29厘米
乔治·尤莫霍浦路斯旧藏

撇口，口流为龙首形，曲柄为一兽，口部紧咬壶口，短颈，长圆腹，腹部堆贴山形和云纹等纹饰，底足无釉。通体施三彩低温釉，釉色呈黄、绿、褐等色彩，色彩自然，清丽洒脱。据唐代文献记载，它的名称应作“注子”或“注壶”，现在多称为执壶。

唐三彩属低温彩釉陶器，彩釉装饰对后世彩瓷发展有较大的影响。唐三彩陶器是用白色黏土为胎，施以含铅的低温釉，釉中含有铁、铜、锰、钴等多种金属作呈色剂。由于在釉中加入铅作助熔剂，再经过800度左右低温烧成后，就呈现出绿、黄、赭、褐、红、白、蓝、黑等许多颜色。由于铅釉的扩散和流动性，各种颜色互相侵润，形成绚烂斑驳、富丽堂皇、光怪陆离的艺术效果，给人以华丽动人的艺术美感，打破了以往单色釉的局限。施彩的方法有涂彩、点彩和洒彩等。

唐三彩反映了唐代多姿多彩的生活风貌，厚葬之风导致了唐三彩的盛行，除大部分为殉葬的明器之外，也有少量日用器皿。唐三彩陶塑多形神俱佳，不乏成熟之作，宋人郭若虚在《图画见闻志》中称赞唐代雕塑艺术“雕塑铸像，亦本曹吴”。

唐三彩主要的烧造窑址有河南省巩县窑、河北省邢窑和陕西省铜川黄堡窑等。

本品采用贴塑装饰技法，使画面具有浮雕效果，物象鲜明突出，立体感强，造型独特别致。

张润平

6

汝窑青釉盏托

FE.1—1970
北宋
高5.8厘米，直径16.5厘米
哈利·嘎纳赠

碗托敛口，托盘边沿宽大，且镶铜扣，圈足外撇。通体施天青色釉，釉色莹润，有细小开片纹。底部近足处刻有“寿成殿”铭款。

汝窑为宋代五大名窑之首，是为宫廷烧制的御用品。汝窑窑址位于今河南省宝丰清凉寺。南宋叶寘《坦斋笔衡》云：“本朝以定州白磁器有芒，不堪用，遂命汝州造青窑器，故河北唐、邓、耀州悉有之，汝窑为魁。”因为是御用瓷，工艺要求非常严格，汝窑釉色为天青色，因釉中加入玛瑙，釉质光泽莹润。南宋人周辉在《清波杂志》载：汝窑“内有玛瑙末为釉，为供御拣退，方许出卖，近尤难得。”汝窑器表面上有细小的开片纹、俗称“蟹爪纹”。明曹昭《格古要论》记：“汝窑器，出北地，宋时烧者。淡青色，有蟹爪纹者真，无纹者尤好，土脉滋媚，薄甚亦难得”。制作工艺为“裹足支烧”，底部有细小的“芝麻钉”。汝窑器造型秀美，胎质细腻，呈香灰色，釉色滋润。汝官窑烧制时间不长，大约有20年，因战乱而停烧，所以汝官窑瓷器存世稀少，据统计现今存世不足70件，故汝窑罕见珍稀。

汝瓷汁水莹润，有青色淡雅美如玉的质感，釉色以天青为主，并有天蓝、月白、粉青、豆青、卵青、虾青等色，然以“天青为贵，粉青为上，天蓝弥足珍贵”为崇尚，汝瓷把造型艺术之秀美、釉色素净之风尚，以及高雅的装饰艺术之风格，融为一体。汝窑釉色蕴润，有含蓄之美，体现出宋人独有的审美情趣。汝窑无论其造型艺术、工艺特点、施釉技法诸方面，都有极高的文化造诣和艺术魅力。

其底部“寿成殿”铭款，应是当时所刻。“寿成殿”是宋代宫殿名称，故宫博物院藏有北宋汝窑器，其上刻有“寿成殿皇后阁”和“蔡”等铭文。台北故宫博物院藏一件北宋汝窑青釉碟，底刻“奉华”。“奉华”系宋宫殿名，除汝窑外，定窑也有此铭文。在有些汝窑瓷器的底部还刻有评定汝窑瓷器等级的“甲”、“乙”、“丙”、“丁”等字，中国国家博物馆藏有刻“乙”字的北宋汝窑青釉洗。本品与故宫博物院藏北宋官窑青釉盏托的造型相同。

瓷盏托始制于南朝，南北朝时期较流行，唐代随着江南地区饮茶风俗的盛行，产量增加。五代末期，腹加深，托变高，美观实用。宋代盏托式样增多，南北瓷窑无不烧制，托口较前明显增高，别具特色。本品造型别致，釉色雅致清丽，并刻有铭款，故弥足珍贵。

张润平

7

钧窑天蓝釉鼓式洗

FE.117—1978
北宋
高9.1厘米，直径21.7厘米
衮讷伯爵赠

器上窄下宽，广口平沿，弧形浅腹，平底。口沿下及近底处环列朵朵梅花装饰，器通体施天蓝釉，釉层厚，釉自然垂流，口沿处可见褐黄色胎体，近底处釉厚，梅花装饰隐现。

钧窑为宋代五大名窑之一，并成为北宋晚期宫廷用瓷。钧窑窑工们严格控制釉料配比及窑温气氛变化，成功创烧了以铜、铁等金属元素为着色剂的乳浊釉，其窑变瓷器“釉具五色，艳丽绝伦”。颜色主要有天蓝、玫瑰紫、海棠红等。钧瓷之美在于釉色的流淌与幻化，非巧思可以成就，它以其交错的变化展现出诗情画意般的图案，它的美在于凝厚的质感与含蕴的蓝色乳浊光所产生的震撼力。

钧窑釉色中尤以玫瑰紫釉最为典雅，堪称宋钧瓷之冠，釉彩绚丽犹如晚霞，千种风姿，万般异彩。即所谓“入窑一色，出窑万彩”，无一相类，故有“钧瓷无双”之誉。用唐诗来赞美钧窑窑变釉恰如其分：“高山云雾霞一朵，烟光空中星满天。峡峪飞瀑兔丝缕，夕阳紫翠忽成岚。”钧窑的釉色在明代谷应泰辑《博物要览》中记载：“有朱砂红、葱翠青，俗名鹦哥绿、茄皮紫者。红如燕支（胭脂），青如葱翠，紫若墨黑。”钧窑变幻如行云流水般的窑变色釉，是宋代制瓷工艺最突出的成就。

钧瓷之美不仅在其丰富的窑变色彩，还在于其完美的造型设计。鼓式洗，简洁的造型看似寻常，但口沿及近底处环列朵朵梅花装饰，立刻使器物显得精巧和别致，并增添了器物的美感。

本品造型古雅精致，胎体厚重，釉色为天蓝色，静穆素雅，折射出当时的审美情趣，置于案头颇为赏心悦目。

张润平

8

钧窑天蓝釉罐

C.936—1935
北宋
高21.3厘米，直径22.8厘米
乔治·尤莫霍浦路斯旧藏

直口，短颈，鼓腹，圈足。通体施天蓝釉，釉自然流淌，上部釉薄，下腹部釉厚，釉色翠蓝，凝厚莹润，足部露出褐黄色胎，胎体厚重。本品于2012年曾在中国国家博物馆国际交流系列丛书《瓷之韵——大英博物馆、英国国立维多利亚与阿尔伯特博物馆藏瓷器精品》一书中著录。

北宋钧窑主窑址位于河南省禹县钧台八卦洞，钧窑在北宋初年开始烧造，钧台窑北宋晚期由官府管理，产品专供宋代宫廷御苑使用和陈设。宋代官钧窑器稀少名贵，当时就有“黄金有价钧无价”之说，至今河南民间还流传着“钧和玉比，铨比玉美”、“纵有家产万贯，不如钧瓷一片”的说法。故钧窑瓷为世人所推崇，后世多极力仿烧。

因钧窑釉色主要色料是氧化亚铁在还原焰中烧成，故此将其列为青瓷体系。窑变釉开创了陶瓷釉彩装饰的新途径，突破了传统的单一色釉，是青瓷工艺的创新和突破。瓷器在宋以前，常以一种苍翠的青绿色釉作装饰，而钧窑瓷器以蓝色乳浊釉和铜红窑变釉，组成红蓝相间的釉色，为中国陶瓷工艺美学开辟了一个新境界。清《南窑笔记》记载：“其钧窑及法蓝、法翠乃先于窑中烧成无釉涩胎，然后上釉，再入窑中覆烧乃成，唯蓝、翠一火即就，钧釉则数火乃得流淌各种天然颜色。”

本品天蓝釉色含韵流光，釉色柔婉光润之美与硬朗刚健的造型相结合，尤为绝妙，釉色浅淡处，隐现黄褐坚硬的胎骨，凸显造型轮廓之鲜明，一柔一硬，尤显古朴典雅之风韵，散发出独特的艺术魅力和时代气息。

张润平

9

钧窑天蓝釉尊式花盆

C.171—1938
北宋
高21厘米，直径22.2厘米
乔治·尤莫霍浦路斯旧藏

撇口，粗颈，鼓腹，圈足。底刻“四”字。通体施天蓝釉，釉色光润浅淡，釉质肥厚，釉下出现不规则的流线纹，俗称“蚯蚓走泥纹”，釉面因挂釉很厚，釉中留有很多气泡痕迹，俗称“橘皮”、“棕眼”。

北宋时期官钧窑造型主要有各式花盆、鼓钉洗和出戟尊等。这类器底部多呈深浅不同的酱黄色亮薄釉，为其他地方所产钧釉和仿品所无。在禹县钧窑窑址出土的残片中，以各种花盆和盆托造型居多，在故宫博物院、台北故宫博物院以及世界各大博物馆中，官钧瓷也以各式花盆和盆托居多，有长方体、六方体、莲瓣式、菱花式、海棠花式、葵瓣式、仰钟式、尊式等。在这些花盆和盆托底部，常见刻有一、二、三至十的不同数字标号，据相关研究资料显示，这些数字与钧瓷器物大小尺寸有关，数目字越大，器物愈小愈低，反之则愈大愈高。这些带“数目字款钧瓷”，传统上称为北宋官钧，为供御之物。

许之衡《饮流斋说瓷》中有：“‘花盆’以钧窑为最佳，其座谓之‘盆连’，有圆者，有海棠式者，有六角者，近则折足磨边，亦珍逾拱璧，盖钧之可贵极矣。钧盆与盆连，其底必有数目字，红紫者单数，青蓝者双数，盖因盆与座取其有识别易于配合。”

有些钧瓷花盆底部还刻有清宫和皇家园林重要宫殿及帝王后妃主要活动场所之名，如“建福宫”、“竹石假山用”、“瀛台”、“涵元殿用”、“养心殿”、“长春书屋用”等；以及“钟粹宫”、“景阳宫”等字样。中国国家博物馆藏一件钧窑玫瑰紫海棠式花盆，底刻“重华宫”、“金昭玉翠用”等字，这些字为清代乾隆时期造办处玉作匠人所补刻款字，是清代皇宫所用，现在北京故宫博物院内尚有档案可查。

花盆是官钧窑瓷器中重要品种，是当时为满足皇宫需要，按照宫廷出样烧造的。造型沉稳端庄，釉色流淌韵润，动静之间增显了器物的优雅气韵。

张润平

□ 北宋钧窑玫瑰紫海棠式花盆　中国国家博物馆藏

10

定窑白釉刻莲花纹大罐

C.37—1935
北宋
高29.5厘米，直径24厘米
乔治·尤莫霍浦路斯旧藏

唇口，直颈，溜肩，鼓腹，胫下渐收，平底。通体施白釉，釉色洁白光润。肩部刻莲瓣纹，腹部刻划莲花纹，胫部刻画莲瓣纹。造型规整秀美。

定窑为宋代五大名窑之一，是五大名窑中唯一烧制白瓷的窑口，是宋代白瓷的典范。其他四窑都以釉色取胜，只有定窑以纹饰取胜，定窑的划花、刻花、印花等装饰工艺在中国陶瓷史上占有重要地位。明曹昭《格古要论》载："古定器，土脉细，白色而滋润者贵，质粗而色黄者价低。外有泪痕者是真，划花者最佳。"

定窑白瓷创烧于唐代，制瓷工艺技术受邢窑影响，五代是定窑发展时期，宋金时期达到鼎盛，元末以后逐渐停烧。其遗址在今河北省曲阳县，宋代属定州，故名定窑。定窑以烧造白瓷为主，瓷质精良，纹饰秀美。定窑烧造的主要器形有罐、瓶、盘、碗、注子、壶、渣斗、枕、灯、盂、盒等，较珍贵罕见的有孩儿枕、柳斗盂等。从晚唐到金代，定窑还为宫廷和官府烧造过瓷器，在部分定窑碗、瓶、壶和罐的底部，刻有"官"、"新官"、"易定"、"尚食局"、"尚药局"等款识，且质量精细。定窑还首创了覆烧工艺，打破了以往一个匣钵装一件瓷器的做法，采用覆烧工艺烧成的盘、碗口沿部位通常无釉，俗称"芒口"，也成为定窑瓷器的一大特征。宋金时期定窑产量巨大，影响到其他窑场争相仿制，形成了庞大的瓷窑体系。

定窑白瓷纹饰题材丰富，有游鱼、走兽、婴戏、飞禽、水波、花卉，以花卉纹最为常见，也有狮球纹、云龙纹等。题材多取自当时缂丝和金银器上的图案。本品纹饰与故宫博物院藏宋代定窑白釉刻莲花纹梅瓶相同。

此罐釉色白润洁净，刻花技术娴熟，纹饰线条流畅，显示出皇家用瓷之风范。元代刘祁在《归潜志》中曾有"定窑花瓷瓯，颜色天下白"的赞誉。本品堪称定窑刻花白瓷的典范。

张润平

11

定窑酱釉托与盏

C.603—1918
北宋
托高6.3厘米，托直径11.5厘米
阿比·勒邦赠

盏撇口，弧腹，圈足；托敛口，托盘边沿较宽大，托口较高，圈足外撇。通体施酱色釉，胎质洁白。

定窑虽然以生产白瓷著称于世，它还烧制黑釉、酱釉和绿釉瓷器，它们在文献中分别被称为“黑定”、“紫定”和“绿定”，可谓：紫定色紫，黑定如漆，而绿定如翠，胎细釉润，也各具风格。这些器物相对于定窑白釉瓷器而言，烧造数量较少，“物以稀为贵”，因此它们比白釉瓷器更显珍贵。

明曹昭《格古要论》载：“有紫定，色紫。有黑定，色黑如漆。土俱白，其价高于白定。”紫色釉指赭色，也称绛色或酱色，是以氧化铁为呈色剂的高温釉，其釉色介于柿色和枣红色之间。苏东坡在《咏定瓷》诗云：“潞公煎茶学西蜀，定州花瓷琢红玉。”用“红玉”来形容紫定之美。明人项子京在《历代名瓷图谱》中提到五件“紫定”，形容其釉色“烂紫晶澈，如熟葡萄，璀璨可爱”。因定窑酱釉瓷器存世稀少，被视为珍品。存世较精美的定窑酱釉瓷器有河北定州出土的酱釉鹦鹉纹壶和日本东京国立博物馆藏酱釉描金花卉纹碗等。本品造型和釉色与大英博物馆所藏定窑酱釉托与盏相近。

本品造型美观雅致，釉色深沉明亮。定窑酱釉托与盏成套的存世稀少，且保存完好，实属难得。

张润平

□ 北宋定窑酱釉托盏　大英博物馆藏

12

磁州窑白地黑花花卉纹小口瓶

C.32—1935
北宋
高24.5厘米，直径21厘米
乔治·尤莫霍浦路斯旧藏

撇口，斜颈，鼓腹，平底。通体白地黑花纹饰，腹部主题纹饰为黑彩绘折枝牡丹纹、蝴蝶纹。

磁州窑是宋金元时期北方著名的民窑之一，窑址位于今河北省磁县，因古属磁州，故名。其烧造萌芽于北朝，创烧于五代，兴盛于宋辽金元，明以后日渐衰落。以生产白地黑花瓷器为主，另外还生产白地褐花，白地黑彩剔花、划花，绿地黑花，白釉绿斑和红绿彩、三彩等品种。磁州窑白地黑花瓷器中的胎体因白度不高，在彩绘前常施一层白色化妆土，然后在胎体上用彩料绘画花纹，装饰技法多样，有刻花、划花、剔花或书写文字等，再上一层透明釉，在氧化焰气氛中烧成。白地黑花瓷器中因彩料为含铁量较高的矿石，在烧造过程中呈色会有差别，多数为黑色，也有少量褐色，被称为“铁锈花”。

磁州窑装饰内容丰富，主要分为胎装、彩装和釉装等。彩装中的白地黑花艺术的产生和发展，标志着中国瓷器由胎装饰向彩绘装饰方向发展。中国古陶瓷学家冯先铭曾说：“磁州窑釉下彩绘可以说是青花瓷器的直接祖先。”

白地黑花为宋、金、元时期磁州窑最具代表性的品种，所绘纹饰均为民间喜闻乐见的题材，如花卉、人物、动物、花鸟、虫鱼、婴戏、山水、诗、词、曲、对联和警句等，绘画风格粗犷豪放，雄健浑厚，充满浓厚生活气息，形成了磁州窑独特的风格。除磁州窑外，河南当阳峪窑、扒村窑、登封窑，山西介休窑，山东枣庄窑，内蒙古赤峰窑，江西吉州窑，广东西村窑，广西合浦窑，福建泉州磁灶窑，四川广元窑及宁夏灵武窑等，均受磁州窑影响，也以烧造白地黑花瓷器为主，形成了庞大的磁州窑系。中国国家博物馆藏宋代磁州窑白地黑花鱼纹梅瓶与本品装饰技法相同。

本品纹饰粗犷洒脱，用笔简练，线条明快，色彩黑白分明，装饰效果似中国传统的水墨画，富丽清新，开创了中国瓷器绘画装饰的新途径。

张润平

□ 北宋磁州窑白地黑花鱼纹梅瓶　中国国家博物馆藏

13

当阳峪窑绞胎杯

C.602—1918
北宋
直径12.2厘米
阿比·勒邦赠

该杯为直口、圆弧腹、卧足。器身以绞胎泥拼接成编织图样，口沿为白胎所接，既避免绞胎泥外溢，又显得美观。满釉支烧，底部有支烧痕。观察窑址出土的残片断口可知，这类绞胎杯并非如唐代绞胎枕一样是以绞胎泥片贴于白胎之上，而是整体以绞胎泥制作。但不是像一般圆器那样拉坯成形，而是模制成形，这是为了避免拉坯使得绞胎纹朝一个方向旋转，形成单调的纹样。具体做法是将制好的褐色泥片与白色泥片相间层层叠摞成绞胎泥，再按所需纹样规律摆放在陶范内挤压定型。受中国的影响，12世纪的高丽青瓷中也可见到绞胎瓷，乃拉坯成型，这种成形工艺目前在中国的绞胎瓷中尚未见到，远较中国的模制成形技术简单得多。因在窑址上发现了一些素烧的绞胎瓷片，所以部分学者认为绞胎器乃二次烧成。其实有两种情况：施低温黄釉、低温绿釉的绞胎瓷都是二次烧成，而施高温透明釉的则是一次烧成。像这件杯就是施透明釉后，在高温下一次烧成。

1962年在对河南修武当阳峪窑考古调查时发现了与该杯相同的器物（现藏河南省博物院）；1975年4月江苏镇江箕家山宋墓出土了一件与该杯相同的绞胎杯（现藏镇江市博物馆），口沿一周还镶有银钔；2004年当阳峪窑的大规模考古发掘中，宋代地层出土了与该杯相同的绞胎杯（现藏河南省文物考古研究所），所以该杯应该是宋代当阳峪窑的产品。

当阳峪窑于1920年代被发现，据考古资料可知，其创烧于唐，延续至清，宋代是其鼎盛时期。绞胎产品唐代就有，宋代兴盛，也是同时期所有烧造绞胎器的窑址中质量最上乘的，宋以后渐少。虽然绞胎器因为它复杂的制作工艺、别具一格的审美而位于高档瓷之列，但它毕竟是民窑产品，存世量并不少，与该杯相同的器物在国内外很多博物馆都能见到，如焦作市博物馆、日本箱根美术馆、美国波士顿美术馆等。

需要特别指出的有两点，一是与此杯相同或相似的器物长期以来一直被认为是磁州窑的产品，包括这件杯，在英国国立维多利亚与艾伯特博物馆的档案上也一直被标注为磁州窑。宋代出产绞胎瓷的有河南、山西和山东诸窑口，虽然三地的绞胎产品区别较大，但皆以白地黑花产品为主，属于磁州窑系。所以有的学者尤其是国外的学者便将其列在磁州窑名下。但磁州窑系与磁州窑是两个不同的概念，并不等同，不能简单地将这件杯划归磁州窑，应该明确其为当阳峪窑的产品。二是国内外不同的学者曾将与此杯相同的器物划归或当阳峪窑、或焦作窑、或修武窑、或矿山窑、或西王封窑，其实，几十年来焦作窑、修武窑、当阳峪窑这些名称一直在引发着国内外学者的争论。这些地名之间现在的行政隶属关系是河南省焦作市修武县当阳峪村，在焦作市范围内广泛分布着40余处产品相类的窑址，而当阳峪窑是其代表窑场，也是其中心窑场，几十年来中国国内的大部分学者都习惯性地以当阳峪窑统称这一片窑址群。上面提到的矿山窑、西王封窑等都归属于当阳峪窑址群，焦作窑、修武窑是当阳峪窑的别称，所以我们今天仍沿袭这一称谓，以当阳峪窑来统称焦作市辖区内这一大片产品面貌相似的窑址群。

丁鹏勃

14

登封窑白釉珍珠地划花牡丹纹梅瓶

C.31—1935
北宋
高38厘米，直径16厘米
乔治·尤莫霍浦路斯旧藏

瓶小口，口下出棱，短束颈，圆肩，瘦长腹，隐圈足。肩部珍珠地刻莲瓣纹，腹部珍珠地刻画缠枝牡丹纹，胫部刻画莲瓣纹。形体修长，隽秀典雅，是宋代梅瓶标准式样。

珍珠地划花工艺创烧于河南密县的西关窑，将唐代金银器上的錾花工艺运用到瓷器上，形成了珍珠地划花装饰。其装饰技法独特，珍珠地划花工艺起源于唐代，盛行于宋代。烧造珍珠地划花的窑口有河南密县窑、登封窑、鲁山窑、修武窑，河北磁州窑和山西介休窑等。装饰技法为在施了白色化妆土的坯体上划刻出主题纹饰，然后在花纹外的空间用工具戳印珍珠状小圆圈纹，最后通体施一层透明釉，入窑烧成。

登封窑为唐宋名窑之一，窑址在河南省登封曲河村，品种以珍珠地划花为特色，此外还有白釉、黑釉、黄釉、青釉、白釉绿彩、白釉褐彩、白地划花、刻花、白地绘黑花与宋三彩等。登封窑的一些品种在外观上与磁州窑、当阳峪窑十分相似。

梅瓶是古代瓷瓶中最著名的一种典型式样，唐代创烧。许之衡《饮流斋说瓷》云：“口径之小仅与梅之瘦骨相称”，故名梅瓶。宋人称其为“经瓶”，为酒具之用，宋代梅瓶器身修长秀丽。元代江西景德镇窑、河北磁州窑、河南钧窑、浙江龙泉窑等均有烧造。元代梅瓶雄伟大气。本品造型和纹饰与1955年河南省方城县官庄村出土的北宋白釉珍珠地划牡丹纹梅瓶相同。

张润平

15

密县窑珍珠地对鹿纹枕

C.425—1923
北宋
高13.6厘米，长26.4厘米，宽19.2厘米
查尔斯·维克尼尔（巴黎）赠

枕为腰圆形，枕面微凹，枕面珍珠地绘对鹿纹、山石纹和花卉纹等，枕侧面珍珠地绘缠枝菊花纹。双鹿对望呈站立状，昂首，挺胸，抬头，口衔花草，头顶有长鹿角，长颈，身饰圆圈纹，用短阴刻线纹代表身体皮毛纹，枕背面有透气孔。刻划精细，制作考究。本品于2012年曾在中国国家博物馆国际交流系列丛书《瓷之韵——大英博物馆、英国国立维多利亚与艾伯特博物馆藏瓷器精品》一书中著录。

密县窑位于河南密县的西关、窑沟等处，始烧于唐，终于宋。烧制时间虽然不长，但却是唐代烧制白瓷的重要窑场，晚唐到五代时期，首创珍珠地划花工艺，这一装饰工艺被后来的河南登封曲河窑继承并发扬光大。

目前所见最早的瓷枕是隋开皇十五年（595）张盛夫妇合葬墓出土的瓷枕。宋金时期，瓷枕因光滑清凉，深受北方民间喜爱，特别是磁州窑及磁州窑系的北方窑场，烧制瓷枕的数量最多。

本品纹饰细腻精美，采用均齐式、对称等艺术手法，画面满密生动，布局优美协调，反映出宋代高超的制瓷技艺和独特的艺术审美情趣。动物纹是宋元瓷枕装饰图案的常用题材，动物纹样的选择，常与当地民间风俗习惯有关，均寓意吉庆祥瑞，鹤表示长寿，鱼表示富裕充足，鹿纹则表示福禄长寿。老虎、狮子等猛兽能镇宅降妖、辟邪消灾。故宫博物院藏有一件磁州窑白地黑花狮纹枕，枕面绘一雄狮，旁边用黑彩书写“镇宅”二字。《新唐书·五行志》载：“韦后姊七姨嫁将军冯太和，为豹头枕以辟邪，白泽枕以辟魅，伏熊枕以宜男。”本品造型和制作工艺与中国国家博物馆藏北宋白釉珍珠地划花鹦鹉纹枕相同。

张润平

□ 北宋珍珠地划花鹦鹉纹枕　中国国家博物馆藏

16

耀州窑青釉刻牡丹纹尊

C.810—1936
北宋
高24厘米，直径12厘米
乔治·尤莫霍浦路斯旧藏

撇口，平沿，长颈，溜肩，鼓腹，圈足。通体施青绿釉，釉色滋润光亮。颈部及胫部刻划卷草纹和莲瓣纹，腹部主题纹饰刻划两朵缠枝牡丹纹，花朵两两相对，枝蔓缠绕，花纹清晰。

耀州窑窑址在今陕西省铜川市黄堡镇一带，因宋代此地属耀州管辖，故名。是北方著名的青瓷窑场。创烧于唐代，鼎盛于宋代中晚期，延烧至明代中期。以烧造刻花青瓷而著称，釉色以橄榄青和黄绿色为主，釉色莹润。耀州窑刻花洒脱，线条清新流畅，形成耀州窑独特风格，为宋代刻花装饰最具代表性瓷器。铜川市黄堡镇立有元丰七年（1084）德应侯碑，碑文中记述耀州窑器为“巧如范金，精比琢玉”，应是对耀州窑工匠高超制瓷技艺和耀州窑瓷器质量的高度评价。据《宋史·地理志》记载，耀州青瓷曾经进贡过北宋宫廷。

五代末到北宋初年，耀州窑受越窑影响，创烧刻花青瓷，刻花刀法精湛，层次清晰，具有浮雕效果。北宋时期开始阴刻，北宋中期以后，耀州窑进入繁荣发展时期，青中闪黄的“橄榄青”釉色更加稳定。纹饰题材丰富广泛，充满了生活情趣。有植物、动物、人物和几何图案等，装饰手法以刻花和印花为主。北宋晚期印花技法独特，纹饰细腻丰富。金代时期耀州窑以线刻为主，也有光素无纹器，金代耀州窑生产规模和产量不在北宋之下，但工艺上逐渐呈下降趋势。

耀州窑在宋代王存《元丰九域志》、陶谷《清异录》、陆游《老学庵笔记》、周辉《清波杂志》、元代陶宗仪《辍耕录》等文献中都有记载。陆游在《老学庵笔记》中赞有：“耀州青瓷器谓之越器，以其类余姚秘色也。”本品与1989年陕西耀县出土的宋代耀州窑青釉刻花牡丹纹执壶的纹饰相近。

造型秀雅，花叶阴阳向背分明，纹饰立体感强，刀锋犀利，青翠的釉色与精美的刻花和谐统一。

张润平

17

越窑青釉莲瓣纹盖罐

C.1385—1924
北宋
高38.1厘米
购自珍品店

器由罐身和盖组成，罐成五层塔式，直口，塔式腹，圈足。盖为覆莲式，上刻莲瓣纹，花形纽。罐身阴刻绳纹将罐分成五层，主要雕刻凸起的莲瓣纹，莲瓣内刻细密的花蕊及花脉纹，罐身每层凸贴镂空的球形小钮作为装饰。通体施青釉，釉层均匀，釉色青翠莹润。

越窑青瓷东汉创烧，在唐、五代、北宋中期处于繁荣时期，北宋晚期开始衰落，有近2000年的历史，且从未间断，是烧造时间长、规模大和存留实物多的一个窑场。青瓷具有独特的审美情趣与艺术风格。它不仅有“雨过天青”之雅，而且有“似玉”、“类冰”之质和“温润纯朴色形备”的美誉，它承载着中国传统美学，是古代瓷器中一颗璀璨的明珠。清人蓝浦在《景德镇陶录》转引《爱日堂钞》记有：“‘自古陶重青品’，晋曰缥瓷，唐曰千峰翠色，柴窑曰雨过天青，吴越曰秘色，其后宋器虽具诸色，而汝瓷在宋烧者淡青色，官窑、哥窑以粉青为上，东窑、龙泉窑色皆青，至明而秘色始绝。”

唐代越窑青瓷闻名于世，青瓷色如碧玉，光似海天，在当时就受到广泛赞誉，唐代诗人对越窑瓷器釉色的称赞有：“巧剜明月染春水，轻旋薄冰盛绿云”、“古镜破苔”、“嫩荷涵露”、“捩翠融青”、“烟岚色”等。

唐代晚期和五代时期越窑釉色青绿滋润，光亮匀净，其中精品被称为“秘色瓷”。唐代陆龟蒙在《秘色越器》中咏越窑青瓷云：“九秋风露越窑开，夺得千峰翠色来。”1987年陕西省扶风县法门寺塔唐代地宫出土了十几件越窑秘色瓷器。这些青瓷制作精美，以青绿釉为主，光洁如玉，色泽青翠，静如湖水，有极高的艺术价值和美学价值。越窑秘色瓷应是专门为皇家烧造的贡品。

北宋中期仍是越窑青瓷发展的繁荣时期，在胎、釉和装饰等工艺方面进一步提高，器物胎体细薄，釉层薄而透明，盛行划花和刻花，刀法娴熟奔放、纤细洒脱，纹饰繁缛瑰丽，精品仍被选为皇家贡品。中国国家博物馆藏有与此器造型和纹饰相似的北宋龙泉窑制品。

本品造型规整精美，纹饰刻划细腻，腹部饰五层莲瓣纹，与同饰莲瓣纹的器盖浑然天成。北宋时期流行这种多级塔式瓶，寓意五谷丰登，多用于陪葬，罐高在25—38厘米之间，多有盖。

张润平

□ 北宋龙泉窑青釉莲瓣纹盖罐　中国国家博物馆藏

18

景德镇窑青白釉刻婴戏图枕

C.842—1936
北宋
高11.2厘米，长17.8厘米
乔治·尤莫霍浦路斯旧藏

枕呈腰圆形，枕面微凹，通体施青白釉，釉色白中闪青。枕面刻划婴戏纹，三个可爱的童子作攀爬状，呈“品”字形分布于画面正中，似正在追逐玩耍，枕侧刻龙首纹，呈浅浮雕状，立体感强。

青白瓷为北宋江西景德镇窑创烧品种，是仿烧定窑白瓷，釉色白中泛青，青中有白，故南宋赵汝适《诸蕃志》和元人汪大渊《岛夷志略》等书中称之为“青白瓷”。青白瓷又称为“影青”瓷，因其胎质薄而致密，釉色莹润光亮，光照见影，故名。自清人陈浏的《陶雅》以后多称作“影青”。青白瓷釉色在青色和白色之间，与宋代白瓷相比，色调显得青绿一些，光泽度也好一些，而与青瓷相比，它又白了一些，釉层也薄很多。宋代青白瓷，色泽如玉，光润质美，胎白坚细。

宋代文献记载，景德镇青白瓷在淳化年间（990—994）已进入宫廷库存备用。元朝人蒋祈在《陶记》中论及宋代景德镇窑业时说，景德镇瓷器“洁白不疵……皆有‘饶玉’之称”。北宋青白瓷产地在江西景德镇的湖田、杨梅岭，此外，江西的吉安、南丰，浙江，广西，安徽，福建，广东等省都有烧造，从而形成了以景德镇为中心的青白瓷系，在民间影响很大。而湖田窑所产青白瓷质量最佳，主要造型有注子温碗、观音像、枕、炉、瓶、钵、洗、渣斗、香熏、盒、罐、壶、盘、碗、碟、砚滴、水盂、玩具等，造型多样。宋早期青白瓷多素面无纹，以清澈润洁的釉色取胜，稍后流行刻划花装饰，多见花卉、人物、婴戏、水波游鱼和云气纹等纹饰。

“婴戏图”早在唐代长沙窑，宋代磁州窑、耀州窑和景德镇青白瓷上广泛应用，明代正德、嘉靖时期最为风行，清代也较为常见。婴戏图多从日常活动中直接提炼而来，有骑竹马、童子背莲、垂钓、放风筝、打马球、扑蝴蝶、蹴鞠、戏鸟等。婴戏图画面丰富，表现形式多样，孩童神态各异，洋溢着自然活泼的情趣。通过对孩童嬉戏场面的生动描绘，表达了人们祈盼多子多福的美好意愿。本品造型和制作工艺与江西省博物馆藏宋代青白釉水波纹枕相同。

此枕是景德镇湖田窑的代表作，使用优质高岭土，胎质细白，色泽晶莹，有青白玉一样的质感，纹饰精美。

张润平

19

官窑青釉葵口尊

C.25—1335
南宋
高10厘米，直径12厘米
乔治·尤莫霍浦路斯旧藏

撇口，口呈葵瓣状，长颈，扁鼓腹，圈足。该器通体施青釉，釉面有大小不匀的开片纹。胎体厚重，紫口铁足，釉质温润似玉。

官窑是宋代五大名窑之一，以天青釉为主，釉在高温烧制时，釉熔融向下垂流，器口沿处釉层变薄，隐露的胎骨呈紫黑色，故称为“紫口”。以紫金土为胎，胎中氧化铁含量高，圈足露胎处呈铁黑色，故称为“铁足”。官窑釉质肥润，纹片纵横交错，自然天成。

北宋官窑窑址，至今没有发现。靖康之变后，南宋政府在都城临安（浙江杭州）的凤凰山、乌龟山一带设窑，继续烧造官窑瓷器，近年随着杭州凤凰山老虎洞官窑窑址的发掘，出土了大量南宋官窑瓷片。该地出土瓷片与文献记载有很多相同之处。南宋叶寘《坦斋笔衡》记载：“政和间京师自置窑烧造，名曰‘官窑’。中兴渡江，有邵成章提举后苑，号邵局。袭故京遗制，置窑于修内司，造青器，名内窑。澄泥为范，极其精致，釉色莹澈，为世所珍。后郊坛下别立新窑，亦曰官窑，比旧窑大不侔矣。”明曹昭《古窑器论》载：“宋修内司烧者，土脉细润，色青带粉红，浓淡不一，有蟹爪纹，紫口铁足，色好者与汝窑相类。”谷泰辑《博物要览》卷二《窑器条》记有：“官窑……其土紫，故足色若铁……纹取冰裂、鳝血为上，梅纹、片墨纹次之，细碎纹，纹之下也。”

南宋官窑瓷器造型多样，器型多仿自周、汉古制。造型严谨，古朴典雅，风韵别致。艺术风格以釉色取胜，以造型见长，以纹片著称，反映出宋代独特的审美情趣。南宋官窑瓷器既继承了河南汝官窑的造型端庄简朴之精华，又吸收了南方越窑、龙泉窑等名窑的薄胎厚釉、釉质浑厚的特点，北艺南技的结合，创造了我国青瓷史上的顶峰之作。该器大纹片之间夹杂着细密的小纹片，犹如寒冬江河中的冰裂纹，千变万化。

张润平

20

哥窑青釉葵花口碗

717—1883
南宋
高16.3厘米，直径17.8厘米
史提芬·布绍尔代购

撇口，口呈六瓣葵花形，弧壁，圈足。通体施灰青釉，釉面有深浅不同、细小的开片纹，开片纵横交错，片纹呈黄黑两色，故有“金丝铁线”之称。胎骨较厚，呈深灰色，釉质肥润，紫口铁足。为传世“哥窑”代表作。

哥窑是文献中记载的宋代五大名窑之一，极负盛名。目前哥窑的产地问题以及烧造年代和特征等问题，学术界未能取得统一意见。传世“哥窑”瓷器不见于宋墓出土，宋代文献也没有记载，其窑址也未发现。据明代郎瑛《七修类稿》、宋应星《天工开物》和清代《龙泉县志》等文献记载：宋代章生一、章生二兄弟在两浙路处州、龙泉县各建一窑，哥哥建的窑称为“哥窑”，弟弟建的窑称为“弟窑”，也称章窑、龙泉窑。

明代陆深《春风堂笔记》云：“哥窑，浅白断纹，号百圾碎。宋时有章生一、生二兄弟，皆处州人，主龙泉之琉田窑，生二所陶青器，纯粹如美玉，为世所贵，即官窑之类；生一所陶者色淡，故名哥窑。”明高濂《遵生八笺》载：“官窑品格大率与哥窑相同……二窑烧造种种未易，悉举例可见，所谓官者，烧于宋修内司中，为官家造也，窑在杭州凤凰山下……哥窑烧于私家，取土俱在此地。官窑质之隐纹如蟹爪，哥窑质之隐纹如鱼子，但汁料不如官料佳耳。”以上这两种论述是明代文献中最早关于哥窑“产地”的记载，一个在龙泉，一个在杭州。

考古发现证明，在今天的大窑（琉田窑）发现了类似的器物，称之为龙泉哥窑。老虎洞修内司官窑窑址出土的南宋到元代堆积层中的瓷片有许多与传世哥窑器相似，故目前大部分专家学者认为传世的宫藏“哥窑”瓷，实际上是南宋时修内司官窑烧制的。

传世“哥窑”的主要特征是胎呈黑褐色、深灰、浅灰等，釉色多呈粉青或灰青，釉面“聚沫攒珠”，含蓄柔和。其釉均为失透的乳浊釉，釉层厚，釉面有大大小小不规则的开裂纹片，俗称“开片”或“文武片”，细小如鱼子的叫“鱼子纹”，开片呈弧形的叫“蟹爪纹”，开片大小相同的叫“百圾碎”。小纹片的纹理呈金黄色，大纹片的纹理呈铁黑色，故有“金丝铁线”之说。釉面开片本是工艺上的弊病，但这种缺陷美，却独具装饰艺术效果。许之衡《饮流斋说瓷》记哥窑：“器小而开大片，器大而开小片，皆足贵也。”

哥窑珍品数百年来备受世人珍视，珍若拱璧。中国国家博物馆所藏南宋哥窑青釉葵花口盘与本品制作工艺相近。

张润平

□ 南宋哥窑青釉葵花口盘　中国国家博物馆藏

21

龙泉窑青釉蟠龙盖罐

C.28—1935
南宋
高25.5厘米，直径12厘米
乔治·尤莫霍浦路斯旧藏

瓶直口，长圆腹，圈足。带盖，盖纽为卧伏状长颈尖嘴瑞鸟。罐颈肩处凸雕一只蟠龙，蟠龙紧紧围绕器身，龙身粗壮，爪纹锋利。通体施翠青釉，呈梅子青色，釉色浓绿匀称，色彩鲜亮。

龙泉青瓷是我国青瓷工艺发展的高峰，代表了中国青瓷发展的最高水平。南宋龙泉窑集古代青瓷生产工艺之大成，创造的龙泉青瓷是将早期青瓷和唐代越窑青瓷发挥到极致，以翠青釉色著称，其所创梅子青、粉青为青瓷釉色之冠，为世所珍，被历代推崇。南宋开禧二年（1206）的《云麓漫钞》载："今处之龙溪出者色粉青，越乃艾色。"中国陶瓷学家冯先铭称赞其："它是巧夺天工的人工制造的青玉，宋代龙泉青瓷的每一个碎片，至今仍令我们为它的釉色所倾倒。"

龙泉窑窑址在今浙江省龙泉县境内，创烧于五代，历经北宋时期的发展，南宋晚期至元代达到鼎盛，明中期以后走向衰落。南宋时期，使用石灰碱釉，经过多次素烧和多次上釉，使釉层厚粘度大而不易流釉。釉色如冰似玉，洁净莹泽，耀青流翠，色泽以梅子青、粉青为最，深受当时宋代宫廷的赏识。 清人梁同书《古窑器考》载："古龙泉窑，土细质厚，色甚葱绿，妙者与官、哥争艳，但少纹片、紫骨、铁足耳。"宋代庄绰《鸡肋编》载："处州龙泉县多佳树，地名豫章，以木而著也……又出青瓷器，谓之秘色。钱氏所贡，盖取于此。宣和中，禁庭制样需索，益加工巧。"

在装饰方面，因为南宋龙泉窑青瓷釉层厚而失透，很显然刻划花装饰已不适用，应运而生的是以堆塑和浮雕为装饰手段，从而产生了龙凤、双鱼、莲瓣、人物等独具特色的、有立体感的纹饰，进一步加强了龙泉青瓷装饰艺术的美感。

龙泉青瓷自宋代开始，经宁波海港远销东亚、东非、土耳其、法国等欧洲国家。当龙泉青瓷第一次运到欧洲时，就受到欧洲人的喜爱，被这种犹如美玉般浑然一体的漂亮颜色所打动，法国人给龙泉青瓷起了一个名字"塞拉洞"，像演员穿的淡绿色的裙装，美丽迷人。该器造型和釉色与浙江龙泉市博物馆藏南宋龙泉窑青釉龙瓶相近。

本品为南宋新创器形，堆塑纹饰精美，釉色以翠绿晶润的梅子青装饰，给人以静谧遐想的空间，体现宋人重视一色澄净、神秘含蓄的审美取向。

张润平

22

景德镇窑青白釉刻花连座香炉

C.279—1910
南宋
高26厘米
购自法兰克公司

炉口呈八棱形，折沿，弧腹，圈足。炉下置一高座。通体施青白釉，炉腹上部刻折枝莲花纹，下部浅浮雕双层莲瓣纹。座撇口，直腹，下有托盘围栏，腹部凸贴蟠龙纹。

青白瓷创烧于北宋，一直延烧到元代。北宋青白瓷的特点是胎薄质坚，釉色青白雅淡，釉面晶莹如玉，多数器物带有刻划花装饰，纹饰积釉处釉色较深，造型轻巧挺拔，深受人们喜爱。

南宋时期，有大批北方移民南下，尤其是有部分定窑优秀的陶瓷工匠流落到景德镇，景德镇云集了南北各地制瓷精英，增强了当地制瓷业的技术力量。在后来的青白瓷造型、装饰上都或多或少带有定窑瓷器的风韵，有“南定”的美称。

南宋后期，随着外销瓷数量的不断扩大，对于青白瓷器的需求和产量也不断增加，这时青白瓷的造型、装饰手法更加丰富，除刻划花外，印花装饰成为主导，有的还集刻划、印花、镂空等几种工艺于一身。烧造青白瓷的窑场也由景德镇迅速扩展到江南各省，形成庞大的青白瓷系。而景德镇成为南宋重要的产瓷重镇，并为以后元代景德镇成为全国瓷都奠定了坚实的基础。

本品造型隽秀雅丽，仿金属器的形制，胎质精薄细白，釉色光润明亮，白中闪青，集刻划、堆贴、镂空等装饰技法于一身。本品与美国芝加哥美术馆藏宋代景德镇窑青白釉水禽形香炉制作工艺相近。

张润平

23

三彩花卉纹盖罐

C.10—1935
辽
高47厘米，直径18.2厘米
乔治·尤莫霍浦路斯旧藏

罐撇口，短颈，鼓腹，平底，附珠纽伞形盖。通体三彩纹饰，肩部以褐色为地，上绘绿色缠枝卷草纹，腹部正中绘折枝花卉纹，以黄色为地，白色绘莲花等花纹，绿色绘枝叶纹，胫部以绿色为地，绘莲瓣纹等。胎体厚重，胎色灰黄。

辽三彩多由黄、绿、白、褐等色组成，光润艳丽，胎体一般为灰黄色，所以在坯体上施一层化妆土。辽三彩属低温彩釉陶器，装饰方法有刻花填彩、印花点彩和分施单色彩釉。辽代烧造三彩窑址主要有内蒙古南山窑、北京门头沟区的龙泉务窑和磁家务窑等。

辽三彩基本承袭唐三彩的制作工艺，并在其基础上有所发展，形成自身风格。其造型、釉色和纹饰自成一体，纹饰多生动粗犷，具有鲜明辽契丹民族风格和特征。三彩器中独特的造型有摩羯壶、皮囊壶、海棠式盘、连盖砚等，是辽代契丹民族生活习惯和审美情趣的具体反映。其图案多为契丹民族喜见的牡丹、莲花、芍药、菊花、海棠、水波游鱼等纹饰。

北京龙泉务、磁家务窑场发现的大量白瓷和大型精美的三彩佛像及带纪年款“寿昌五年”的三彩器座残片，据标本的精细度推测应为辽瓷的御窑产品。完整精美的三彩佛像多藏于国外博物馆，如英国大英博物馆和加拿大皇家安大略博物馆等所藏的辽三彩罗汉造像，形象高大，三彩釉色均十分鲜艳精美。

本品造型较大，采用刻花填彩工艺，刻纹精细，填彩准确，色彩搭配合理自然，清丽匀净，白色的莲花在绿叶的衬托下醒目突出，黄色衬景使画面更显柔和，整体彩釉以绿色为主，色彩对比明艳而不刺目。

张润平

24

三彩荷莲鸭纹枕

C.828—1936
金
高9厘米，长44.4厘米
乔治·尤莫霍浦路斯旧藏

枕呈银锭式，前低后高，平底露胎。四周及枕面为低温三彩纹饰。枕面用绿色、黄色和白色彩绘夏日荷塘小景，水面上有绿色荷叶和盛开的黄色荷花，两只白鸭悠闲地在水面上游动，一派生意盎然的景象。枕侧三彩绘莲瓣纹。

金代低温铅釉三彩，多由黄、绿、白、酱等色组成，多以绿色为主。装饰手法多采用刻花填彩工艺，主要纹饰有人物、婴戏、动物、花卉、鱼藻、诗词等。

枕出现于上古时代，《诗经》和《易经》中曾提到过枕。传世品中见有瓷枕、木枕、铜枕和玉枕等。瓷枕的用途有以下几个方面：第一，实用寝具。是人们日常生活中所必备的，也是夏季纳凉的极佳寝具。有的瓷枕上书写五言诗：“久夏天难暮，纱窗正午时。忘机堪昼寝，一枕最幽宜。”宋李清照在《醉花荫》一词中有赞颂瓷枕的词曲：“薄雾浓云愁永昼，瑞脑销金兽，佳节又重阳，玉枕纱厨，半夜凉初透。”第二，脉枕。这类瓷枕体积较小，一般在15厘米左右，是医生诊病用的。第三，随葬品。明屠隆《考槃余事》中载：“旧窑枕长二尺五寸，阔六寸者可用。长一尺者，谓之尸枕，乃古墓中物，虽宋瓷白枕也不可用。”到明清时期，瓷枕也可作为礼品。据《磁县志》记载，明清时，当地姑娘出嫁时，有送一对猫枕或一男一女新人枕的习俗。瓷枕不仅具有实用功能，还具有较高的艺术价值。本品与1970年北京房山县金墓出土的三彩画花人物纹枕艺术风格相同。

张润平

25

磁州窑褐釉彩绘虎形枕

C.47—1911
金
高10.8厘米，长37厘米
购自法兰克公司

枕形为卧虎形象，虎背平坦作枕面，枕底平坦露灰胎，通体白色化妆土上彩绘纹饰。虎头放置于前爪上，虎尾紧贴于腹部，虎头和虎身用褐彩描绘毛发和身上的斑纹，以及眉、眼、口、牙、爪等，枕面作椭圆形，用褐和黄彩绘折枝花卉纹，褐彩绘一枝花卉纹，花叶数枚，用黄彩加以点染花朵，寥寥数笔，将花卉纹勾勒得奔放洒脱，彩绘鲜艳。

虎形枕是模仿老虎的形状制成的寝具。因其形象多为伏卧状，四肢蜷伏于地，又称为伏虎形枕或卧虎形枕。虎背削平为椭圆形枕面，枕面开光内多为白地黑花装饰或书写文字。此类型虎枕的装饰以彩绘为主，虎头、尾、爪只是大致塑出轮廓，虎纹、虎尾和五官以及背上图案均以彩绘来表现，所以有“三分塑，七分绘”之说。该枕与山西省长治市出土的金代虎形花鸟纹枕和中国国家博物馆藏金代磁州窑褐釉彩绘虎形枕造型相近。

此枕造型精美独特，虎头雕塑逼真，形神兼备。本品黑白对比分明，纹饰精细，具有较高的艺术观赏性。应为山西省晋南地区窑口所生产。

张润平

□ 金代磁州窑褐釉彩绘虎形枕　中国国家博物馆藏

26

龙泉窑青釉琮式瓶

Circ.125—1938
元
高27厘米
乔治·尤莫霍浦路斯旧藏

瓶仿新石器时代玉琮形制，口足相若，为筒形方柱体，内圆外方，中心有一从上通到下的圆透孔，瓶外壁四面正中各有一竖凹槽，瓶体以四棱角为中轴线，并向两侧对称分布，两两竖凹槽之间与棱角处形成四个凸面。圈足。通体施青釉，釉色呈深绿色，釉色莹润光亮。

琮式瓶创烧于南宋。宋代“复古”、“尚礼”之风盛行，体现在对青铜器和玉器的欣赏与研究。北宋吕大临《考古图》和《宣和博古图》的刊行，导致复古文化在南宋时期流行，瓷器生产也受到影响。琮式瓶式样系仿照新石器时代良渚文化玉琮外形并加以变化而成。南宋官窑、宋元时期龙泉窑均烧造有此器形，明代石湾窑也多产琮式瓶，清代景德镇窑也有烧造，但仍以宋元龙泉窑制品为最佳。龙泉窑青瓷的造型受青铜文化影响，其中仿商周、春秋战国和汉代青铜器造型的鬲式炉、觚、炉和鼎等最多。许之衡《饮流斋说瓷》记有：“宋代制瓷……体制端重雅洁，饶有三代鼎彝之遗意焉。”

龙泉窑瓷器造型丰富多样，除仿古器型外，有日常生活中的盘、碗、瓶、壶、罐；文具中的笔筒、笔架、水盂以及陈设器、文玩器和塑像等应有尽有，新创有堆塑龙虎瓶、葫芦瓶、荷叶盖罐和琮式瓶等。

本品胎体厚重，青釉玻璃质感强，透明度高，温润似玉。邵蛰民撰《增补古今瓷器源流考》记龙泉窑青瓷：“胎细体厚，釉浓式拙，色甚葱翠。”《处州府志》记：“凡器之出于生二者，极青莹，纯粹无瑕，如美玉。”

张润平

27

龙泉窑青釉刻花“清香美酒”梅瓶

FE.34—1972
元
高47厘米
李艾琛（香港）赠

唇口，短颈，丰肩，鼓腹，胫部渐收，撇足。通体施青釉。颈部及腹上部刻几何形花朵纹，并刻有“清香美酒”四字，腹下半部刻缠枝莲花纹，胫部刻莲瓣纹。本品于2000年曾经由汪庆正《中国陶瓷全集·元代》一书著录。

梅瓶为唐代创烧的瓶式，宋元时期江西景德镇窑、河北磁州窑、河南钧窑、浙江龙泉窑等均有烧造。磁州窑白地黑花的梅瓶更是变化多端，有书写“醉乡酒海”、“清沽美酒”等，反映出梅瓶在宋代多为酒具之用，元代传承了这一传统，体现出当时社会的生活情趣。

元代对外贸易政策比南宋时期更为开放，海外贸易得到进一步的增进和拓展，龙泉窑瓷器的出口也逐年增加。《岛夷志略》中记述元朝从泉州远航所至国家或地区竟达百余处之多，书中并有“青瓷”、“处州瓷”的贸易记录。《真腊风土记》也有元代外销龙泉窑瓷器的记述。

龙泉窑生产数量和规模在元代继续扩大，窑址和产品数量都达到前所未有的程度，沿着瓯江和松溪两岸，数以百计的窑场生产青釉瓷器，以供应海内外市场的需求。最新考古发现证明，元代龙泉窑最大的窑址群位于大窑和金村，大窑附近有50多处新窑场，足以满足当时海内外贸易的需求。内蒙古集宁路元代窖藏和元大都遗址出土有精美的元代龙泉窑青瓷。1976年韩国新安水域发现的元代沉船，打捞上的青瓷有万余件，其中龙泉青瓷占了9000多件，从中可窥见当时龙泉青瓷的生产规模和海外贸易的盛况。

元代龙泉青瓷装饰技法除刻划花外，还有印花、贴花、镂雕、露胎堆贴等，造型也从宋代的纤巧秀丽、古朴典雅的特征开始转向硕大壮美、雄壮浑厚的艺术风格，主要纹饰有云龙、飞凤、瑞果、花卉、双鱼、八仙和八卦纹等。

本品纹饰以刻花为主，线条粗犷奔放，胎体厚重，施釉肥厚，色泽青翠。

张润平

28

景德镇窑青白釉观音坐像

C.30—1968
元
高26.7厘米
购自拍卖会

观音端然而坐，呈半跏趺坐状，头戴冠，面部饱满，五官端正，身穿贴体的帔帛，衬托出优美的形体和轻柔薄纱的质感。胸前袒露并饰以缀珠璎珞，腹部饰珠玉缨络纹，双手放于膝部。神态安详，体态丰腴。通体施青白釉，釉色白中闪青。雕塑精细。本品于2000年曾经由汪庆正《中国陶瓷全集·元代》一书著录。

青白瓷在元代仍持续大量生产，装饰方法较宋代更丰富，有印花、贴花、刻花、双层镂雕、深浮雕、堆贴、露胎堆贴等，技法更加娴熟。在装饰方面，元代青白瓷装饰的精湛技艺和高超的成型工艺堪称空前。

元代烧制青白瓷的窑场除景德镇外，还有江西吉州、乐平、赣州，福建德化、福州、泉州、同安，广东惠阳等多处。这与蒋祈在《陶记》中所记载"江、湖、川、广器尚青白"相符。元代晚期由于枢府卵白釉瓷器的出现以及青花瓷器的烧制成功，影响了青白瓷的发展，青白瓷发展到元代晚期开始逐渐衰退。

元代青白釉观音塑像，人物形神兼备，工艺精湛。元代观音面部多宝相端凝，五官刻画细腻，身体部位的刻画非常精细，冠饰、耳饰以及遍体璎珞珠佩装饰，均用串珠连缀而成，都镶以细小的珠串，繁缛细密，衣饰工巧，气度雍容不凡。雅丽纯净的釉色与精细复杂的装饰极尽华美之能事，可谓珠联璧合。

张润平

29

吉州窑白地褐彩卷草纹长颈瓶

C.82—1953
元
高18.7厘米
购自珍品店

唇口，细长颈，溜肩，鼓腹，圈足。通体用褐彩绘制，口部涂满褐彩，长颈及腹部绘缠枝卷草纹，纹饰细密。本品于2000年曾经由汪庆正《中国陶瓷全集·元代》一书著录。

吉州窑窑址位于江西省吉安市永和镇，又称永和窑，始烧于五代，南宋至元为兴盛期，元末衰落。清人梁同书《古窑器考》云："吉州窑出吉安州永和镇，宋时江西窑器，出吉安，属庐陵县永和市。有白色，有紫色者，与紫定相类。"北宋末年，由于战乱，磁州窑工匠南迁，把先进的制瓷工艺技术带到这里，将磁州窑白地黑花工艺加以继承，将民间图案装饰与粗放洒脱的磁州窑风格完美结合，并发扬光大。

吉州窑善于吸收各种先进工艺技术，集各名窑之大成，所烧品种繁多且丰富，包括建窑类型的黑瓷、景德镇类型的青白瓷、耀州窑类型的刻花青瓷、磁州窑类型的白地黑花、龙泉窑类型的青瓷以及仿哥釉瓷等。其中建窑类型的黑瓷，如仿玳瑁釉、兔毫纹、木叶贴花、描金彩绘、鹧鸪斑等是当时名贵品种，独创的黑釉剪纸贴花堪称一绝。

吉州窑白地黑花装饰工艺与磁州窑风格相似，彩绘工艺技法是坯胎不施化妆土，用彩料直接在胎体上作画，再上透明釉入窑烧成。吉州窑胎体不上化妆土，釉面呈米黄色，彩绘多呈黑褐色是其主要特征。吉州窑白地黑花器造型丰富，主要纹饰有动物、花卉、卷草和海水等纹饰，清新洒脱，线条细腻流畅，装饰效果强，风格独具，具有浓郁的地方特色。本品造型和制作工艺与1995年江苏镇江市五条街小学工地出土的元代吉州窑白地褐彩卷草纹长颈瓶相同。

张润平

30

蓝釉白雁衔芦纹马盂

C.27—1953
元
高4.5厘米，直径16.8厘米
阿尔佛·克拉克旧藏

敞口，口一侧出槽形流，流下置一小系。浅弧腹，平底。胎较薄，内外施宝石蓝釉，釉厚莹润，口边和外底无釉，内底为白雁衔芦苇纹，外壁一周折枝白色花卉纹。

马盂形制由匜发展而来。匜在春秋、战国时期为礼器，前有流，后有鋬，用于“奉匜沃盥”之礼。马盂之称，早可见于《三国志·吴主五子传》载：“失盛水金马盂”，当时为行军所用盛水器。宋吴自牧《梦粱录》“诸色杂货”条提到酒市有“马盂、屈卮”。发展到元代，与流相对的环儿改到流的下面，即流下附卷云耳，可能是模仿了西亚伊斯兰地区的金属器。马盂在元代墓葬、窖藏、国内外博物馆传世品中都有发现，瓷器品种有青花、青白釉、釉里红、蓝釉、钧釉、龙泉青釉等，此外还有金银质地的马盂。明叶子奇《草木子》记载元人筵席陈设：“筵席则排桌，五蔬、五果、五按酒，置壶瓶、台盏、马盂于别桌，于两楹之间。”这些记载可与陕西蒲城洞耳村元墓壁画案上所绘酒器陈设相对应，为一玉壶春瓶、一盘盏、一马盂。由此可知，在元代马盂是可以和玉壶春瓶以及盘盏等一起使用的酒器。

宝石蓝釉是元代景德镇创新的珍贵品种，是用金属钴作着色剂与釉料相混合，直接涂于瓷胎上经过高温烧成，是元代景德镇创烧的高温色釉瓷器。在装饰方法上或蓝釉白花或蓝釉金彩，传世品中较著名的蓝地白花瓷器是蓝釉白龙戏珠纹梅瓶和蓝釉白龙纹盘。

□ 元青花束莲纹马盂　中国国家博物馆藏

元代蓝釉瓷器的烧制成功，与蒙古人崇尚蓝色是分不开的，蒙古人认为蓝色象征着苍穹和东方，将“永恒蓝天”作为最高之神。另外，成吉思汗曾多次征服中亚、西亚地区，打通了交通要道，随后大批的波斯人、阿拉伯人、突厥人来到中国，带来了伊斯兰文化。西域的音乐、医学、手工艺品、文化习俗等也传入中国。伊斯兰文化的主色调是蓝色，蒙古族受波斯文化的影响，喜欢蓝色的纹饰。所以，蓝色和白色是蒙古人最喜欢的颜色，体现在瓷器上那就是蓝釉白花和青花瓷器的烧造成功。本品与1964年河北保定市永华南路窖藏出土的元代蓝釉描金马盂、中国国家博物馆藏元青花束莲纹马盂造型相同。

此器蓝釉闪烁着宝石蓝般的光泽，深沉幽蓝，白地蓝花纹饰精彩醒目，为景德镇元代瓷器的典型器，存世稀少，十分珍贵。

张润平

31

青花海水云龙纹四系扁方壶

C.47—1935
元
高37厘米，宽28厘米
乔治·尤莫霍浦路斯旧藏

唇口，短颈，圆肩，肩两侧各有两条爬行螭龙组成四系，壶腹为扁方体。通体青花纹饰，颈部绘卷草纹，壶腹两面上部绘如意状云肩纹，内绘花卉纹和凤纹，下部绘云龙海水纹，壶两侧绘如意和花卉纹。四系扁壶为元代典型器，品种除青花外，还有釉里红、白地黑花等。本品于2000年曾经由汪庆正《中国陶瓷全集·元代》一书著录。

青花属高温釉下彩瓷器，创烧于唐代河南巩县窑，元代青花瓷已经达到非常成熟而精美的程度，造型多样，青花发色青翠浓艳，装饰纹样丰富多彩，纹饰画面主次分明，浑然一体。元代是中国青花瓷器烧造历史上的重要里程碑。

元汪大渊在《岛夷志略》中曾记载当时出口瓷器的品种有青瓷、青白瓷、青白花瓷（青花）。明初曹昭在《格古要论》中也记载："近世有青花及五色花者，且俗甚。""近世"应指元末明初时期。清人蓝浦在《景德镇陶录》中记载："镇瓷在唐宋不闻有彩瓷，元明以来多青花。"

该器所饰龙纹为元代景德镇青花瓷的典型纹样，元代自延祐元年（1314）开始明确龙"双角五爪龙纹"及"麒麟、鸾凤、白兔、灵芝"等，臣、庶不得使用。故元青花中三爪、四爪龙纹较五爪龙纹多见。龙纹多绘于盘心、瓶腹、罐腹，用作主题纹饰。元代龙身躯细长如蛇，头小，龙头呈扁长形，双角，张口露齿，龙嘴上翘，细颈，四腿细瘦，爪生三指、四指或五指，但三爪龙最为常见，爪分张有力，肘毛、尾鬃皆呈火焰状，龙纹四周多加饰海水纹、云气纹或火焰纹。

元代青花瓷器当时多作为外销瓷输往西亚和东南亚等国，至今西亚土耳其伊斯坦布尔托普卡比博物馆和伊朗国家博物馆都收藏有大量中国元青花瓷器。在欧美、日本、东南亚和香港等地区也有收藏。本品与日本出光美术馆藏元青花双龙戏珠纹四系扁壶、伊朗国家博物馆藏元青花凤凰瑞兽穿花纹四系扁壶在造型和装饰工艺上相同。

器形别致，纹饰精湛，使用进口"苏泥勃青"料，青花色泽浓艳，传世品少见，为元青花瓷中精品。

张润平

32

青花西厢记拷红图梅瓶

C.8—1952
元
高35.9厘米
购自威廉·翁克华斯

小口外撇，短颈，溜肩，长鼓腹，胫下渐收，圈足外撇。通体青花纹饰，肩部饰几何形花瓣纹和缠枝花卉纹，腹部主题纹饰为两幅元曲《西厢记》人物场景。一幅为崔老夫人因女儿与张生的私情拷问红娘一节，即有名的“拷红”片段；另一幅图描绘崔莺莺月下在花园里桌案旁焚香祈祷，并杂花卉、山石、树木、月亮等辅助纹饰。腹下部绘菱格纹和仰俯莲瓣纹等。本品于2000年曾经由汪庆正《中国陶瓷全集·元代》一书和2012年曾经由中国国家博物馆国际交流系列丛书《瓷之韵——大英博物馆、英国国立维多利亚与艾伯特博物馆藏瓷器精品》著录。

《西厢记》描写书生张珙在蒲东普救寺遇见崔相国的女儿崔莺莺，两人产生爱慕之情，在侍女红娘的协助下，终于冲破封建礼教束缚而结合的爱情故事。瓷器纹饰以《西厢记》为题材，通常描绘“惊艳”、“听琴”、“佳期”、“惜别”等著名场景，生动地再现了张生和崔莺莺传奇般的爱情故事。

元代时期青花瓷绘画受元曲、元剧、小说和版画的影响，喜欢装饰历史人物故事图，使元青花在纹饰上有了新的变化和发展。绘人物故事图的元青花瓷器，存世稀少，纹饰精美，历史和艺术价值高。元青花人物故事图从目前发表的资料来看，多为历史故事，有军事题材、历史题材和生活题材，主要有蒙恬将军、周亚夫屯军细柳营、萧何月下追韩信、鬼谷下山、韩信赠金、文姬归汉、昭君出塞、桃园结义、三顾茅庐、尉迟恭单鞭救主、四爱图（林和靖爱梅、王羲之爱兰爱鹅、周敦颐爱莲、陶渊明爱菊）、百花亭、薛仁贵、吕洞宾、锦香亭、西厢记以及仕女、婴戏、道教八仙人物图等。人物故事图的衬景多是典型的江南庭院景象，所绘人物形象多高大而清秀，绘画艺术风格洒脱飘逸。人物故事图多绘于形制较大的器物上，诸如盖罐、梅瓶、玉壶春瓶和大盘上。本品与南京市博物馆藏元青花萧何月下追韩信图梅瓶造型及装饰工艺相同。

本品青花色泽浓艳，人物绘画细腻生动，纹饰布局协调，为元青花瓷器中之翘楚。

张润平

□ 元青花萧何月下追韩信图梅瓶　南京市博物馆藏

33

青花如意花卉纹盆

C.10—1954
元
高13厘米，口径46厘米，足径23厘米
购自私人藏家

盆折沿微上翘，弧腹，平底圈足，足底露胎。盆内外绘青花纹饰，盆内以青花为地，形成蓝地白花纹，分为三层，盆内口沿及腹壁绘缠枝扁菊花纹，盆内心绘如意头、金刚杵、杂宝、折枝花卉及扁菊花纹。盆外壁白地青花缠枝莲花纹。纹饰繁密，青花色泽艳丽。本品于2000年曾经由汪庆正《中国陶瓷全集·元代》一书和2012年曾经由上海博物馆《幽蓝神采——元代青花瓷器特集》一书著录。

蓝地白花又称反青花，是将青料涂地，纹饰留白，具体又分两种情况。一种是纹饰用细线勾勒，纹饰外用青料涂抹，形成青地白花，此盘为此种工艺。这种装饰方法以暗衬明，深沉中见亮丽，有独特的艺术魅力。第二种是纹饰用细线勾勒，在纹饰外隙地以细密线条勾勒海水纹或花卉纹，是青地白花的衍生方法，在器腹开光处、盘内底、瓶云肩处常能见到。

据专家研究统计，目前全世界收藏的元代青花瓷器大致为400多件，其中大部分为国外收藏，有土耳其、伊朗、日本、英国、美国、法国、荷兰、印度尼西亚、马来西亚、新加坡、菲律宾、印度、埃及等国，尤以土耳其、伊朗收藏较多。元代青花瓷在14世纪中期通过海外贸易输往西亚、欧洲、南非和东南亚等地。随着青花瓷烧制的日渐成熟，元青花瓷产销兴旺。元人蒋祈《陶记》记述元代景德镇："窑火既歇，商争取售，而上者择焉，谓之捡窑。交易之际，牙侩主之……运器入河，肩夫执券，次第件具，以凭商筹，谓之非子。"据《元史》等文献记载，当时经海上与元朝保持贸易的国家有20多个，包括西亚、东南亚、南非等国。

输往西亚地区的元青花外销瓷器多是形体巨硕、青花色泽艳丽、纹饰绘制精美、青花装饰层数非常多的至正型青花器。青花纹饰的装饰层数较多，有的多达十几层。不同地区、不同国家对元青花瓷器用途的不同、喜好的不同，造就了元青花瓷器风格的不同、造型和纹饰的不同。

此盆形制较大，器腹较典型盘略深，较典型碗略浅，这种规格的盆，在元青花中并不多见。其纹饰中的花卉图案与藏传佛教法器相组合，是蒙元上层崇尚喇嘛教以及伊斯兰文化对细密图案的喜好而成，纹饰满密繁缛，是元青花瓷器中特有的纹饰。

张润平

青花雉鸡竹石花果纹盘

C.24—1968
元
高7.6厘米，口径45.8厘米，足径27厘米
瓦特·塞治尉克夫人旧藏

盘板沿口，浅弧腹，平底圈足，足底露胎。青花绘三层纹饰，内口沿绘菱格锦地纹，内壁和外壁绘缠枝莲纹，内底纹饰丰富，主题纹饰为两只雉鸡背向分立于两块山石上，一腿高抬，一腿站立，昂首鸣叫状，旁饰翠竹，以及喇叭花、莲花和菊花等各式花卉，还有一串串饱满的葡萄，一派夏日景象。本品于2012年曾经由上海博物馆《幽蓝神采——元代青花瓷器特集》一书著录。

元青花大盘类造型有板沿菱口、板沿圆口、葵口、敛口等。口径达45厘米以上的青花大盘，在土耳其伊斯坦布尔托普卡比博物馆、伊朗国家博物馆和日本等地博物馆中多有收藏，而国内出土品中少见。土耳其伊斯坦布尔托普卡比博物馆藏有类似的大盘多达20余件，伊朗国家博物馆藏有17件，日本各地博物馆藏有10余件。这种大盘的主题纹饰多见牡丹莲池纹、鱼藻纹、莲池鸳鸯纹（满池娇图）、双凤牡丹纹、八吉祥花卉纹、云龙牡丹纹、麒麟凤凰纹、竹石麒麟纹、蕉叶莲菊凤凰纹等吉祥纹饰。青花使用进口青料，色泽浓艳，纹饰精美，这类大盘多是出口西亚伊斯兰地区的外销瓷。

元青花竹石芭蕉瓜果纹盘　伊朗国家博物馆藏

元代青花瓷器的纹饰分为两类。一类是以进口钴料“苏泥勃青”绘制纹饰，青花浓艳，构图满密，层次丰富，绘画工整。元青花大盘纹样多由3至5层满密的图案组成，瓶、罐多层次绘画装饰，多的达9至12层，留的白色底釉不多，称为“满画”。纹样主题突出，繁而有序，层次清晰，绘画潇洒自如，笔线有力，洒脱飘逸，给人以华丽浑厚、漂亮悦目的感觉。这类瓷器多用于出口。另一类青花以国产料绘画，其纹样流畅奔放，构图布局疏朗，以各种花卉纹饰为多见，多为小件器。本品造型和制作工艺与伊朗国家博物馆藏元青花竹石芭蕉瓜果纹盘相近。

本品青花发色青翠浓艳，纹饰洒脱自如，画面主次分明，浑然一体，充满意趣。

张润平

35

青花番莲纹大碗

C.18—1957
明　洪武
高14厘米，直径33.7厘米
苏富比拍卖公司赠

敞口，弧壁，圈足。通体满釉，饰青花。内底绘折枝牡丹纹，内壁绘缠枝菊纹，内口沿饰卷草纹，外壁绘缠枝西番莲纹，近底部为莲瓣纹。洪武官窑瓷器的纹饰都是程式化的，以青花或釉里红的碗来说：内底双圈折枝花，内外壁缠枝花，外壁近底处莲瓣纹，其花卉多是莲、牡丹、菊纹。该碗乍一看也是如此，但仔细观察就会发现其纹饰在洪武瓷里是比较少见的：内底单枝的折枝牡丹纹较为少见，一般都是多头的，即一枝分出三四朵花来，如美国弗利尔美术馆藏的青花碗；内壁的缠枝菊纹也比较少见，一般的菊纹，花心都是椭圆形或扁圆形的，除碗之外，盘、托盘、执壶所饰菊纹亦是如此。而这件则是圆形，且皆为双头菊纹缠枝。一般都是单头缠枝或一单一双交互缠枝，如1994年出土于江西景德镇珠山东门头的青花碗；外口沿与外足墙没有边饰亦是极为少见的情况，一般皆绘缠枝花、灵芝、卷草、波浪或回纹；外壁缠枝莲的画法与典型的洪武样式不同，近底部莲瓣纹的画法较为随意，亦不同于一般。另外，内底为牡丹、内壁为菊、外壁为莲这样的纹饰布局也是很少见到的。整体来说，此碗的纹饰绘制较为粗率，不及绝大多数洪武瓷那样工整细致。

像该碗这样口径在30厘米以上的敞口大碗，洪武、永乐、嘉靖时期都有，明代其他时期则比较少见。仅就洪武朝而言，该类碗的数量也是比较少的，最常见的是侈口碗和直口大足碗，口径多为20或40厘米左右。据测试，洪武青花瓷器所用之青料，与元官窑、永乐窑青花一样都是高铁低锰的进口波斯料，但洪武青花绝大多数呈色暗淡，与浓艳的元青花、永乐青花区别明显，这应该是烧造技术所致。因此，像该碗这样鲜艳的青花在洪武瓷中实属难得。

该碗乃江西景德镇明洪武官窑产品。洪武官窑建于洪武二年（1369）。乾隆《浮梁县志·建置·景德镇厂署》记载“明洪武二年设厂制陶以供尚方之用”，清蓝浦《景德镇陶录·景德镇历代窑考·洪窑》亦记：“洪武二年设厂于镇之珠山麓，制陶供上方，称官瓷，以别民窑。”洪武时期的官窑名为“陶厂”。明崇祯十年（1637）的《关中王老公祖鼎建贻休堂记》碑记：“我太祖高皇帝三十五年，改陶厂为御器厂，钦命中官一员特董烧造。”太祖高皇帝三十五年即建文四年（1402）。而烧造洪武官窑瓷器的窑炉尚待考古资料的进一步确认。

丁鹏勃

36

釉里红缠枝菊纹执壶

C.857—1936
明 洪武
高36.9厘米
乔治·尤莫霍浦路斯旧藏

宝珠钮盘口折沿盖，玉壶春瓶身。细长弯流，有云板与壶身相连；曲柄，上有圆系，下有铆钉装饰。通体满釉，绘釉里红纹饰。盖面饰莲瓣纹，盖沿绘卷草纹；壶身由上而下依次绘回纹、蕉叶纹、卷草纹、大如意垂云纹、缠枝菊纹、莲瓣纹一周；圈足外墙绘卷草纹；流上饰缠枝莲纹；柄内外绘卷草纹及缠枝花纹。

此类执壶造型仿自金属器，由柄底端保留的铆钉装饰即可见一斑。元代时已有烧造，但器形有一定区别。永乐、宣德时期仍有烧造，器形稍异，壶身纹饰亦从洪武时的七层简化为三或四层，且壶柄画外不画里，不似洪武时柄内外均画纹饰。相同器形、纹饰的洪武执壶既有青花又有釉里红，如1994年江西景德镇明御窑遗址出土的洪武青花缠枝菊纹执壶。北京故宫博物院亦藏有相同的传世品，与此壶相比，仅将壶身的卷草纹和大如意垂云纹改作缠枝灵芝纹和小如意垂云纹。除此之外，景德镇陶瓷考古研究所，北京故宫博物院，西藏博物馆，日本东京松冈美术馆、出光美术馆，大英博物馆，美国布鲁克林博物馆等皆藏有此类洪武执壶，纹饰除缠枝菊纹外还有竹石芭蕉纹、松竹梅纹、缠枝牡丹纹等。

该器所饰之釉里红是一种铜红釉下彩，利用铜在还原气氛中呈现红色的原理烧造。以铜红料在生坯上绘画，罩透明釉，入窑在1250℃左右的高温还原气氛中一次烧成。烧造时对窑内还原气氛要求严格，所以烧成难度大，产量低。唐代湖南长沙窑就有釉下红彩瓷器，但并非有意为之，而纯属偶然。真正的釉里红器创烧于元代景德镇窑，红色较暗。洪武时期的釉里红瓷器发色不稳，浓艳鲜红者少见，大多暗淡发灰或褐色。这件釉里红执壶虽未达到当时的最高水平，但已属上品。宣德时釉里红器烧造已极为成功，之后一度衰落，到清康熙时才得到恢复，雍正时更趋精良，且成品率较高，可以说是釉里红器烧造最为成功的时期，乾隆以后再未达到如此高度。

丁鹏勃

□ 洪武青花缠枝菊纹执壶 1994年江西景德镇珠山出土

37

釉里红把莲纹军持

C.54—1937
明　洪武
高15.3厘米，宽16厘米
斐西瓦乐·大维德赠

唇口，直颈，颈部有相轮状凸起，圆鼓腹，腹部中间有接胎痕，敛足，粗短流。通体满釉，装饰釉里红把莲纹及莲瓣纹边饰等。

军持是梵语Kuṇḍi、kuṇḍikā的音译，相当于汉语的“水瓶”。本来是印度民族的一种日常生活用器，后来才被佛教徒赋予了宗教意义。在中国佛教典籍的记载中，军持与净瓶几乎没有差别，现有的佛教词典也往往将二者作为一个概念来解释，这是因为在印度佛教中军持分为净瓶和触瓶，而传入中国后，中国僧尼早在唐代就已将净瓶、触瓶混用。唐代高僧义净曾在《受用三水要行法》中对当时中土僧尼混用净瓶和触瓶的现象提出了激烈的批评。净、触通称净瓶后，原先二者的统称“军持”也就与净瓶等同了。从功能上来说，军持最早是一种蓄水器皿，这在原始佛教经典《十诵律》中就有记载，为个体僧尼随身携带使用，大乘戒律中明确规定军持为比丘十八随身携带物之一。晋末宋初高僧法显在《佛国记》中提到过其随身携带有军持。唐代贾岛《访鉴元师侄》诗：“我有军持凭弟子，岳阳溪里汲寒流”，说的也是僧侣个人日常使用的军持。随着佛教的发展，军持也逐渐成为一种法器。一是成为佛教神灵的手持法器，如密宗经典中提到持有军持的有：十一面观音，“左手执红莲花军持”；千手观音，“左第四手持军持”；东南方火天，“右二手一持青竹，一持军持”；黑齿（十罗刹之一），“右手取叉，左手军持也”；准泥佛母，“第四手军持”，等等。二是作为在各种佛教法事活动中使用的法器，如在密宗的各种蔓陀罗坛场中经常放置军持，像通三部秘密蔓荼罗，“北面两角置但拿棓及军持、军持瓶”。又如妙藏曼陀罗，“第二院西方军持瓶”等。汉地密宗作为一个宗派在宋代以后虽然逐渐衰落，但密宗的一些仪式却被显宗吸收，在很多法事活动中，密宗的法器也被显宗大量运用，如河北定州北宋静志寺、净众院佛塔应是显宗的佛塔，在塔基地宫中就出土了金刚杵等密宗法器，以及28件瓷军持。

迄今考古发现最早的瓷质军持是隋代洪州窑青釉军持。唐代的军持釉色纷呈，有长沙窑青釉彩绘军持，邢窑白釉军持，巩县窑蓝釉、绿釉和三彩军持。北宋、辽时期，质量、数量均居于优势的是定窑烧制的军持，如定州静志寺、净众院塔基地宫出土者。辽代的军持如北京顺义县辽净光寺塔地宫出土的白釉军持和1987年北京市密云县冶野山辽塔塔基出土的“杜家”款绿釉璎珞纹军持。南宋，生产军持的主要是福建德化窑和磁灶窑。元代，南方诸窑大量烧造军持，销往南洋地区。明代前期，景德镇御器厂开始生产军持。洪武时期的，仅有釉里红，不见青花，如这件洪武釉里红军持。永乐、宣德时期出现一种盘口、细长流、高莲台式足的军持。嘉靖、万历及其以后，多是景德镇民窑生产的用于外销的青花军持，如南海“万历号”沉船出水的青花军持。

丁鹏勃

38

白釉爵

706—1883
明　永乐
高14.5厘米，宽17.5厘米
史提芬·布绍尔代购

双柱，圆流，尖尾，三足，腹部有一圈凸棱。器身施甜白釉，外底及足端无釉，有支烧痕。永乐白釉爵，柱与足有高有低，腹部有的有鋬有的无。

该爵所施之甜白釉，是明永乐景德镇官窑创烧的白瓷品种，因釉色极为白腻莹润，给人以“甜”的感觉，故名。在制作过程中，选用含铁量较低的瓷土，经过精细粉碎和淘洗，制成洁白胎体；对釉料进行加工，将其含铁量降到最低，制成透明釉，施于胎体表面；适当提高窑内温度，就能烧制出高质量的白瓷。1990年代，据中国科学院上海硅酸盐研究所的测试，认为永乐甜白釉的“甜”色是由于“釉中含有多量的微细的残留石英颗粒和一定量的云母残骸而形成的”。永乐以后明代各朝皆有烧造，主要用作宫廷祭器，但都无法超越永乐甜白的烧制水平。清康熙、雍正、乾隆三朝都有仿烧。

该瓷爵是永乐朝用于祭祀的礼器。使用瓷质礼器可能最早始于唐代，据清朱琰《陶说》记载，唐代郊祀宗庙用瓷尊祭祀。使用全套的瓷质簠、簋、尊、豆为祭器则始于宋。《元史》明确记载瓷质礼器有青瓷牲盘和青瓷毛血盘。而明清两代才是瓷质礼器大盛的时期。《明太祖实录》记洪武二年（1369）八月丁亥，确立祭器皆用瓷的制度，“其式皆仿古之簠、簋、豆、登”。饶州府景德镇官窑也于此时设立，初设时名为陶厂，规模很小，按样为朝廷烧制祭祀用瓷。《明会典》中就有关于此时烧造的记录：洪武九年（1376），四陵祭器“行江西饶州府如式烧造解京”，十七年（1384），景德镇官窑将烧造完毕的白瓷盘、爵等四陵祭器“一千五百一十件，附余一百五十件”运抵至京。江西景德镇明代御窑遗址考古出土的洪武白瓷盘、爵等物即为此类。据《明会典》卷八六记载，洪武二十六年（1393），“笾豆簠簋俱用瓷碟……爵六用瓷爵，铏用瓷碗”。有明一代，祭器中皆有瓷爵，祭祀时由执事官以瓷爵受酒献于神御前。永乐时景德镇御器厂烧制的瓷爵除白釉外，还有青花云龙纹的，配以歇爵山盘。

丁鹏勃

39

红釉高足杯

168—1905
明 永乐
高10.5厘米，直径15.5厘米
威廉·古兰赠

侈口，弧壁，高足中空。足内壁施白釉，余皆红釉，釉色鲜红、匀亮，口沿由于较薄、流釉的原因形成一圈白边，即所谓“灯草口”。明王世懋《窥天外乘》载：“我朝则专设于浮梁县之景德镇，永乐宣德间内府烧造迄今为贵，其时以棕眼甜白为常，以苏麻离青为饰，以鲜红为宝。”可见永乐红釉器在明代已很珍贵。

此高足杯所施之铜红釉是以铜为着色剂的石灰釉，在还原气氛中高温一次烧成。红色鲜艳瑰丽，透明度较好，又名祭红、鲜红、宝石红等。铜红釉创烧于元代景德镇，明洪武亦有烧造，永乐时烧制成熟，称祭红，有的高足碗内心釉下胎上刻有“永乐年制”四字篆款。由于烧造难度大，成品率低，明宣德以后就很少生产了。清康熙朝重新恢复，名霁红，红色凝重失透，如橘皮。雍正、乾隆两朝产品的数量较多，质量上乘。之后渐趋消失。

永宣时期的红釉高足杯较为相似，又大多无款，因此很难区分。2002—2004年景德镇明代御窑遗址出土了一大批永宣红釉瓷器，大多数是因为釉色不合格而非器体变形被淘汰，挑选其中带有“永乐年制”篆书印款的永乐红釉高足杯和“大明宣德年制”刻款的宣德红釉高足杯作对比后发现，永乐的口沿更薄，杯身比宣德的显得略方，高足近底处不及宣德的曲线流畅。所以该器应是永乐器无疑。

丁鹏勃

40

青花莲子碗

C.15—1952
明　永乐
高8.1厘米，直径15.9厘米
阿驰波特·白兰士敦旧藏

敞口，斜弧壁，小圈足，足内有乳突。无款。满釉，饰青花。内底绘莲台纹，内壁缠枝花纹，内口沿锦纹，外口沿缠枝花纹，外壁朵花纹，间以杂宝，近底处变形莲瓣纹，圈足外墙饰卷草纹。

莲子碗流行于明永宣时期，因底心外凸似莲子，故名，又名鸡心碗。常见大、小两种规格，品种有青花和白釉，外壁多为单体细长莲瓣纹。这件莲子碗即为小号，纹饰也比较少见，有浓郁的西亚风格。大英博物馆有相同的藏品。

该碗为景德镇永乐御窑产品。燕王朱棣在建文四年（1402）七月夺位之后停罢建文新政而尽复洪武旧貌，下诏称当年为洪武三十五年，第二年为永乐元年（1403）。嘉靖三十五年（1556）詹珊《重建敕封万硕师主佑陶庙碑记》："我朝洪武末，始建御器厂，督以中官。"此时所说的洪武之末应是指洪武三十五年。清朱琰《陶说·说明·洪武窑》："明洪武三十五年，始开窑烧造，解京供用，有御器厂，厂东为九江道，有官窑。"清人汪汲在《事物原会·古饶器》中亦载："明惠宗建文四年壬午，始开窑烧造，解京供用。"所以永乐御窑在建文四年七月至十二月之间就已开始烧造，并将之前的陶厂更名为御器厂，由成祖亲自指派一

□ 明早期葫芦形窑遗迹　2004年江西景德镇明代御窑遗址出土

名中官督陶。

此外，万历刻本《江西省大志·陶书·建置》载："洪武三十五年始开窑烧造，解京供用，有御厂一所，官窑二十座"，明确指出，永乐御器厂拥有官窑20座。2002—2004年景德镇明代御窑遗址考古出土了洪武至永乐时期的窑炉，与文献可相互印证。窑炉为葫芦形，以楔形大砖大小头相间平铺砌成，由窑门、火膛、前室、后室、护窑墙等组成，斜长10米余，窑床前低后高，倾斜度8—10度。著名的永乐瓷器就是在这样的葫芦窑中烧造而成的。

丁鹏勃

41

青花缠枝莲纹罐

C.131—1928
明　永乐
高21.6厘米，直径27.3厘米
约翰·包森牧师遗赠

丰肩，圆鼓腹，敛胫，宽浅隐圈足。口沿损坏后，在19世纪被镶嵌装饰有绿松石的铜扣。底部无釉，有火石红。无款。器身饰青花，肩部如意云纹带饰，腹部绘缠枝莲纹，胫部折枝花一周。伊朗阿德卑尔回教院有一件相同藏品。1994年江西景德镇珠山曾有相同器物出土，并有拱顶宝珠钮折沿盖。传世品见于北京故宫博物院清宫旧藏，亦有盖。

该器装饰以青花，这是一种白地蓝花釉下彩，用钴料在生坯上绘制花纹，罩透明釉，入窑高温一次烧成。目前我国发现最早的青花是在唐代，河南巩县是其烧造地点。宋青花发现很少，1957年和1970年浙江龙泉县金沙塔基（977）和绍兴环翠塔基（1256）分别出土青花碗片。元代江西景德镇、云南玉溪和四川会理都烧青花瓷，以景德镇烧造水平最高，也最具代表性。明永乐、宣德时期是青花瓷的黄金时代。明王世懋《窥天外乘》记载："我朝则专设于浮梁县之景德镇，永乐、宣德间，内府烧造，迄今为贵。其时以棕眼、甜白为常，以苏麻离青为饰，以鲜红为宝。"永乐青花能有如此成就，除了与使用"苏麻离青"这种进口青花料有关外，也与其高质量的白瓷分不开。

□ 永乐青花缠枝莲纹罐　1994年江西景德镇珠山出土

□ 永乐青花缠枝莲纹罐　北京故宫博物院藏

该罐所绘青花，呈色深蓝且有晕散，是永乐青花的典型特征，与洪武窑青花非暗即淡不同。其原因莫衷一是，有学者认为是洪武时进口钴料中断，以国产料代替，永乐时恢复了进口原料的供应所致。也有学者经过测试认为洪武窑与永乐窑所用青料一致，皆是进口青花料，推测洪武时接管的元代府库尚存此料，而瓷釉配方的不同才是导致呈色有异的原因。

丁鹏勃

42

青花宝相花纹四方罐

C.115—1928
明　宣德
高14.6厘米，宽12.7厘米
约翰·包森牧师遗赠

直口，短颈，出棱四方器身，隐方足。通体施釉，釉下绘青花。肩部饰卷草纹，垂于四肩之下；腹部饰委角四方形开光，内绘折枝宝相花纹；底部四角覆以卷草纹。釉面清亮，有细小橘皮纹，青花发色浓艳，具典型宣窑器特点。明张应文在《清秘藏·论窑器》中记曰："我朝宣庙窑器，质料细厚，隐隐橘皮纹起。冰裂鳝血纹者，几与官、汝窑敌，即暗花者、红花者、青花者，皆发古未有，为一代绝品"，给宣德瓷器以高度评价。清朱琰《陶说·宣德窑》亦说："按此明宣窑极盛时也，选料、制样、画器、题款无一不精。"

宣德时期，小罐较为常见，带棱罐除青花之外，还有仿哥釉的，有六棱、多棱，还有凹线的。这种见棱见角的方形器比圆器成型要困难得多。明人王世懋在《二委酉谭》中曾感叹："盖窑器圆者，镟之立就，倏忽若神。独方物即至小，亦须手捻而成，最难完整，供御大率十不能一二，余皆置之无用，殊可惜也。"

丁鹏勃

43

釉里红三鱼纹高足杯

C.64—1935
明　宣德
高9.2厘米，直径10.1厘米
乔治·尤莫霍浦路斯旧藏

侈口，深弧壁，高足外撇，足底平封无釉。外壁绘釉里红三鱼纹，其中一鱼逆向。内底书青花双圈“大明宣德年制”楷书款。1982年、1993年景德镇明代御窑遗址都有出土。相同器形的还有以矾红绘三鱼纹的，款亦以矾红书写，1988年景德镇珠山曾有出土。另有铁红釉三鱼纹高足杯，是将三鱼纹部位的白釉剔掉，填以铁红釉，入窑高温一次烧成，款为刻款，1993年景德镇明代御窑遗址出土，但未见传世品。釉里红三鱼纹最早见于宣德时期，明高濂《燕闲清赏笺》载：“宣德年造红鱼靶杯，以西红宝石为末，图画鱼形自骨内烧出，凸起宝光，鲜红夺目。”成化时期仍有烧造。除高足杯外，釉里红三鱼纹还见于莲子碗，1983年景德镇珠山曾有出土。与该高足杯相同之器物，北京故宫博物院、台北故宫博物院、上海博物馆、日本大和文华馆等均有收藏。

宣德时期，之所以有像釉里红三鱼纹高足杯这样高品质、高难度的瓷器问世，与当时景德镇御器厂为了提高烧成质量及成品率，采用的一种新的装匣技术分不开。该法是在桶形匣钵内再置一套钵，套钵内置垫饼，之上单件仰置器物，匣钵内与套钵内均撒一层砂渣（高岭土与谷壳灰的混合物）。套钵与垫饼均为高岭土质，与瓷器原料同。但由于这种瓷质套钵和垫饼仅能使用一次，成本太高，宣德以后几乎不再使用。宣德御窑成就了一代绝品，堪与官、汝相匹敌，成为之后诸朝仿制的模本，无疑与此有关。

丁鹏勃

□ 明宣德时期套钵使用方法

□ 内底青花双圈“大明宣德年制”楷书款

44

青花琴棋书画图大罐

6840—1860
明　正统
高35.6厘米，直径39.4厘米
早期采购

唇口，短颈，丰肩，敛胫，宽浅隐圈足。无款。胎色深，稍显粗疏。釉面莹润，外底无釉露胎，遍布跳刀痕。青花淡雅，颈部饰卷草纹；肩部绘四组花卉纹，每组由两朵相同的缠枝花组成，分别为西番莲、牡丹、山茶、芍药纹；胫部饰蕉叶纹。腹部主体纹饰为四组云气开光，勾勒出琴、棋、书、画四个场景，以两株松、一株柏、一株桂间隔，每组三人，脚下竹石灵芝。场景一绘一文士鼓琴，一文士坐其右侧听琴，两人间置焚香案，操琴者左侧一随侍拄杖而立，杖头系葫芦、画轴；场景二绘两人对弈，一人观棋；场景三绘一人回首，一人持仗捧书行吟，小童儿肩扛书袋紧随其后；场景四绘一文士在前招呼二童子前行，一童捧画，一童抱琴。所绘人物仙风道骨，笔法流畅自然。其纹饰布局、纹饰内容、人物画法，甚至云气纹、蕉叶纹都有宣窑器的影子，足见其传承关系。明代绘有人物纹的御窑瓷器并不是太多，但却颇有意趣，正如许之衡《饮流斋说瓷》所评："明代绘事，人物虽不甚精细，而古趣横溢，俨有武梁画像遗意。"

正统时期，是御器厂的生产低谷期。清朱琰《陶说·说明·饶州窑》记："宣宗后几二十年，窑事不著"，且烧造能力较弱，很难保质按时完成。如正统六年（1441）五月，令江西饶州府造上用金龙、金凤白瓷罐等，十月仍未造好，七年六月造好了，但"俱不及式"。九年（1444），命造的青花龙缸亦"瑕璺不堪"。而此时的景德镇民窑却有很强的烧造能力。《明英宗实录》记正统元年（1436），"江西浮梁县民陆子顺进磁器五万余件，上令送光禄寺充用，赐钞偿其直。"民窑一次就能进贡五万余件瓷器，且质量能供光禄寺收用，其能力不可谓不强。另据该书载，正统三年（1438）十二月，"都察院出榜，禁江西瓷器窑场烧造官样青花白地瓷器于各处货卖，及馈赠官员之家。违者正犯处死，全家谪戍口外"。恰恰说明正统三年十二月之前景德镇民窑确曾烧造官样青花瓷器，并于各处货卖，官员之家也有收贮。若数量不大也不致引发朝廷禁令。正统十二年（1447）十二月甲戌，朝廷再次下令"禁江西饶州府私造黄、紫、红、绿、青、蓝、白地青花等瓷器，命都察院榜谕其处，有敢仍冒前禁者，首犯凌迟处死，籍其家赀，丁男充军边卫。知而不以告者，连坐。"刑罚更为严苛，正是表明屡禁不止，且数量巨大的状况。这件正统青花琴棋书画图大罐与景德镇明代御窑遗址出土的正统瓷器也还是有一定差别的，胎色较深，较粗疏，釉面不够细白匀净。由此看来，这类一向被当作"空白期"官窑器的大罐应是正统时期景德镇民窑烧造的官样青花瓷器，也正是上述文献中朝廷屡禁不止的品种之一。

丁鹏勃

外壁弈棋图

外壁抚琴图

外底

45

斗彩鸡缸杯

C.1—1960
明　成化
高3.6厘米，直径8.3厘米
购自仇炎之（香港）

口微侈，弧壁，卧足。足沿涩胎，足内书青花双框“大明成化年制”楷书款。外壁装饰斗彩，以兰草湖石、牡丹湖石间隔两幅画面：一幅绘一红冠绿尾的大公鸡引吭高啼，身后一只母鸡带领三只小鸡啄虫；另一幅绘一公鸡回首凝视，身后一母鸡正和一小鸡啄虫，身前两只小鸡在玩耍。以青花勾勒轮廓、填涂湖石，以红、绿、黄、赭彩填涂其他，画面生动有趣。明人项元汴认为画面“所画子母二鸡，特具饮啄之致。与宋画院所作写生之迹无殊。至于鸡冠花草傅色，浓淡之间，大得黄筌传色之妙。”（《校注项氏历代名瓷图谱》）清初人高澹人《成窑鸡缸歌注》曰：“成窑酒杯，各式不一，皆描画精工，点色深浅，莹洁而质坚，鸡缸上画牡丹，下画子母鸡，跃跃欲动。”

此杯亦称作“草虫子母鸡劝杯”，作饮酒使用，明天启时刊行的谷应泰《博物要览》排列成窑上品瓷时，将其排在第二位，列于斗彩折枝葡萄纹高足杯之后。而清乾隆时人朱琰将其列为酒杯中之第一，在《陶说》中评曰：“成窑以五色为最，酒杯以鸡缸为最。”鸡缸杯不但后世趋之若鹜，在明朝已久负盛名。“神宗时，尚食御前，成杯一双，值钱十万，当时已贵重如此。”北京故宫博物院、台北故宫博物院、大英博物馆均有收藏。1990年及2002年—2004年江西景德镇珠山明御窑遗址成化地层曾出土大量半成品及残片，有的青花已烧成，尚未上斗彩；有的已上斗彩。可知制作的每个环节都会淘汰大量废品，足见成一器之不易，也难怪时人王端毅在其成化二十一年（1485）二月初七日《同南京吏部等衙门应诏陈言奏状》中称烧造每件瓷器的费用已相当于银器之价，而到万历时，沈德符就已在《野获编》中感叹：“成窑酒杯，每对至博银百金”。

□ 成化鸡缸杯半成品　1990年江西景德镇珠山出土

成化时期是明代继永宣之后第二个烧瓷高峰，达到明代彩瓷制作的巅峰。一直由中官坐镇景德镇督造，“烧造御用瓷器，最多且久，费不赀”（《明史·食货六·烧造》），即便是“民困已极”之时，仍令“饶州等三府量出财力自造进京”（《明宪宗实录》）。御窑遗址中发现的成化瓷片堆积（03JYIP5）十分丰厚，废品数量已如此庞大，当年的烧造量应该相当可观。在这片丰厚的成化瓷片堆积中，仅鸡缸杯的碎片就装满了几个大箩筐。清代康雍乾时期皆对成窑斗彩鸡缸杯进行仿制，以康熙朝仿制的最为成功。

丁鹏勃

□ 外底青花“大明成化年制”楷书横款

46

斗彩树鸟纹高足杯

C.34—1954
明　成化
高7.6厘米
查尔斯·谢勒曼旧藏

敞口，斜直壁，深腹，高足外撇。高足内白釉，书青花“大明成化年制”楷书横款；足沿无釉，以免烧造时粘连。杯外壁饰斗彩果树、对鸟，以青花勾勒果树、描绘小鸟，以绿、黄、红、赭彩涂缀其上。画面分作两组，各有一静一动两只鸟交错立于枝头，青花背羽白肚腹，一对以红彩点缀背羽，黄彩绘肚腹，一对仅以黄彩点睛；树为赭枝、绿叶、黄果，果勾以红彩。清朱琰在《陶说》中赞同明谷应泰《博物要览》的说法，虽然认为青花成化不及宣德，但若论斗彩，则宣窑色深料厚，堆垛而已，而成窑“用色浅深，颇有画意”。清梁同书《古铜瓷器考》认为：“古瓷画彩，成窑为最，画手高，画料精，其点染生动，有出于丹青家之上者。”

明陈贞慧《秋园杂佩》载：“余友吴问卿家藏鹦鹉啄金杯，高足磬口，亭亭玉立，一名四妃十六子，又名太平双喜，淡白中见殷碧离离之色，真如撒水嵌空，樱桃的历，宝光欲浮，使人不能手近。” 由此可知，此杯所绘之果树为樱桃；以黄地红彩点染的对鸟乃鹦鹉，若以此侧纹饰命名，则称作“鹦鹉啄金杯”；仅以青花描绘的对鸟是喜鹊，若以此侧纹饰命名，则称作“太平双喜杯”；若按总数四只鸟、十六枚果子论，则为“四妃十六子杯”。

此杯为酒具，北京故宫博物院有相同藏品。所用装饰技法为斗彩，是釉下青花和釉上彩相结合的一种彩瓷工艺，因青花和彩互相争奇斗艳，故名“斗彩”或“逗彩”。“斗彩”一词最早出现在成书于清雍正年间的《南窑笔记》，在此之前文献中一直称为“五彩”或“青花间装五色”。斗彩基本上都为官窑产品，明宣德时出现，成化时烧制成熟。釉上彩料多为天然矿物，主要着色元素是铁、铜、钴。色彩一般有三四种，多的达六种以上，都为写实色。制作时，先在生坯上以青花料勾勒图案轮廓线，罩透明釉高温烧成薄胎青花瓷，平涂填彩，最后低温烧成。填彩时，只绘出树叶阳面和花朵正面；人物衣着只绘外部一层单衣；山石无凹凸，枝干无皴擦。花朵多为单色，也有的加别色花心。器形多为酒杯和高足杯。雍正朝仿成化斗彩非常成功，几可乱真。

丁鹏勃

47

五彩牡丹纹罐

Circ.219—1930
明　成化
高11.4厘米
购自珍品店

直口微敛，丰肩，扁圆腹，隐圈足。通体施白釉，釉上绘五彩，无款。肩部饰蕉叶纹，腹部绘四朵牡丹花纹。纹饰以赭色勾边及叶脉，填涂绿、红、黄色。北京故宫博物院有与此相同的一件藏品，为国内的孤品。

该罐所绘之五彩，是由多种色彩绘制图案的瓷器釉上彩名。是在低温色釉的基础上发展起来的，据文献记载，明宣德时已经出现五彩。现今发现较早的是明成化时的五彩器，之后弘治、正德也有生产，但数量较少，至明嘉靖、万历时期才成为彩瓷的主流。

丁鹏勃

48

青花飞鱼纹双耳瓶

FE.6—1986
明　弘治
高67厘米
史提芬·翁克华斯旧藏

盘口，长颈，溜肩，长圆腹，胫部微束。颈两侧各塑一兽头，口衔瓶耳；颈中部有一圈凸起，在加固瓶颈的同时亦有装饰作用。通体绘青花：盘口外壁饰回纹，颈部绘蕉叶纹、垂云纹，腹部海水飞鱼纹，胫部莲瓣纹，近底部为卷草纹。底部无釉，无款。该类瓶多无款，如北京故宫博物院藏青花仙人渡海图双耳瓶亦无款。

此瓶造型端庄，青花发色清淡雅致。主体纹饰为飞鱼，无角、无足，有翼、有鳍，飞腾于海水波涛之上。有关明代飞鱼纹饰的文献记载多与服饰相关。飞鱼服多为皇帝赏赐百官的赐服，或伴驾宦官的入侍服，又或锦衣卫堂上官的祭服，原本有严格的品级定制，但不久即冒滥涣散。孝宗时期曾于弘治元年（1488）、十七年（1504）加意钳束，无奈积习相沿，申饬者再，不能止也。（《明史·舆服三》）瓷器上的飞鱼纹与服饰的情况类似。见于文献记载的供御瓷器有飞鱼大坛、内饰飞鱼的青花瓯、青花飞鱼盖坛（《江西省大志·陶书》）等，但民间私自烧造的情况亦屡见不鲜，如这件双耳瓶。

此类瓶一般成对出现，与该瓶成对的另一件现藏法国巴黎吉美博物馆。英国大维德基金会藏有一件青花缠枝莲双耳瓶，与此瓶造型相同，外口沿铭文有“弘治九年（1496）五月初十”的纪年，是江西饶州府浮梁县信士弟子送到北京顺天府关王庙的庙坛供器，两件瓶、一件香炉为一副供器。看到这类瓶很容易联想到大维德基金会收藏的一对元代至正十一年（1351）四月纪年的青花龙纹双耳瓶，因为它们的器形相同。这两件“至正型”原是北京贡院的供器，也是信士弟子与一件香炉配成一副的供器。

丁鹏勃

49

五彩十八学士图盖罐

C.998—1910
明　正德
高45.7厘米，腹径35.6厘米
乔治·素廷遗赠

宝珠顶折沿盖，短颈，丰肩，敛胫，平底无釉。以红、绿、黄三色在烧好的白瓷上描绘纹饰，盖面饰折枝花纹及盘肠。器身辅助带饰分作六层，由上而下分别为：缠枝山茶花、覆莲纹、缠枝牡丹花、如意云纹、叠瓣纹、变形莲瓣纹。而腹部的主题纹饰为“十八学士图”，众学士三五成群，在庭院中或抚琴、或赏画。十八学士的典故出自唐贞观年间，唐太宗李世民起文学馆，以待四方文士。命杜如晦、房玄龄等18人以本官兼文学馆学士，并绘《十八学士写真图》，藏之书府以彰礼贤之重。将要入馆者，为时人所倾慕，谓之“登瀛州”。据《旧唐书》、《新唐书》载，阎立本画有《秦府十八学士》，殷枭、韦无忝画有《开元十八学士图》。之后的五代、南宋皆效唐人十八学士之制，明清亦称学士。因此这样的纹饰出现在官窑瓷器上也就不足稀罕，一方面颂扬皇帝堪比唐太宗，礼贤下士、广开纳才之道；另一方面彰显朝堂之上英才济济，政事振兴；再一方面也是对朝臣向“房谋杜断”看齐的鼓励和鞭策。

北京艺术博物馆藏有一件与此类似的五彩罐，通高43.5厘米、腹径34厘米，曾被有的学者认为和本品是一对。对比后异同之处还是比较明显的，除盖面纹饰、辅助带饰有不同外，人物纹也不尽相同，但可以看出二者前后的传承关系。因此，维博的这件为正德器，北京的这件为嘉靖器。2001年山西省长治市惠丰厂明墓出土了一件五彩三顾茅庐图罐，现藏长治市博物馆，与此类罐较为接近，原来的标注年代为明，后来改为正德—嘉靖，三者相互对比之后应该可以确定是嘉靖时期的产品。

以往五彩瓷器的装饰无论是否有青花都称“五彩”，自1980年代末，陶瓷学者才将五彩瓷器分为“釉上五彩”、“青花五彩”两大类。釉上五彩的纹饰均在釉上，是在烧好的白瓷上绘彩，经700—800℃低温烧制而成。每件器物未必五彩皆备，正德五彩多用红绿黄色，如这件人物图盖罐就是以红、绿彩为主，黄彩作点缀。明代御窑五彩器中，单纯的釉上五彩瓷较少，成化时期有少许产品，正德时稍多一些，这件作品即是当时的代表之作。

丁鹏勃

□ 嘉靖五彩十八学士图盖罐　北京艺术博物馆藏

50

青花婴戏图葫芦瓶

C.106—1928
明　嘉靖
高26.7厘米，直径15.9厘米
约翰·包森牧师遗赠

外形似葫芦，上圆下方，隐方足，仅足沿露胎，足内书青花双框“大明嘉靖年制”楷书款。器身以青料绘四妃十六子图。上部作栏杆通景式，描绘四仕女坐于庭院之中，每人身后站立一名侍女，手持托盏、瓶花、盒等，画面间点缀湖石、树、草等。下部四面各绘一幅四孩童游戏场景。口部饰云纹，束腰饰卷草纹，下腹肩部饰缠枝花纹。

将儿童形象作为瓷器装饰最早见于唐代长沙窑，之后，从宋金至明清广为流行，成为瓷器上的传统装饰纹样。婴戏纹中较为常见的是庭院十六子，在永乐青花上就已出现，此后各朝皆有，至明嘉靖时极为风行，这件葫芦瓶就是一个很好的例证。庭院十六子除了展示欢乐童趣之外，尚有吉祥含义，如手持莲花童子意为“连生贵子”，手持桂枝童子意为“蟾宫折桂”。连生贵子的典故最初来源于《杂宝藏经》记载的一则千叶莲花生千子的佛教故事，民间借用立于莲花上的童子形象来祈求多子多福，后来又演变为手持莲花的童子。

丁鹏勃

51

青花寿托八宝纹八棱罐

1718—1876
明 嘉靖
高38.7厘米，直径34厘米
朱利士·李察（波斯）旧藏

罐作八棱形，口、足亦作八棱形。通体满釉，饰青花。外口沿每面以反白饰朵花纹；肩、胫部八个五边形内绘折枝花纹；腹部八个六边形内绘松、梅盆景，枝干屈曲出“寿”字，上托轮、螺、伞、盖、花、罐、鱼、肠八宝。

此罐青花呈色极为艳丽，是嘉靖青花瓷器的典范之作。所用青料为回青。据王世懋《窥天外乘》记载，回青是正德时由镇守云南的宦官发现的，当时被作为一种宝石，后来才知道可以用于烧制瓷器。嘉靖年间，西域大量进贡，如《明会要》所载：“土鲁番使臣……嘉靖三十三年进贡回回青三百三十一斤八两。”嘉靖年间对回青料的处理分“敲青”和“淘青”两个工序：敲青是以木槌将青料敲碎，拣取纯青；淘青是将拣取纯青之后的“奇零琐碎”再次入碾碾碎，然后“入注水中，用瓷石引杂石，真青澄定，每斤可得五六钱”。将两次得来之青在乳钵中研磨三日后，加入石子青同研，待极细时倒入罐中封存，以待画青时取用。回青与石青的比例决定了青料的优差。回青六分、石子青四分是中青；回青九分、石子青一分是上青。“中青用以设色，则笔路分明，上青用以混水，则颜身清亮。”这件嘉靖时期的花卉纹八棱罐就是先以中青勾勒轮廓，再以上青混水后填染绘成。

丁鹏勃

52

青花纹章纹执壶

C.222—1931
明　嘉靖
高33.3厘米，直径23厘米
威廉·古兰遗赠

蒜头口，细长颈，圆鼓腹，高圈足外撇，曲柄，细长流，有S形云板与壶身相连。配波斯银盖及流口。釉足内书青花双圈“大明嘉靖年制”楷书款。器身饰青花，腹部绘葡萄牙人安东尼奥·裴素图（Antonio Peixoto）的家族徽章，可知该壶是其在景德镇订烧之物。

明世宗在正德十六年（1521）八月将葡萄牙人从屯门（今广东深圳南头）驱逐后，广州的中葡贸易就此中断，葡人遂北上福建、浙江进行走私贸易，中国海商也奔赴那里，私自与葡人交易。这件执壶就是在这样的背景下被交易的。

该执壶为景德镇民窑产品。据明嘉靖年间王宗沐《江西省大志·陶书·窑制》记载，工部每年下令烧造的定额瓷器，即部限瓷器，由景德镇御窑专烧；而皇帝直接颁令临时紧急烧造的钦限瓷器，大部分已散搭于民窑。既然由民窑承担供御瓷器的烧造，那么优质制瓷原料和先进制瓷技术也必然在民窑应用。正像《江西省大志·陶书·料价》中所记：“然青色狼藉，有司不能察，流于民间，其制无复分。”所以，嘉靖时期“官搭民烧”制度的实行，使民窑进入兴盛期，不断有精品问世，有些已与御窑瓷器不相上下。如这件执壶，造型规整，青花发色幽菁可爱，体现出当时民窑的高超技艺。

丁鹏勃

□ 圈足内青花双圈“大明嘉靖年制”楷书款

53

青花釉里红缠枝四季花纹螭耳瓶

1699—1888
明 嘉靖
高58.4厘米，直径22.9厘米
购自珍品店

花口，大敞口，细长颈，颈部附双螭耳，丰肩，敛胫。颈部蕉叶纹，肩部覆莲纹，腹部缠枝四季花纹，胫部八卦纹，除蕉叶纹为釉里红外，其余均为青花，口沿与螭纹亦染青色。

这种双螭耳瓶的器形应该是源自双螭瓶。双螭瓶创始于北朝，盛行于隋唐，双螭弯曲，立于肩、衔于瓶口，作为两侧长长的手柄。明清时演变为颈两侧仅具装饰作用的双螭耳。正德时即有，如沈阳故宫所藏素三彩螭耳瓶。嘉靖、万历时常见。

青花釉里红创烧于元代景德镇，是以青料和铜红料在胎上作画，再罩透明釉，入窑高温一次烧成。因两种料对烧成温度和窑内气氛的要求不同，所以烧造难度较大。迄今所见，明代的青花釉里红器最早自永乐时开始生产，如景德镇明代御窑遗址出土的云龙纹梅瓶。宣德时亦有不少佳器问世，如台北故宫博物院藏云龙纹合碗。宣德以后各朝仅有零星出产，直至清康熙时才逐渐发展起来。据《江西省大志·陶书》，嘉靖九年（1530），因烧造困难将鲜红改作矾红，自此以后各次供御瓷器均参照此例。嘉靖二十六年（1547），“拘获高匠重悬赏格”也未烧成。《明神宗实录》记万历时“鲜红等项器皿从来烧无一成”，仍比照嘉靖九年及二十六年事例改鲜红为矾红。鲜红即铜红，铜红釉与釉里红的呈色原理一致，釉里红的烧造难度相对较大，而青花釉里红更是难上加难。因此，嘉靖朝的青花釉里红器不仅数量极少，而且红色常被烧失，像该瓶这样的红色已属难能可贵。

丁鹏勃

54

青花矾红鱼藻纹盖罐

Circ.118—1936
明　嘉靖
高40.6厘米
乔治·尤莫霍浦路斯旧藏

宝珠钮拱顶折沿盖，直口，短颈，丰肩，鼓腹至下渐收，隐圈足，足端露胎，外底白釉，书青花双圈“大明嘉靖年制”楷书款。饰青花矾红彩，以青花在颈部绘卷草纹、肩部蕉叶纹、胫部变形莲瓣纹，盖面及罐身绘荷塘水生植物，其间点缀以黄地矾红彩描绘的各式游鱼12尾，以墨彩点睛。1957年北京市西郊郝家湾曾出土过一件与此完全相同的盖罐，现藏首都博物馆。北京故宫博物院、日本东京富士美术馆亦各藏有一件与此相同的盖罐，唯盖钮的青花纹饰稍异。这是目前所知的仅存世上的四件明嘉靖青花矾红鱼藻纹盖罐。

此罐所用之装饰技法为青花红彩，明宣德时即有，是在高温烧好的青花瓷上加绘红彩，再入彩炉低温烤制而成。矾红其实是一种铁红，以铁为呈色剂，因由青矾制备所得，故名。原料需经过拣选、晾晒、煅烧、漂洗，用时加入铅粉作助熔剂，和胶后绘制，经低温烘烤显色。嘉靖的青花红彩多以黄彩打底、红彩勾描，又被称为“黄上红”。

该罐所绘鱼藻纹是元明以来瓷器上的常见纹饰，通常以游鱼、水草、荷花、浮萍等组成画面。宋代已具雏形，元代成为青花器上的常见纹饰，绘两鱼游于水藻莲荷浮萍之间，鱼的形象多为凶猛的鳜鱼，其间虽无水纹，但以水草的漂浮示意水的流动，极其生动，活灵活现。明清瓷器上鱼藻纹继续流行，官窑瓷器常画鲭、鲌、鲤、鳜四种鱼，谐音“清白廉洁”。

这件盖罐造型规整，色彩艳丽，对比鲜明，绘画精致，气韵生动，是当时嘉靖御窑的上品。

丁鹏勃

□ 外底青花双圈“大明嘉靖年制”楷书款

55

孔雀绿地刻龙穿莲纹盖盒

339—1898
明　嘉靖
高14.9厘米，直径25.7厘米
购自拍卖会

圆弧面，子母口，圈足，足内以黑彩书“大明嘉靖年制”官款。圆盒饰孔雀绿釉龙穿莲纹，以孔雀蓝釉为地。釉色莹亮匀净，孔雀绿釉纹饰下的刻花清晰可见。大英博物馆藏有一件与此器造型、釉色、纹饰完全一致的盖盒，唯底书“大明成化年制”官款。由此可知，该器为嘉靖朝的仿成窑制品。其实，嘉靖朝有不少仿成窑产品，如各式斗彩杯等，它也是历朝历代仿成窑器较为成功的一个朝代。

该器所饰之孔雀绿釉亦称“法翠”，是一种翠绿透亮的釉色，颜色与孔雀羽毛相似，因而得名。与汉代盛行的绿釉陶一样，都是以铜为着色剂。元代，景德镇开始烧造孔雀绿釉器，1988年景德镇珠山出土了元代官窑孔雀绿釉金彩龙纹砚盒。明宣德时期，景德镇御器厂还烧制一种孔雀绿釉青花器，但釉层易剥落，釉面布满裂纹。还有瓷胎珐华器，其上也多用孔雀绿釉。嘉靖朝，甚至在五彩器上也能见到它的身影。若仅就施釉工艺而言，这件孔雀绿釉盖盒更接近于珐华器。

丁鹏勃

□ 圈足内黑彩双圈“大明嘉靖年制”楷书款

56

绿地红彩缠枝番莲纹葫芦瓶

C.943—1935
明　嘉靖
高21.3厘米
乔治·尤莫霍浦路斯旧藏

外形似葫芦，隐圈足，釉足内书青花双圈“大明嘉靖年制”楷书款。在烧好的白瓷上装饰绿地红彩，纹饰分作四层，上、中、下绘缠枝西番莲纹，腰与下腹连接处绘卷草纹，间隔处露一圈白釉。大英博物馆、大阪东方陶瓷博物馆、哥本哈根装饰艺术博物馆等均有此藏品。

葫芦瓶因形似葫芦而名，由上下两截粘合而成。唐代即有花釉瓷品种，宋、元时期浙江龙泉窑、景德镇湖田窑有青釉、青白釉产品，明、清时期景德镇窑烧造种类较多。在明嘉靖朝最为流行，这与世宗笃信道教不无关系。葫芦谐音“福禄”，寓吉祥含义。

该葫芦瓶所饰之绿地红彩为嘉靖朝出现的瓷器装饰品种，乃明代景德镇窑所创，之前皆为红地绿彩。它是在经高温烧好的白瓷上以红绿彩先绘纹饰后填地，再经七八百度低温二次烧制而成。1984年景德镇珠山出土的锥花红地绿龙纹小盘，就是永乐御窑的红地绿彩器，应是明代景德镇窑最早的低温红绿彩器。成化时仍有烧造，如红地绿彩灵芝纹三足香炉，1987年、2003年、2004年景德镇御窑遗址都有出土。嘉靖时期，红绿彩瓷逐渐多了起来，并出现了以这种缠枝花卉纹葫芦瓶为代表的绿地红彩器。

丁鹏勃

57

青花团鸾凤纹罐

FE.111—1975
明　隆庆
高42.9厘米，直径48.9厘米
史提芬·布绍尔旧藏

直口，短颈，丰肩，圆腹，平底，底书青花双圈“大明隆庆年造”楷书款。器身描绘青花，颈部饰云纹，肩、胫部饰双龙赶珠纹，腹部绘四组团鸾凤穿花纹，间以折枝花纹。

凤的形象用于器物的装饰，商代就已出现，以后历朝不绝。作为瓷器装饰，隋唐时即有相当流行的凤头壶、凤首瓶等；唐宋时期，以刻划手法表现的凤穿牡丹纹是瓷器上的常见纹饰；元明清时期以笔绘来表现凤纹更是得心应手。凤是传说中的一种祥瑞之鸟，我们现在也称之为凤凰。《毛传》明确指出，凤为雄，凰为雌。《山海经》则将凤、凰、鸾这三个名称皆归为一种五色神鸟。虽是传说之物，凤的形象在《尔雅·释鸟》、《说文》中皆有文可考。明嘉靖、万历时期的《三才图会·鸟兽》及《明史·舆服制》明确区分了凤、鸾，并有图形以资比较。但《说文》、《三才图会》、《江西省大志》及《明史》都无“凰”的记载。对照上述文献及《江西省大志·陶书·御供》中一份由明人列出的5000多字的从嘉靖八年至万历二十二年（1529—1594）景德镇御器厂烧造供御瓷器的清单可知：在明代的瓷器纹饰中，“凰”不作区分，“凤”为大羽单尾，“鸾”为多尾。这件隆庆青花罐的主体纹饰名称应为“团鸾凤纹”，单尾的为凤，多尾的为鸾。鸾凤纹永乐时即有，以青料绘制，间以朵云纹。宣德时，有穿云、穿花两种，还有一种团鸾凤纹，正是这件器物纹饰的来源。嘉靖时期，见有绿釉刻花的，还有鸾凤云鹤纹及四开光团龙凤鸾鹤纹。万历时，鸾凤纹多以五彩描绘。

元明清时期，龙凤纹几乎成为皇家专用图案，臣民不得使用。元代，即已开始禁民间着龙凤纹服饰。明代更是三令五申，明人张瀚在《松窗梦语》中记曰：“国朝士女服饰，皆有定制。洪武时，律令严明……龙凤服饰，惟皇后王妃始得为服。”这是服饰中的“龙凤禁”。瓷器中的“龙凤禁”见于《明太祖实录》“洪武二十四年六月己未”条：“官民人等所用金银磁碇等器并不许制造龙凤文及僭用金酒爵。”明代御窑瓷器上的龙凤纹，并非画匠率意绘就，而是由朝廷颁布款式，降发御器厂按样烧制的。《大明会典·工部·陶器》记载：“宣德八年，尚膳监题准，烧造龙凤瓷器，差本部官一员，关出该监式样，往饶州烧造各样瓷器四十四万三千五百件。”可见，尚膳监盛放供御饮食的龙凤瓷器是有规定式样的。据明王士性《广志绎·江南诸省》及《江西省大志·陶书·料价》载，这些式样“皆当时殿中画院人遣画也”，每年由工部下发。

丁鹏勃

58

青花五彩孔雀牡丹纹花觚

C.463—1920
明　万历
高57.3厘米
购自法兰克公司

大敞口，细长颈，颈中部有一圈凸起，圆鼓腹，高圈足。釉下青花，釉上绿、黄、红、黑、茄皮紫彩。器身外侧纹饰共14层：口沿蕉叶纹；颈部凸起处为缠枝花纹，上下均绘卷草纹、双龙赶珠纹；腹部绘孔雀、湖石牡丹纹，上为连云纹，下为莲瓣纹；高圈足上绘折枝花纹，下绘寿山福海、灵芝纹，间以云雷纹，近底处饰大莲尖纹。口沿下青花方框内书青花“大明万历年制”横款。北京故宫博物院有与此完全相同的藏品。

此器采用之装饰技法为青花五彩，即釉下青花与釉上五彩相结合，正如《南窑笔记》中所谓“青料画花鸟半体，复入彩料，凑其全体”。制作时先高温烧造青花瓷，加彩后再低温烘烧而成。其创烧于明宣德时期，目前仅见两件，为1985年在西藏日喀则萨迦寺发现的莲塘鸳鸯龙纹碗及1988年景德镇御器厂遗址出土的莲塘鸳鸯纹盘。之后的成化、弘治、正德朝皆有生产，但数量较少，嘉靖、万历时期才多了起来。

这件花觚为万历御窑产品。那么，是什么样的窑炉烧制出了绚烂多姿的万历彩瓷呢？据2002—2004年对景德镇明御窑遗址的发掘可知，万历时御器厂所用窑炉为半倒焰的馒头形窑。馒头形窑在明代以前就被广泛使用，尤其是北方地区的民窑业中，宣德时被御器厂引进。在宣德至万历时期漫长的烧造过程中，为了提高产量和质量，御器厂不断对窑炉进行改进。考古所见有，缩小窑体，改动窑床、烟道等。据《江西省大志·陶书·廨宇》记载，万历时期御器厂内的窑炉有分工，有专烧青花龙缸的“缸窑”，有专烧高温小件器物的“青窑”，有专烧高温颜色釉的“色窑”，有专烧匣钵的

□ 宣德至万历时期馒头形窑遗迹　2004年江西景德镇明代御窑遗址出土

“匣窑”等。万历彩瓷数量之多、质量之精，堪称空前绝后，无疑与窑炉的这些改动和分工密不可分。

丁鹏勃

□ 外口沿下青花方框“大明万历年制”楷书横款

59

青花五彩莲塘鸳鸯纹大缸

C.189—1933
明　万历
高38厘米，直径58.4厘米
购自珍品店

唇口，斜弧壁，平底，腹部有一道接胎痕。以青花五彩表现纹饰，缸外壁绘莲塘鸳鸯纹（在明万历时文献中被称作“五彩鸂鶒荷花”纹），唇口外侧以青花、红彩绘卷草纹，沿面以青花绿彩绘水波纹。口沿下青花方框内以青料书“大明万历年制”楷书横款。日本出光美术馆藏有相似的一件，仅尺寸稍小于该件。

这件五彩缸应是观赏金鱼所用的鱼缸。明万历《江西省大志·陶书·设官》记：“鱼缸……官匠因循，管厂之官乃以散之民窑，历岁相仍。”可知此类缸是官搭民烧之物。同书《窑制》载：“旧规本厂凡遇部限瓷器，照常烧造，不预散窑，唯钦限瓷器数多限逼，一时凑办不及，则分派散窑，择其堪用者凑解，固一时之权法也。”据此，由皇帝直接颁令临时紧急烧造的钦限瓷器是散搭民窑烧的。嘉靖时还是“一时之权法”，万历时已是常规做法了，正如清蓝浦《景德镇陶录》所载：“隆、万时厂器，除厂内自烧官窑若干座外，余者已散搭民窑烧。”此缸正在钦限瓷器之列。所以说，这件缸应该是景德镇民窑所烧的官款官样的御用瓷。

明陈有年《为钦奉圣旨事疏》记载，万历十年（1582），钦限烧造瓷器九万六千六百二十四件，其后万历帝又命：“内屏风、棋盘、烛台、花瓶、新样大缸，烧成有好的，着拣进；不堪的，听彼变卖。”万历十年之后，包括“新样大缸”在内的一部分钦限瓷已经作为商品出售了，而此缸绘画技法稍显幼稚，所画鸳鸯有些比例失调，甚至口沿所绘之卷草纹尚有一处遗漏，当年也许就在被变卖的行列。

鱼缸要算最难烧制的瓷器之一，《陶书·设官》记：“又如鱼缸，御器细腻脆薄，最为难成。”产量之低令人咂舌，每座窑只能烧制一至两口，且用柴量是其他窑的两倍，陈有年上疏中称其产量是“百不得五”，每口缸当时的烧造成本估价因尺寸的不同从十八两至五十五两不等。因此，这件缸虽有瑕疵，仍不失为万历瓷器的代表作，称得上是一件“重器”。

丁鹏勃

60

龙泉窑青釉刻划桃纹菱口盘

C.64—1964
明初
直径63.5厘米
购自私人藏家

折沿与腹壁均作十六出菱花式，平底，圈足。胎体厚重，施青釉裹足垫烧，足内留有一圈刮釉垫烧痕。釉下有刻画花，口沿内外为卷草纹，内外壁饰折枝花果纹，内底为双桃纹。

此盘为浙江龙泉窑产品。该窑在北宋中期兴起，并在南宋中期创烧了粉青和梅子青，达到历史上青釉烧造的最高水平，一直延续到元代。明代时，不仅大量烧造民用瓷器，还为宫廷烧制供用器皿。这一点在明朝律典和明人笔记中都有记载。《明会典·工部·陶器》："洪武二十六年定，凡烧造供用器皿等物，须要定夺样制，计算人工物料，如果数多，起取人匠赴京置窑兴工。或数少，行移饶、处等府烧造。"处州府下辖的即龙泉窑。明何孟春（1474—1536）在《余冬序录摘抄内外篇》中谈到"江浙官窑"时，载其"烧造供上磁器"有"数十窑"。2006—2007年对浙江龙泉大窑枫洞岩窑址的考古发掘，出土了一批明洪武、永乐官用瓷器，证实了文献记载的确凿性。同时，在这批官用瓷器中亦能找到与该盘相似的器形和纹饰。另外，该盘与景德镇明代御窑遗址出土的洪武、永乐青花大盘的器形、纹饰都极为接近。从而证明这件龙泉窑青釉刻画桃纹菱口盘为洪武、永乐时期的官用瓷器。

丁鹏勃

□ 明初青釉刻划桃纹菱口盘　2006年浙江龙泉大窑枫洞岩窑址出土

61

珐华二仙纹梅瓶

701—1883
明中期
高36.5厘米，直径20厘米
史提芬·布绍尔代购

唇口，短颈，丰肩，敛胫，足外撇。器身以孔雀蓝釉为地，纹饰凸线内填孔雀绿釉及黄彩。肩部为璎珞纹，下坠以八宝纹，腹部塑二仙图，胫部饰变形莲瓣纹。

此梅瓶之釉称作珐华，又作“法华”，是一种低温颜色釉。创烧于元代，兴盛于明代中期，衰落于清代晚期。《饮流斋说瓷》记载：“法华之品萌芽于元，盛行于明，大抵皆北方之窑。”珐华的烧制技术源自琉璃，《南窑笔记》亦说“云出自山东琉璃窑也”。二者胎、釉配方基本一致，只是熔剂为牙硝（硫酸钠为主），而琉璃则是以铅作熔剂。另外，珐华以紫或孔雀蓝为主，加以黄、白、孔雀绿的花纹，而琉璃一般是黄、绿二色。珐华制作时，用带小管的泥浆袋在坯胎上以沥粉技术勾勒出凸的轮廓，再填以黄、白、蓝、绿、紫等颜色的釉料，入窑低温烧成。有陶胎、瓷胎之分，陶胎珐华多为山西所烧，是晋南地区流行的一种具有特殊装饰效果和民族风格的陶器，多是小件的花瓶、香炉、动物等，陕西、河南在明代也有生产。瓷胎珐华由景德镇窑于明宣德时开始烧制，多瓶、罐、钵等，饰以花鸟、人物等。

该瓶所绘之人物为八仙中的二仙。明代瓷器上最常见的仙人图案就是八仙。八仙中的人物，出处不一，时代不同。最初见于史籍记载的，是初唐时的道士张果。五代时，有了关于吕洞宾的神话传说，并与道教的炼丹修炼之术相结合。两宋之际，道教中汉钟离、吕洞宾炼制金丹成仙的传说很盛。金元时期，全真道教兴起，为了宣扬其教法，将汉钟离、吕洞宾等推为道教北五祖，吕洞宾被称为吕祖，在各地道观尤其是全真道观中被祭祀供奉。此后，道教神仙与民间神话传说、杂剧等相互演绎，使得八仙人物及其故事逐渐丰满充实。直至明代吴元泰的神话小说《东游记》，才将八仙会聚一堂。自此八仙过海的故事在民间广为流传，人物形象及其手持之物也固定下来，即吕洞宾持宝剑，铁拐李持宝葫芦，曹国舅持阴阳板、蓝采和捧花篮，韩湘子吹奏横笛，何仙姑手持荷花，汉钟离执玲珑宝扇，张果老持鱼鼓。在此之前，由于八仙未固定成型，所以瓷器上所绘的只有一仙或二仙。在此之后，也就是明中期以后，瓷器上才绘制现在习见的八仙图案。这件梅瓶所塑即为八仙中的二仙，应是明中期以前的器物。

丁鹏勃

62

德化窑白瓷坐岩观音像

C.548—1910
明
高28厘米
乔治·素廷遗赠

明清时期，德化窑以烧造白瓷为主，其产品独具艺术特色，胎质细密，透光度极好，釉面白如凝脂，釉色光润明亮，胎釉浑然一体，釉中隐现粉红，有“猪油白”、“象牙白”之称，法国人称为“鹅绒白”、“中国白”。德化窑不取江西景德镇窑以绘画装饰瓷器的手法，而以其胎质极强的可塑性，采用浮雕、模印、堆贴、刻划装饰技法生产瓷质塑像闻名于世。

德化窑的瓷塑以它独特的温润如玉的质地和高超的艺术技巧而独树一帜。它的烧制与当时宫廷和民间的宗教信仰关系密切。明清时期人们信奉佛教、道教，德化窑烧造的香炉、花瓶等，为寺庙或家庭神案供桌上的陈设用品。观音、释迦牟尼、妈祖、达摩、弥勒、关帝、文昌帝瓷塑等则是人们供奉的对象，尤以观音最为多见。以何朝宗、林朝景、张寿山等为代表的一批瓷塑大师，刻工精细，刀法洗练细腻，能于雕像中见性格，具有强烈的艺术感染力。白色是圣洁纯净的象征，佛教中用以代表菩提，而菩提之心就是菩萨之心，德化窑的白瓷观音，洁白无瑕的质地符合人们的供奉心理，成为上至宫廷下至百姓普遍供奉的圣像。据《宫中旧档》记载紫禁城慈宁宫内佛堂西配殿即供奉“何朝宗”款德化窑白瓷观音像。

此观音像背后戳印“心默子”三字篆书印记，“心默子”是何许人，文献未有记载。“心默子”款器仅见此件。白釉均匀明净，凝脂似玉，塑像形体比例适度，衣纹潇洒自然，观音仪态端庄稳重的形象刻画得淋漓尽致，高贵雅致，为明代德化瓷塑的佳作。向焯《景德镇窑业纪事》记有：“福建德化窑，其工艺之所长，在于塑观音像。凡所制品，无不生动多姿。”

耿东升

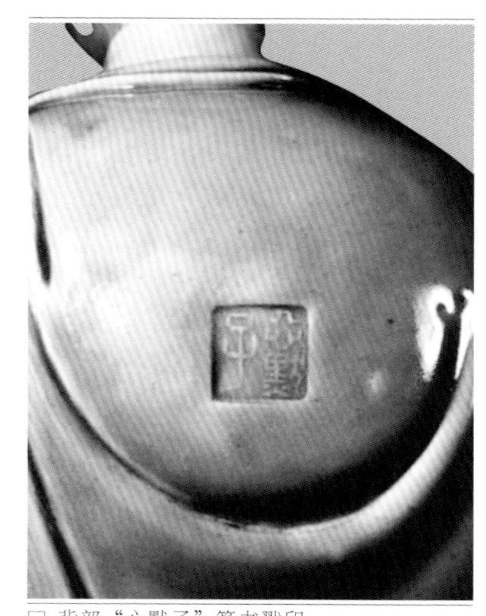

□ 背部“心默子”篆书戳印

63

德化窑何朝宗款关帝坐像

C.544—1910
明末–清初
高29.8厘米
乔治·素廷遗赠

关羽蚕眉凤目，颌下五绺长髯。头戴扎巾，内着铠甲，外罩战袍，佩革带，坐在木雕的山石之上。瓷塑胎质细腻洁白，釉面光润莹亮，背部有“何朝宗”葫芦形印戳。对比成书于明嘉靖、万历时期王圻《三才图会·人物》中的关羽画像，可以发现二者非常相像。

该瓷塑乃德化窑明末清初产品。德化窑位于福建德化，其烧造自北宋中晚期一直延续到明清。明代，德化窑烧制出一种被称为“猪油白”、“象牙白”的白瓷，这是因为其胎釉中铁低钾高的缘故，所以烧出的白瓷莹润透亮，如玉似脂，隐现粉红或乳白，故名。德化白瓷在明末清初以前尚未受到国人推重，主要是销往东南亚。明末宋应星《天工开物》记：“德化窑，惟以烧造瓷仙、精巧人物、玩器，不适实用。”此时德化瓷塑的艺术价值还未为大众接受。清初周亮工试用德化白瓷茶盏后在《闽小纪》中感叹：“乃知德化窑器不重于时者，不独嫌其胎重，粉色亦足贱也。”就连贵如“白中闪红者”的德化白瓷也为清初文人士大夫所轻视。19世纪中期德化白瓷传入欧洲后，法国人称其为“中国白”，将之作为中国白瓷的代表，德化白瓷才为世所珍。

□ 明王圻《三才图会》所绘关羽画像

明代德化白瓷最著名的品种为人物塑像，特别是带有“何朝宗”、“林朝景”、“张素山”印记的，如这尊关帝坐像。关羽为蜀汉名将，死后于后主景耀三年（260）被追谥为庄缪侯。宋徽宗时加封为武安王，元代依旧封王。明初恢复为汉寿亭侯，在诸神祠中位置并不是十分尊崇，直至万历二十二年（1594）进爵为帝，庙曰“英烈”。万历四十二年（1614）又敕封“三界伏魔大帝神威远镇天尊关圣帝君”，此后才有关帝之称。

丁鹏勃

64

青花西厢记连环故事图棒槌瓶

C.859—1910
清　康熙
高75厘米，直径22.4厘米
乔治·素廷遗赠

盘口，长颈，折肩，筒形腹，圈足。因其形状像洗涤衣物用的木棒槌而称为棒槌瓶。瓶腹青花绘《西厢记》连环故事图，为康熙时期的制品。

棒槌瓶为康熙朝创制的新器形，清代后期各朝都有。寂元叟《陶雅》记："康窑佳式之瓶以观音尊、大捧锤为最多，然多系客货。" 棒槌瓶有圆棒槌瓶和方棒槌瓶两种。器形大小不一，大者高达70厘米，小的不足10厘米。康熙早期短粗、敦厚；中期以后器腹修长秀美，胎体薄轻。常见有青花、五彩、洒蓝描金等品种。装饰丰富多彩，题材广泛，除有花鸟鱼虫、祥禽瑞兽、山水风景外，还有大量采用以戏曲和古典小说为题材的人物故事图案，如《西厢记》、《三国演义》、《水浒传》、《红楼梦》等，这与明代以来带有版画插画的戏曲剧本的流行有关 。

此器所绘《西厢记》图，描写的是书生张生在蒲东普救寺遇见崔相国的女儿崔莺莺，两人产生爱慕之情，张生忠厚志诚，一往情深，莺莺情深意切，欲前又怯，红娘有勇有谋，成人之美，在侍女红娘的协助下，终于冲破封建礼教束缚而结合的爱情故事。故事源出唐代元稹传奇小说《莺莺传》，元代王实甫编写成杂剧剧本《西厢记》，人物性格丰富且情节曲折跌荡，在中国戏曲发展史上占有重要地位。器以连环画的形式生动地描绘出惊艳、借厢、闹斋、请寓、赖婚、听琴、逾垣、拷红等场面，再现了张生和崔莺莺传奇般的爱情故事。

器形制高大，青花清丽明朗，构图虚实均衡，画风受陈老莲画派的影响，绘制纯熟准确，层次分明，展现出康熙青花瓷独特的艺术风韵。正如寂元叟《陶雅》中评价："雍、乾两朝之青花，盖远不逮康窑，然则青花一类，康青虽不及明青之浓美者，亦可以独步本朝矣。"

耿东升

65

青花西洋乐师奏乐图折沿盘

C.781—1910
清 康熙
直径22.4厘米
乔治·素廷遗赠

器折沿，弧壁，平底。青花为饰，内底绘西洋乐师奏乐图，此图源于法国艺术家尼克拉伯纳（1646—1718）创作的版画，此版画曾在欧洲盛行一时，盘折沿处八个开光内绘中国传统的山水人物图，中西纹样珠联璧合，别具艺术魅力，为康熙时期欧洲订烧的景德镇瓷器。

由于明末清初的战乱，制瓷中心的景德镇窑业一度处于萧条状态，直到顺治十一年(1654)，景德镇御窑厂才恢复生产，清代蓝浦《景德镇陶录》记有“国朝建厂造陶始于顺治十一年”。仍旧沿袭明末的“有命则供，否则止”的制度，御窑厂产量不大，顺治官窑瓷有酱釉、茄皮紫釉、蓝釉等品种。民窑生产也初具规模，至康熙时期瓷器生产达到巅峰。《清史稿》中“康窑”记有：“时江西景德镇开御窑，源呈瓷样数百种，参古今之式，运以新意，备诸巧妙，于彩绘人物、山水、花鸟，尤各极其胜，及成，其精美过于明代诸窑。”康熙时期民窑的生产不仅数量大，而且制作精工，其青花瓷的生产最具特色。许之衡《饮流斋说瓷》记“清初康熙青花亦足雄视一代”。

康熙时期是中国古代瓷器外销的高峰。外销欧洲的瓷器除具有中国传统造型和纹饰之外，也有大量来样订制的西洋艺术风格的纹样、形制的器物。常绘有罗马神话故事、圣经故事、基督教故事、西洋风格的航海图、帆船纹、楼阁、西洋美人图等，展示了中西文化的交流与融合。

折沿盘是康熙时期流行的盘式之一，青花纯正鲜丽，人物刻画惟妙惟肖，洒脱飘逸，神态各异，正如寂元叟《陶雅》所载：“康窑客货大彩盘所画人物每诙诡可怖，怪怪奇奇，千态万状”。

耿东升

66

青花釉里红魁星点斗图笔筒

C.976—1910
清 康熙
高14.8厘米，直径18.5厘米
乔治·素廷遗赠

直口，直壁，口底相若。器釉里红地青花绘独占鳌头图和魁星点斗图。

“独占鳌头”图是中国传统吉祥图案，所绘状元站于鳌头之上，手持桂枝。唐宋时期，皇宫正殿雕龙和鳌纹图案于台阶石板上。古代殿试中，考中进士者站在阶下迎榜，而头名状元则站在鳌头前，所以称为“独占鳌头”。元杂剧《陈州粜米》楔子：“殿前曾献升平策，独占鳌头第一名。”洪亮吉《北江诗话》记有：“传胪毕，赞礼官引东班状元，西班榜眼二人，前趋至殿陛下，迎殿试榜。抵陛，则状元稍前进，立中陛石上，石正中镌刻有升龙及巨鳌，盖禁跸出入所由，即古所谓螭头矣。俗称所本，以此称独占鳌头。”

“折桂”一词源于《晋书·郤诜传》：“累近雍州刺史。武帝于东堂会送，问诜曰：‘卿自以为何如？’诜对曰：‘臣举贤良对策，为天下第一，犹桂林之一枝，昆山之片玉。’”唐代以后科举盛行，考试正处在秋季八月，恰逢桂花盛开之时，将科举应试得中者称为“月中折桂”或“蟾宫折桂”。唐代诗人白居易在《喜敏中及第偶示所怀》中有“桂折一枝先许我，杨穿三叶尽惊人”之句。

“魁星点斗”画一赤发蓝面鬼，立于鳌头之上，翘足、踢斗、执笔的模样。《史记》记：“魁，斗第一星也。”东海之滨天台山羲和部落首领伯益，曾在扶桑山鳌头石梦见过魁星，他受到魁星的点化，成就了《山海经图》。据此典故，遂尊魁星为文运功名禄位之神。

“魁星点斗，独占鳌头”是旧时对高中科举状元、功名成就的美称，表达了古代文人对自己寒窗苦读的认可，期待命运的眷顾，能够金榜题名，为国效力的美好愿望。

笔筒材质多样，有竹、木、瓷、漆、玉、象牙、紫砂等，笔筒以其艺术个性和较高的文化品位，受到文人墨客的青睐。明代文人朱彝尊曾作《笔筒铭》记：“笔之在案，或侧或颇，犹人之无仪，筒以束之，如客得家，闲彼放心，归于无邪。”康熙朝尊孔崇儒，崇尚理学，读经重道，倡导“以文教治天下”，“康熙十七年之荐举博学鸿儒”，天下习文成风，文房用具也兴盛起来。瓷质笔筒最为出色。这一时期笔筒不仅生产量大，为历朝所不见，造型纹饰美艳，品种繁多，有青花、五彩、斗彩、釉里三彩、豆青釉、乌金釉、洒蓝釉等，装饰图案有山水人物、花鸟异兽、诗词歌赋等一应俱全。人物画中有指日高升、独占鳌头、五子登科、十八学士、竹林七贤、加官进爵、文王访贤等表现治国升官、家族兴旺、文人雅趣等纹样，成为流行的装饰。康熙朝笔筒尤以青花瓷最为常见。邵蛰民撰《增补古今瓷器源流考》记：“青花绘山水、人物、花卉及书辞赋之笔筒以康熙一代为最多。”

康熙釉里红地青花笔筒较为罕见，青花色泽翠蓝幽靓，釉里红娇艳俏丽，相映成趣。

耿东升

67

釉里红云龙纹莱菔尊

FE.9—1976
清　康熙
高20厘米
哈利·嘎纳赠

器小口，细颈，丰肩，长圆腹，圈足。形似萝卜(莱菔)，故称为“萝卜尊”或“莱菔尊”。又因颈部凸起弦纹三道，称为“三弦瓶”。釉里红绘云龙纹，辅以海水纹。莱菔尊为清康熙朝独特尊式之一，除釉里红外，尚有青花、五彩、三彩、青釉、天蓝釉、豇豆红等品种。

釉里红是著名的釉下彩瓷品种之一，始烧于元代景德镇窑，明初洪武时期盛烧，但色泽不太鲜丽。永乐、宣德时期，釉里红已十分成熟；明中期以后逐渐衰落，直至清康熙时期恢复烧造，制作精湛。此瓶纹饰精致，釉里红色泽鲜丽，正如寂元叟《陶雅》有“釉里红一种以康熙朝为独擅胜场”的赞誉。

耿东升

68

青釉地釉里红莲花纹盆

C.385—1910
清　康熙
高18.4厘米，宽26厘米
乔治·素廷遗赠

器形似卷曲的荷叶状，施以青釉、釉质雅洁清丽，浮雕釉里红莲花纹，发色艳丽，形制精妙，纹饰新颖，给人以“接天莲叶无穷碧，映日荷花别样红”的美妙意境。

自古以来，莲花被视为美好纯洁的象征，在中国传统文化中广泛运用，富有很多的寓意和内涵。莲花纹也是瓷器装饰的典型纹样，从南朝至清代一直盛行不衰。

青瓷是中国著名传统瓷器的一种。宋代的龙泉窑、官窑、汝窑、耀州窑等为著名的青瓷窑系。龙泉窑为宋代著名青瓷窑场之一，以烧制粉青、梅子青釉器为主。仿龙泉青釉是明清景德镇官窑烧制的传统颜色品种之一，明代永乐时期始制，有翠青釉、冬青釉品种。清代康雍乾时期青釉器制作工艺娴熟，达到了炉火纯青的地步，烧制出豆青、冬青、粉青等品种，豆青色深，粉青色浅，光润如玉，色泽清幽。寂元叟《陶雅》评价有“豆青、东青、茶叶末、蟹甲青数者又各有古雅之气韵，而不能以相掩”。青瓷发展到清代，除饰以刻划、堆贴、印花工艺外，也与釉里红、青花、粉彩等相结合，有独特的艺术风格。

耿东升

69

五彩贴塑八仙祝寿图瓶

C.1257—1910
清　康熙
高45.1厘米，直径19.4厘米
乔治·素廷遗赠

器腹部贴塑八仙祝寿纹，并施以五彩，将贴塑工艺与釉彩装饰巧妙结合，较为少见，各臻其妙，纹饰立体感强，别具艺术魅力。

五彩是明清时期著名的彩瓷品种之一，寂元叟《陶雅》记有："五彩能力最大，纵横变化，层出而未有穷也。" 明代五彩以嘉靖、万历时最为出色，以产量大、品种丰富而著称，有"龙凤花草各肖形容，五彩玲珑务极华丽"的艺术风格，为世人称颂。康熙时期五彩瓷的生产是五彩瓷发展的巅峰。康熙五彩瓷又称为"硬彩"，它与雍正盛行的柔软感的粉彩相比，质艳色坚故名。许之衡《饮流斋说瓷》有"硬彩、青花均以康熙为极轨"的评价。康熙官窑五彩以规矩细腻而著称，装饰题材多受帝王喜恶的制约限制，而民窑器以釉彩浓重艳丽，施彩丰富，以绿、红、紫、黄、金等彩描绘纹饰，釉上蓝彩和黑彩的运用，使康熙五彩瓷更加绚丽多姿，色彩斑斓，纹饰题材丰富，画意清新活泼而独具艺术魅力。

器所饰的八仙人物，即道教传说中八位仙人，明代王世贞《题八仙像后》："以是八公者，老则张，少则蓝、韩，将则钟离，书生则吕，贵则曹，病则李，妇女则何，为各据一端作滑稽观耶。"传说三月三日王母娘娘寿诞之日，八位神仙各持礼物来祝贺，故称为"八仙庆寿"。在归途中路过东洋大海，各用自己的法宝护身为舟，竞相过海，以显神通，称为"八仙过海"。八仙人物和暗八仙为明清瓷器典型装饰纹样之一，多见彩绘技法，堆贴八仙人物纹样少见。

耿东升

70

五彩芦塘鸳鸯图碗

C.120—1929
清　康熙
直径17.2厘米
亨利·哈里斯遗赠

碗外壁五彩环饰芦塘鸳鸯图：芦塘烟波浩渺，碧波中芦苇摇曳，鸳鸯相互嬉戏，一只鹡鸰轻栖于苇杆。其构图简洁疏朗，气氛祥和宁静，寓意美好。鸳鸯为主题图案创造出安谧幸福的情境。

鸳鸯又称为“匹鸟”，《古今注》说鸳鸯：“鸟类，雌雄未尝相离，人得其一，则一必思而死，故曰匹鸟。”雄为鸳，雌为鸯，形影不离；雄左雌右，飞则同振翅；游则同戏水，栖则连翼交颈而眠；失偶不再婚配。唐代诗人卢照邻的《长安古意》：“得成比目何辞死，愿作鸳鸯不羡仙。”鸳鸯就成了中国千年来寄托情怀的爱情鸟，鸳鸯喻有美满幸福婚姻和忠贞不渝爱情的吉祥之意。古人视鸳鸯为爱情的象征，装饰图案中的鸳鸯皆成双成对出现，而且多与芦塘、莲池相配。鸳鸯纹为瓷器装饰的典型纹样之一。宋代定窑、景德镇窑、磁州窑等窑烧造的器物上就开始装饰鸳鸯纹。元代的青花瓷，明清两代的青花、斗彩、五彩瓷等均常见鸳鸯纹饰。

器以成化斗彩莲池鸳鸯图器为摹本，绘制精湛，诸彩相配，红彩纯正均匀，绿彩娇嫩青翠，殊得妙韵。

耿东升

71

五彩山水风景图盖盒

C.1027—1910
清　康熙
直径27厘米
乔治·素廷遗赠

器形似蒙古包状，圆形，子母口，带盖。通体五彩装饰，盖绘凤穿牡丹纹， 盒身外壁环饰山水风景图，画面清新，生活气息浓郁。

所绘牡丹有“花中之王”、“富贵花”的美称。唐代诗人李正封咏牡丹名句：“国色朝酣酒，天香夜染衣。”牡丹以其雍容华贵、国色天香而受人喜爱。唐代诗人刘禹锡有诗：“庭前芍药妖无格，池上芙蕖净少情。唯有牡丹真国色，花开时节动京城。”宋周敦颐《爱莲说》记：“牡丹，花之富贵者也。”宋人欧阳修有“天下真花独牡丹”的赞誉。“牡丹花开，花能盖世，色绝天下。”人们将牡丹花视为“富贵荣华”的象征，深受人们喜爱，并成为传统文化艺术中永恒的题材之一。用五彩绘牡丹纹，强烈地表现出牡丹雍荣华贵的特性，凤为鸟中之王，凤穿牡丹视为祥瑞富贵的象征。

康熙五彩在明代五彩基础上不断创新，获得了空前的发展，其烧制技艺纯熟，达到了炉火纯青的地步，许之衡《饮流斋说瓷》记有：“康熙硬彩，雍正软彩。硬彩者，谓色彩甚浓，釉傅其上，微凸起也；软彩又名粉彩，谓色彩稍淡，有粉匀之也。硬彩华贵而深凝，粉彩艳丽而清逸。”康熙五彩以独具特色的艺术魅力独步于中国陶瓷艺术殿堂，并对后世产生了深远的影响。

瓷盒，早在唐代已出现，唐代长沙窑、越窑、邢窑、邛崃窑均有烧制，宋代磁州窑、耀州窑、定窑、龙泉窑、景德镇窑等窑也有烧造。盖盒在明代万历朝以后流行，式样繁多，有圆形、椭圆形、长方形、扁方形、套盒等。传世品盖多散失，此器保存完好。

耿东升

72

五彩福禄寿三星塑像

C.1272、1273、1271—1910
清　康熙
高48.3厘米（寿星）
乔治·素廷遗赠

福禄寿三星身着长袍，绘以凤穿花纹、锦纹等，纹饰繁缛，设色五彩斑斓。康熙瓷塑有仙佛、禽兽、鬼怪等，造型生动，将雕塑和釉彩相结合，工艺精美。

福禄寿三星又称为三神，传说福星司祸福，禄星司富贵贫贱，寿星司生死。福禄寿三星以道教中的“天官”为福神，与禄、寿二神并列。宋代《宣和画谱》有“天官赐福”的记载，以道教神真武大帝为福神。明清以来天官的形象身着红袍，手持上写“天官赐福”或“受天福禄”四字的“诰命”立轴。禄星持如意状宝物。“寿星”是指南极老人星，文献中多有奉祀寿星的记载，《史记·封禅书》中说“秦并天下，于杜、亳有三社主之祠，寿星祠”。“寿星”多是长头秃额，长眉白须，手持挂一葫芦的拐杖。三星或者单独作为祝贺，或三者合绘，并塑成一套完整的供品，三星高照，象征着幸福、富有和长寿。

耿东升

73

斗彩仙人图灯笼尊

C.1457—1910
清　康熙
高21.5厘米
乔治·素廷遗赠

器形似灯笼故称为灯笼尊，斗彩绘仙人图，彩云迤逦，山石矗立，仙人有羊相伴，为康熙斗彩制品。

明成化斗彩堪称陶瓷艺术中的珍品，深得后世敬仰。明代嘉靖、万历和清代康熙、雍正、乾隆时期，均竭力仿效制作。清代康雍乾时期，斗彩器继承明代成化“斗彩”工艺，既模仿又创新，造型和纹饰比成化器更为丰富，色彩更加艳丽。成化斗彩多小件器物，有杯、碗、盘、罐等。康雍乾时期除小件器物外，也烧造有瓶、尊等大器，但灯笼尊非常少见。

此器造型饱满，施彩清新，画意生动，笔触秀丽，展现出康熙斗彩轻盈秀雅的艺术风格。

耿东升

74

蓝釉地阿拉伯文多穆壶

1—1885
清康熙
高43.2厘米，直径14.6厘米
购自中国瑞兴隆

器仿蒙、藏族地区多穆壶的形制，施以蓝釉地，饰以阿拉伯文，仅辨识出“神”、“祝福”、“纯洁”等字。多穆壶原是蒙、藏族地区人民盛放乳汁、酒或酥油的银质或皮革器皿。寂元叟《陶雅》记有：“有一种壶形甚特别，略如直截之竹筒，唯于上半截旁出一嘴，嘴作龙形。其盖在顶处甚平，不露盖也。顶略同僧帽形，向嘴一边较高，向背一边斜矮，身有数截，纯竹筒形，唯每截均绘花，乃素三彩龙螭、海马之属，名曰‘多穆壶’，盖内府以之盛牛乳者，其制乃满蒙遗俗也。”

明清时期，皇室对西藏及藏传佛教的重视，许多具有藏族特色的器物开始进入宫廷。清代大量的册封和法事需要大量精美的法器和摆设配合，造办处因此生产了许多这类器物，同时也供清帝赐高僧之用，故多穆壶更是流行，各种材质均有制作，有金属、瓷质，且以金属胎珐琅器为多见。

瓷质多穆壶始见于元代，景德镇窑烧制有青花、青白瓷品种。形制较小，有执柄。1963年北京市崇文区元代铁可墓曾出土有青白瓷制品。壶体上有仿金属箍和铆钉状装饰。多穆壶的烧制，清代康熙、乾隆时期较为流行，嘉庆朝延烧。康熙器形制较大，无执柄，除蓝釉器外，尚有紫地白花、黄釉、五彩、素三彩等品种，造型粗犷。乾隆、嘉庆器增设有龙柄，以粉彩器多见。多穆壶造型别致，它将少数民族地区传统文化与内地发达的制瓷工艺完美和谐地统一，是多民族文化交流与融合的历史见证。

瓷器以“阿拉伯文”作装饰图案，始于唐代长沙窑，元代景德镇青花瓷，明代永乐青花瓷上也使用。正德皇帝朱厚照崇信伊斯兰教，其御用瓷以“阿拉伯文”为饰盛行，多以圆形或菱形开光内书阿拉伯文，外辅以折枝花卉纹。文字内容主要是吉祥语、箴言、《古兰经》等，多含有祈福吉祥之意。清康熙时期瓷器装饰“阿拉伯文”较为罕见。康熙时期的多穆壶曾销往中东和欧洲。美国洛杉矶保罗盖提博物馆藏有康熙素三彩多穆壶，其鎏金铜把手就是法国路易十四时代（1643—1715）配置的。

耿东升

75

素三彩梅雀纹螭耳长方瓶

C.1284—1910
清　康熙
高51.5厘米
乔治·素廷遗赠

器通体呈长方形，撇口，长颈，颈部堆贴双螭耳，鼓腹，足外撇。器黄釉地三彩绘梅雀纹等。

素三彩是明清景德镇生产的彩瓷品种之一，以黄、绿、紫三色彩料装饰为主，辅以白、黑彩，因无红彩，色调冷艳素雅，故称为“素三彩”。“素三彩”始烧于明代成化时期，景德镇明代御器厂遗址出土有成化素三彩鸭熏残件。至清代康熙朝素三彩工艺得以进一步发展，对明代成化、正德时期三彩和嘉靖、万历色地重叠工艺多有继承，素胎刻划纹饰轮线，并绘以图案，涂以釉彩，其工艺标新立异，品种丰富多样，质朴雅洁，极富盛名。

此器古朴浑厚，彩釉斑斓，所绘笔力遒劲，自然豪放。

耿东升

76

郎窑红长颈瓶

C.388—1910
清　康熙
高40厘米，直径23.2厘米
乔治·素廷遗赠

器直口，长颈，圆鼓腹，圈足。通体施以郎窑红釉，釉质滋润明亮。

郎窑红是江西巡抚郎廷极在康熙四十四年至五十一年(1705—1712)在景德镇监造的铜红釉瓷器。郎廷极(1663—1715)，字紫垣，又作紫衡，号北轩，奉天广宁(今辽宁北镇)人。郎窑一名最早见于康熙五十四年（1715）刘廷玑所著的《在园杂志》，书中载："近复郎窑为贵，紫垣中丞公开府西江时所造也。仿古暗合，与真无二，比摹成、宣，黝水颜色，桔皮棕眼，款字酷肖，极难辨认"。紫垣为郎廷极的别号，他在任期间监督匠师模仿宣德、成化时期瓷器，达到乱真的程度。

高温铜红釉，元代景德镇窑创烧，氧化铜在高温下极易挥发，且发色对窑内气氛、温度很敏感，鲜红釉烧成十分不易，故成品率低。明宣德以后，到嘉靖时期，红釉很难烧制，改用矾红代替鲜红。明永乐宣德鲜红器质量最佳，名重一时，其釉质匀净，鲜艳夺目，犹如宝石红，备受世人珍爱，称为"鲜红"、"宝石红"，为明代景德镇窑珍贵的色釉品种。前人对永乐宣德时期的鲜红釉评价极高，明万历年间王世懋《窥天外乘》称："我朝则专设浮梁景德镇，永乐、宣德年间烧造，迄今为贵。其时以鬃眼甜白为常，以苏麻离青为饰，以鲜红为宝"。寂元叟《陶雅》有"大红、鲜红，皆宝石釉也，一道釉之器皿最为珍贵"之说。宣德红釉继承永乐时期制瓷工艺，又有所发展，使红釉瓷烧造达到了顶峰。宣德红釉殷红灼烁，明如镜，润如玉，似宝光四溢、静穆凝重的红宝石，称为"宝石红釉"，或称为"霁红"。清乾隆时期《南窑笔记》记有："宣窑……又有霁红、霁青、甜白釉三种，尤为上品。"

康熙时期是清代瓷器生产的黄金时代，制瓷工艺精湛，康熙官窑以工精质美而取胜，康熙五十四年（1715）江西按察史刘廷玑在《在园杂志》记有"至国朝御窑一出，超越前代，其款式规模，造作精巧"。邵蛰民撰《增补古今瓷器源流考》记康熙窑有："单彩、三彩、五彩等均盛于此。质细而色耀，釉备而画工，称之尽善尽美，实无愧色也。"康熙时期善仿前朝名窑佳器，仿明代宣德红釉而烧造红釉器有浓艳透亮郎窑红、淡雅幽倩的豇豆红、失透深红的祭红釉等。

郎窑红釉层较厚，色彩深艳，犹如初凝的牛血，称为"牛血红"。郎红釉烧制一件成功的产品非常困难，因此当时有民谚说："若要穷，烧郎红"。一旦烧成非常名贵，清代许谨斋《许谨斋诗稿·癸巳年稿》有："宣成陶器夸前朝，收藏价比璆琳高；元精融冶三百载，迩来杰出推郎窑"的赞誉。寂元叟《陶雅》也有"红郎窑华而不俗"的评价。郎廷极的好友许谨斋所撰《郎窑行·戏呈紫衡中丞》诗中有"雨过天青红琢玉，贡之廊庙光鸿钧"，说明郎窑烧过青釉和红釉祭器也是"贡之廊庙"。

康熙时期郎窑红器物有观音尊、双耳瓶、胆瓶、斗、洗、炉、碗、盘等，长颈瓶十分罕见。

耿东升

77

青花缠枝花卉纹双龙耳瓶

C.286—1910
清　雍正
高52厘米
购自法兰克公司

器仿唐代双龙耳瓶的造型，口、肩之间置对称龙形柄，肩部有八组椭圆形模印贴花装饰，青花绘以缠枝花卉纹等。

青花是明清瓷器重要品种之一，由于各时期使用钴料不同，艺术风格各异，各领风骚。明代以宣德时期青花瓷为最，成为后世追摹的楷模，此器即为雍正官窑以宣器为宗而制。青花浓重艳丽，绘制精湛，纹饰繁密，层次清晰，纹饰线条流畅活泼，具有强烈的艺术感染力。

“双龙耳瓶”造型源于晋朝鸡头壶，并吸收了西域胡瓶的特点而制，始见于北朝，盛行于隋唐时期。双龙耳瓶是唐代流行的瓶式，除白釉器外，还有青釉、三彩等品种，器腹部贴塑宝相花纹。

此器为雍正官窑的典型器，除青花器外，尚有色釉瓷，有天蓝釉、冬青釉、茶叶末釉等品种。

耿东升

78

釉里红飞蝠纹六方碗

599—1907
清　雍正
高10厘米，直径22厘米
威廉·古兰赠

碗呈委角六方形，外壁釉里红绘飞蝠纹。为清代雍正时期的制品。多棱碗为清代雍正时期新创的器形，有六方、十方形，有釉里红、冬青釉釉里红、天蓝釉和白釉等品种。

清代瓷器装饰图案有“图必有意，意必吉祥”的鲜明时代特征。“蝠”，《抱朴子》说：“千岁蝙蝠，色如白雪，集则倒悬，脑重故也。此物得而阴干末服之，令人寿万岁。”因“蝠”与“福”谐音，人们以蝠表示福气。《尚书·洪范》称“福”有五种：“一曰寿，二曰富，三曰康宁，四曰攸好德，五曰考终命。”汉代桓谭《新论》则说：“寿，富，贵，安乐，子孙众多。”民间把“五福”释为福、禄、寿、喜、财，有所谓“人臻五福，花满三春”之说。五只蝙蝠围以“寿”字，寓有“五蝠捧寿”。此器以釉里红绘飞蝠，寓意“洪福齐天”，饰十二只蝙蝠，寓四时福寿绵延。

耿东升

79

斗彩花蝶纹天鸡纽合碗

635—1907
清　雍正
高14.6厘米，直径18.7厘米
威廉·古兰赠

器由碗和盖组成，盖饰有天鸡形纽，碗外壁及盖面斗彩绘花蝶纹，碗外底及盖内书“大清雍正年制”楷书款。

碗加盖后与碗体上下相合，故称为“合碗”。“合碗”盖面与碗的纹样一致，盖内与碗心的青花款识对铭，见有楷书或篆书款。“合碗”为明宣德时期创烧的新器形，品种多样，有青花釉里红、釉里红、红彩、青花红彩、蓝地白花、红釉及仿汝釉等，彩瓷常绘缠枝莲托八宝纹、云龙纹、折枝花纹、缠枝莲纹、海石榴纹等。清康熙时期有霁蓝釉制品，器铭青花楷书“御赐纯一堂珍藏”，应为康熙时期督陶官郎廷极“郎窑”制品。清代雍正时期烧制合碗有斗彩、青花、黄釉、蓝釉、蓝釉白花等品种。

斗彩是明清时期重要的彩瓷品种，始烧于明代宣德时期，成化时的斗彩器最为出色。雍正时期斗彩器继承明代成化“斗彩”工艺，既模仿又创新，造型和纹饰比成化器更为丰富，色彩更加艳丽。雍正斗彩器一改明代以来釉上五彩与釉下青花相结合的工艺，将当时盛行的釉上粉彩代替釉上五彩，使斗彩瓷更加娇艳多姿，工艺精湛，令人称绝。邵蛰民撰《增补古今瓷器源流考》赞有：“雍正时瓷质极佳，设色亦极精致。有称为雍正彩者，其绿、蓝、红等色均灿烂有光，为雍正一朝之独擅。”

天鸡是传说中的神鸟，最早见于晋代郭璞《玄中记》：“东南有桃都山，上有大树，名曰‘桃都’，枝相去三千里。上有一天鸡，日初出，光照此木，天鸡即鸣，群鸡皆随之鸣。”唐李白《梦游天姥吟留别》诗：“半壁见海日，空中闻天鸡。”晚唐时期罗隐脍炙人口的寓言佳篇《说天鸡》：“扶桑枝边红皎皎，天鸡一声四溟晓。”鸡司晨报晓，被看成黎明即起的吉兆。鸡被古人神化，先民们对于鸡的肖形神物的崇拜，成了吉祥的化身。鸡者，吉也！清朝“康乾盛世”时期，天鸡的造型广泛流行，造办处曾以不同材质、不同工艺制造的天鸡形象，有玉器、珐琅、铜器等制品，似鸡若鸟的华美造型，用于宫廷陈设，以寓吉祥，为清代宫廷工艺的经典式样。瓷质天鸡形象首见于康熙朝，北京故宫博物院藏有康熙蓝釉天鸡纽盖碗。乾隆时期有红彩天鸡纽高足盖碗、青釉天鸡香熏等。

此器隽秀的造型与清丽的纹饰完美结合，相得益彰，表现出雍正斗彩瓷鲜丽清逸的艺术风貌。

耿东升

80

粉彩过枝蝠桃纹盘

719—1907
清　雍正
直径50.8厘米
威廉·古兰赠

器粉彩绘一株桃树沿盘外壁蜿蜒伸展至器内，八枚嫣红熟透的硕桃高挂枝头，五只红蝠展翅飞舞。桃花盛开，果实累累，红色的桃实，粉色的桃花，嫩绿的枝叶，画面喜庆吉祥。寂元叟《陶雅》记有：“庚子后，所出五彩过枝之盘碗甚多，有桃实八枚缀于枝上者，索价亦甚巨。过枝云者，自此面以达于彼面，枝干相连，花叶相属之谓，皆雍正官窑也。”

“过枝花”是瓷器纹饰的一种特殊构图方式，器内外壁或器身与器盖的纹饰相连，浑然一体，似花枝越过墙头，故称为“过墙龙”、“过墙花”，装饰技法新颖别致，有独特艺术风韵。许之衡《饮流斋说瓷》记过枝花画法“成化开其先”，但传世器未见成化时期的器物。目前传世品以康熙朝斗彩“御赐纯一堂”款凤竹纹碗为最早。清代雍正、乾隆时期较为流行，有过枝花卉、花果及龙纹等。道光、光绪时期有过墙龙凤、过枝葡萄、懒瓜纹等。

蝠桃图是清代粉彩瓷器装饰典型的吉祥图案，粉彩器常有绘制，雍正乾隆两朝均有烧制，画意内容相同，但是蟠桃的数目有别，雍正多为八枚，乾隆则是九枚，故有“雍八乾九”之说，各有取意。八个硕桃取“八仙祝寿”之意，“蝠”与“福”谐音，五只蝙蝠装饰，寓意“五福临门”、“五蝠捧寿”之意。雍正装饰八桃纹器物，有盘、碗、橄榄瓶、天球瓶等。此类福寿纹器应是万寿节的用品。

粉彩瓷始创于清康熙朝，雍正、乾隆时期迅猛发展，雍正产品以柔丽淡雅而名重一时。清代雍正时期粉彩器已成为彩瓷的主流产品，其造型多样，装饰纹样丰富，有山水人物、花草虫蝶纹等。用传统绘画中的没骨画法渲染，釉彩浓淡相宜，施彩柔丽，构图疏雅简洁，纹饰具有纤细的柔态，用笔工细，画风深受恽南田没骨法的影响，达到了“花有露珠，蝶有茸毛”的程度，突出了阴阳浓淡的立体感。许之衡《饮流斋说瓷》记有：“雍正花卉纯属恽派，没骨之妙可以上拟徐熙，草虫尤奕奕有神，几误蝇欲拂。”

清代雍正粉彩蝠桃图盘有两种形制，一类尺寸达50厘米，一类20厘米，尺寸较小。此盘形制较大，为雍正粉彩器的上品。

耿东升

□ 圈足内青花双圈“大清雍正年制”楷书款

81

粉彩荷塘鹭鸶纹罐

C.1462—1910
清　雍正
高48.2厘米，直径35.5厘米
乔治·素廷遗赠

罐通体粉彩绘荷塘鹭鸶图，亭亭玉立的荷叶，盛开的莲花随风摇曳，鹭鸶或飞鸣或觅食，翠鸟、蜜蜂空中飞舞，给人以怡静的生活气息。鹭又名白鸟、白鹭、鹭鸶，常栖于水边，与荷莲为伴。

吉祥图案是陶瓷装饰的主要内容。鹭与路谐音，莲与连谐音，寓意“一路连科”，是古时对参加科举考试考者的祝词，有连连及第，金榜题名，仕途得意之意。荷花又称出水芙蓉，鹭鸶与荷花表示“一路荣华”。

纹饰寓意吉祥，画法清秀隽雅，设色鲜丽，令人赏心悦目，故此器为雍正粉彩器少见的精品。

耿东升

82

粉彩人物故事图尊

C.1463—1910
清　雍正
高57.5厘米，直径24.8厘米
乔治·素廷遗赠

撇口，束颈，鼓腹，圈足。器粉彩环饰人物故事图。此类反映战争和习武场面的图案又称为“刀马人”图，以武士或战将、战马、兵器三者为主题。“刀马人”纹饰兴起于元朝，明末时期又得到了发展。清代早期康熙时期达到了顶峰，并盛行于清代。“刀马人”图取材于当时流行的小说、版画、戏曲故事，如《三国演义》、《水浒传》、《岳飞传》、《杨家将》等古典小说，有着浓重的民族风格和民间气息。“刀马人”图多见民窑青花及五彩器，所绘人物的画风深受明末清初著名画家陈老莲的影响，线条沉著劲练，形象奇傲古拙。瓷器装饰战争题材，与当时康熙帝汲取明亡教训，告诫子孙要发扬骑射的满族传统，倡导习文尚武的政治背景有关。中国陶瓷纹饰多为吉祥图案，“刀马人”题材出现给人以耳目一新之感。

此器形制隽美，场景气势宏大，充满阳刚之气，施彩鲜丽，笔法潇洒生动。

耿东升

83

木纹釉地粉彩杜甫游春图笔筒

682—1907
清　雍正
高14厘米
威廉·古兰赠

笔筒是文人墨客案头不可缺少的美器。从明末至清代一直盛而不衰，瓷质笔筒烧造较多，品种丰富。

此器内施木纹釉，外壁白釉地绘粉彩“杜甫游春”图，幽静的旷野，春风拂柳，杜甫坐骑白马，侍从紧随。此图源于元代范子安所编的杂剧《杜甫游春》。杜甫，字子美，唐代著名诗人。青年时期曾进行过两次长途漫游，与好友纵歌豪饮，谈诗打猎。杜甫也是官运不通、寄情山水的诗人。器描绘出杜甫不慕仕途，隐逸山林，超然淡泊，傲啸于林泉的隐逸情调，纵情山水的场景。

以红赭、褐色两种彩釉绘制的木纹釉瓷，始烧于雍正时期，乾隆朝尤为流行。器物造型、呈色、质感均与木制器皿酷似，木质纹理清晰，瓷木莫辨。造型有笔筒、花盆、桶、碗等制品。木纹釉地开光粉彩装饰，烘托主题纹样，新颖别致，更增艺术美感。

耿东升

84

珐琅彩花卉纹六方瓶

C.1392—1910
清　雍正
高45.1厘米，直径21.3厘米
乔治·素廷遗赠

器通体呈六方形，撇口，长颈，丰肩，腹以下渐收，下置高足。堆塑有葡萄纹、宝瓶托花轮纹、蕉叶纹等，施以珐琅彩绘。

珐琅彩是康熙时期创烧的清代名贵的彩瓷品种之一，康熙三十五年（1696）始制，其制作先在景德镇烧制坯胎，运送至京，由宫内如意馆挂彩烧造，将铜胎画珐琅彩料画置于瓷胎上，清宫称为“瓷胎画珐琅”。又因“颜料亦用西来之品”，彩料有透明的玻璃质感，又被称为“料彩”。其绘制技巧、彩料配制、烧造温度等方面不易掌握，烧成十分不易，制作的数量有限，故珐琅彩瓷十分珍贵，专为宫廷皇帝、妃嫔玩赏和宗教、祭祀的供品之用。康熙珐琅彩绘制技法受清初恽南田、蒋廷锡宫廷画家影响采用没骨画法，立体感强，彩料瑰丽纯正，极尽妍丽，展现出宫廷画匠娴熟的绘画技艺。

雍正朝瓷胎画珐琅制作在康熙朝的基础上有较大发展。雍正器碗盘类圆器较多，瓶尊类琢器少见。装饰纹样比康熙时期丰富，有植物花卉、祥禽瑞兽、山水景物等。雍正十三年（1735），唐英《陶务述略碑记》中记有“洋彩器皿，新仿西洋珐琅画法，人物山水、花卉、翎毛无不精细入微”。明清时期，尤其清代18世纪陈设品如瓶、尊类器的大量出现，是社会文化及艺术生活的表现。明高濂曾论及适合不同场所插花的花瓶种类及瓶式。瓶、尊类等琢器的成型、制作、填彩、烧制难度等高于碗盘类等圆器，故琢器较圆器珍贵。寂园叟《陶雅》有“一瓶之式样，千变万化。无有穷期，故瓶独尊于他品”之称。

雍正珐琅彩六方瓶造型借鉴和运用了多重棱角外观和对称设计，装饰西洋花草藤蔓图案，并配以浮雕工艺，具有较强的写实效果。造型新奇别致，华贵典雅，装饰妍丽繁缛，釉彩华美多姿，彩绘、模印、堆塑、浮雕等技法集于一身，相互辉映又各见其妙。

雍正珐琅彩六方瓶现存于世的仅见有五件，除此件外，上海博物馆收藏一对松石绿地六方瓶，香港郭氏艺德堂收藏一件黄地六方瓶，北京保利艺术品拍卖2009年拍卖有一件柠檬黄地六方瓶。

耿东升

85

茶叶末釉鹦鹉耳扁壶

C.487—1910
清　雍正
高23.5厘米，直径22.2厘米
乔治·素廷遗赠

器造型仿自六朝时期越窑青瓷鹦鹉耳扁壶的形制，通体施以茶叶末釉，釉质凝重，典雅古朴，为雍正时期的御窑制品。器以六朝器物为本而制，表现了雍正皇帝好古慕雅的情结。此扁壶为雍正时期的典型器物，除茶叶末釉外，见有粉青釉、蓝釉器。清代乾隆时期也有烧制，有窑变釉制品。

茶叶末釉是铁、镁与硅酸化合而产生的结晶釉，釉黄绿色相掺杂，似茶叶细末之色，故而得名。茶叶末釉瓷烧制，始见于唐代，宋代、明代也有烧制，但以清代雍正、乾隆时期制品最好。寂园叟《陶雅》记："茶叶末一种，本合黄、黑、绿三色而成……雍正官窑则偏于黄矣，而尤以绿色独多者，最为希罕，盖乾隆窑也……茶叶末黄杂绿色，妖娆而不俗，艳于花，美如玉。"茶叶末釉，在清代唐英《陶成纪事碑》中称为"厂官窑釉"。乾隆时期《南窑笔记》记载："厂官窑，其色有鳝鱼黄、油绿、紫金诸色，出直隶厂窑所烧，故名厂官，多缸、钵之类，釉泽苍古。"雍正时期的茶叶末釉，釉色偏黄，俗称为"鳝鱼皮"、"鳝鱼黄"。雍正时期官窑茶叶末釉制品多为琢器类，有鹦鹉形耳扁壶、钵式缸、纸槌瓶、觚、三牺尊、罐、绶带葫芦瓶、花浇等，碗、盘等圆器类少见。

耿东升

□ 圈足内“雍正年制”篆书印款

86

仿钧窑变釉莲蓬口长颈瓶

601—1907
清　雍正
高31.7厘米
威廉·古兰赠

莲蓬形口，细长颈，溜肩，鼓腹，圈足，肩饰对称兽耳衔环。通体施以钧窑变釉，釉色艳丽似霞若焰。

莲蓬是莲花的果实。《古乐府·子夜夏歌》：“乘月采芙蓉（即莲蓬），夜夜得莲子。”宋代诗人辛弃疾曾以“最喜小儿无赖，村头卧剥莲蓬”来表现童年生活。清代瓷器造型及装饰纹饰常寓意吉祥，时代特征鲜明。莲蓬多含莲子，是“连子”谐音，寓有“多子多孙，子孙满堂”之意。器口呈莲蓬形，新颖别致。莲蓬口长颈瓶为雍正时期的典型器物，除仿钧窑变釉外，尚有炉钧釉器。

钧窑为宋代五大名窑之一，窑变釉是宋代钧窑所创烧，它将含有不同呈色元素的色釉融于一体，在高温烧制过程中，釉料熔融呈现色彩斑斓的釉色。宋代钧窑器稀少名贵，有“黄金有价钧无价”之说。钧窑等宋代名窑为世人所推崇，后世多极力仿烧。景德镇窑仿钧始于明代宣德时期，器物仅见有盘。清代雍正、乾隆两朝，复古之风盛行，仿宋代五大名窑瓷器取得了辉煌成就，雍正帝偏爱宋钧窑器，多次谕旨御窑厂按原器仿烧。当时协理窑务的督陶官唐英曾派人赴河南调查宋钧窑的配制方法，经多次试制烧成仿宋钧器，成功地烧造出几可乱真的仿钧釉。釉色以红为主，融以天蓝、月白、绿及褐等色，色彩绚丽多姿。仿钧窑变釉是名贵的色釉品种之一，其烧造工艺复杂。清代《南窑笔记》记有：“其钧窑及法蓝、法翠乃先于窑中烧成无釉涩胎，然后上釉，再入窑中覆烧乃成，唯蓝、翠一火即就，钧釉则数火乃得流淌各种天然颜色。”

耿东升

87

唐英款青花缠枝花卉纹烛台(1对)

FE.129—1975
清 乾隆
高67厘米
史提芬·布绍尔旧藏

器通体绘青花纹饰，有缠枝莲、蕉叶纹、莲瓣纹等，足部开光内楷书“养心殿总监造，钦差督理江南淮宿海三关兼管江西九江关税务、内务府员外郎仍管佐领加五级、沈阳唐英敬制献东坝天仙圣母案前永远供奉，乾隆六年春月谷旦”。据铭文而知，此烛台为唐英在乾隆六年(1741)监烧敬献佛殿案前的五供之一。

唐英（1682—1756），清代制瓷家、书画家、篆刻家、剧作家。关东沈阳人，隶汉军正白旗。自幼即供役于养心殿，历二十余载。雍正元年(1723)任内务府员外郎，雍正六年(1727)至江西景德镇御窑厂协理窑务，至乾隆元年(1736)调淮安关，移理九江关，后调粤海关，乾隆十七年(1752)又调回九江关，仍兼理窑务，前后共27年。唐英在督陶期间，“曾与工匠同食息者三年”，仿古创新，致力制瓷工艺的研究。《清史稿·唐英传》说：“英所造者，也称唐窑。”“唐窑”瓷器制作工艺精湛，为世人称颂。

传世铭有“唐英”款的青花五供器有缠枝莲花纹觚、烛台、香炉。目前所见“唐窑”青花五供花觚有七件：中国国家博物馆收藏一件，上海博物馆收藏两件，西藏博物馆收藏两件，香港徐氏艺术馆收藏一件，另一件见于1986年香港苏富比拍卖行拍卖。烛台有两件，收藏于维博。香炉（残器）一件，见于北京保利艺术品拍卖2009秋季拍卖。

烛台为五供之一，五供是佛前五件供器，又称五具足。由一个香炉、一对花瓶、一对烛台组成。五供的形制有方形和圆形两种，大小均有。明清时期烧造成套瓷质五供。传世品多有传失，成套少见。北京明神宗定陵曾出土过一套明代黄釉五供器。清代乾隆时期烧制五供器最盛，有青花、粉彩、红彩器等，装饰有云龙纹或缠枝莲花托八宝图案。嘉庆道光时期也有烧制。五供器以乾隆制品质量最佳。

□ 唐英像

此器为“唐窑”的佳作，造型高大，青花深沉浓丽，纹饰布局繁密，绘制精美。所书长篇铭文，笔法圆润潇洒，具有深醇的书法功力，显现着乾隆时期的馆阁体书风。铭有确切年款，是研究乾隆早期青花工艺及断代的标准器。

耿东升

88

青花缠枝花卉纹香熏

206—1885
清　乾隆
高39.7厘米，直径19厘米
购自珍品店

香熏由盖与器身上下扣合而成，呈圆球状，下置高足。盖饰镂空花纹，盖顶呈一朵含苞欲放的莲花状。通体青花装饰，绘缠枝花卉纹等。

乾隆一朝60年是清代的鼎盛时期，瓷器生产空前的繁荣。《古铜器考》称赞乾隆制瓷业是“有陶以来，未有今日之美备”。御窑厂规模庞大，在督陶官的管理下，烧瓷技艺达到了炉火纯青、出神入化的地步。仿烧前朝器物也达到高潮，尤以仿烧宋代五大名窑瓷和明代永乐、宣德、成化三朝的青花水平最高，达到了“仿古暗合，与真无二”的程度，体现出高超的制瓷技艺。此香熏即为仿永乐时期的器物。台北故宫博物院典藏有清宫旧藏的永乐青花香熏。考其原型来自13世纪波斯地区流行的金属镶嵌香熏，反映出明代中外文化互动与交流。

香熏为陈设用品，内可放香料，香气从器壁孔中溢出，以净化空气。清代香熏多见玉质、铜质，瓷质少见。许之衡《饮流斋说瓷》释有：“花熏之用如花囊，贮花其内而透香于外也，故必透雕。形式种种不一，有似瓶者，有似罐者。有大有小。大者高约及尺，小者仅二三寸耳。花浇、花熏皆花神之伴侣，亦庭几之清供，故附瓶类而兼及之。”

此器彩绘、镂空装饰技法相结合，体现出美观与实用的完美结合。

耿东升

□ 外底青花双框“乾隆年制”“金鼎盛造”楷书款

□ 外底青花“乾隆年制”篆书款

89

青花云鹤纹天下一统爵盘

C.95—1913
清 乾隆
高13厘米（爵），直径16厘米（托盘）
购自法兰克公司

器由爵杯和托盘组成。托盘中有隆起高坎，分设凹槽以置爵杯三足，吻合以稳固，蕴含“天下一统，江山永固”之意。所饰“鹤”纹为羽族之长，传说它跟随神仙和道人云游，被称为“一品鸟”。鹤又称为长寿仙禽，具有仙风道骨。《相鹤经》中称其“寿不可量”。《淮南子·说林训》记“鹤寿千岁，以极其游”。又有“以鹤取寿”之说，有诗赞：“桃花百叶不成春，鹤寿千年也未神。”青花云鹤纹富有浓郁的道教色彩和吉祥祈福画意。乾隆时期的爵盘承袭永乐的形制，有青花和粉彩制品。

“爵”，许慎《说文解字》释为：“爵，礼器也，象爵之形，中有鬯酒，又，持之也”。目前发现最早的是夏商时期的泥质灰陶、白陶制品。最早的青铜器爵，河南偃师二里头出土，为商代器物。商代到西周中期，爵作为礼器与其他青铜礼器一起供置于宗庙里。西周晚期以后，就很少出现青铜器爵。宋代开始，瓷器逐渐替代青铜器用作礼器，瓷爵也就应运而生。瓷爵形制与青铜爵的相同。瓷爵作为祭器供置在先祖寝陵、太庙高堂。明代时期，爵与簋、笾、豆一起作为太庙祭器。《明史》卷四七记洪武元年（1368），太庙祭器中有瓷爵16件，传世品有白釉爵。永乐时期，曾烧制白釉爵和青花爵，并创制出爵与盘组合成一体的“爵盘”。嘉靖时期烧造瓷爵较多，《大明会典》卷二〇一记嘉靖十七年（1538）“饶州府解到烧完长陵等陵白瓷盘、爵共一千五百一十件”之多。“国之大事，唯祀与戎。”清代承袭明代礼制，清宫档案中记有乾隆下旨御窑厂烧制瓷爵。《乾隆内务府纪事》记载，八年（1743）景德镇御窑厂督陶官唐英遵御旨成功地烧造了一批瓷器交太监高玉、胡世杰呈进。其中有“洋彩黄地锦上添花江山一统爵盘二件、洋彩红地锦上添花江山一统爵盘二件、青花白地江山一统爵盘二件”。

耿东升

90

青花釉里红海天浴日图扁壶

FE.57—1982
清　乾隆
高50厘米
李艾琛（香港）赠

器呈扁圆形，两侧设对称云形耳。青花釉里红饰海天浴日图，青花绘海水、如意云纹，釉里红绘红日纹。汹涌澎湃的海水泛起朵朵白色的浪花，祥云萦绕，一轮红日跃于海面喷薄而出，呈现出日出东海的壮丽景象，气势磅礴，光耀四方。海天浴日图也称为旭日东升图，《小雅　天保》有“如月之恒，如日之升”之语，寓有国泰民安，四海升平之意。

清代乾隆时期的青花釉里红瓷烧制技术娴熟，造型多样。邵蛰民撰《增补古今瓷器源流考》记：“清瓷至乾隆而极盛，器式之多亦莫与伦比。”装饰纹样有缠枝花卉、莲托八宝、松竹梅、云鹤、龙凤、三果、八仙、山水人物纹等，此器纹样少见。

扁壶为乾隆时期的典型器物，端庄的造型，精细的绘工，协调的色彩与精美纹饰浑然一体，极富装饰效果。

耿东升

91

青花釉里红缠枝花卉纹筒

6956—1860
清　乾隆
高47.6厘米，直径18.4厘米
早期采购

器呈直筒状，深腹，圈足。青花釉里红绘缠枝花卉纹。此器为清代乾隆时期的制品。

青花釉里红为著名的釉下彩瓷，始烧于元代。由于钴蓝料与铜红料烧成温度以及窑室气氛要求不同，烧成难度大。清代雍正、乾隆时期的青花釉里红烧制技术娴熟，制品最好，青花与釉里红绘制相结合，青花色泽翠蓝幽靓，釉里红娇艳俏丽，相映成趣，别具艺术特色。清人唐英《陶成纪事碑》记有："釉里红器皿，有通用红釉绘画者，有青叶红花者。"青叶红花者，即青花釉里红器。

花卉纹是我国瓷器上典型的装饰图案，明清瓷器装饰花卉纹多种多样，有缠枝、折枝、串枝等形式。缠枝纹又称为"万寿藤"，常与花卉、鸟兽组合成装饰纹样。缠枝花卉纹，因其结构枝蔓相接，连绵不断，寓有"生生不息"之意，寓意吉祥。此器形制别致，传世品少见。

耿东升

大明宣德年製

92

粉彩婴戏图螭耳瓶

C.1196—1917
清　乾隆
高53.7厘米
亨利·佛罗伦斯遗赠

器蒜头口，长颈，颈两侧置对称螭耳，鼓腹，圈足。器以粉彩绘婴戏舞龙图：山石树木，孩童敲锣舞龙；龙昂首摆尾，上下飞舞；顽童兴高采烈，热闹非凡。生活气息浓郁，画面流露出闲适惬意的情趣，体现出乾隆盛世物阜民丰之态。

婴戏图是中国传统吉祥图案，表现孩童欢乐嬉戏的场面，其内容多样，有舞龙、放风筝、婴戏莲、放花炮等。所绘人数也不尽相同，稚拙可爱，不仅让人心生怜爱，更能感受到童稚世界的无忧无虑，引人有"儿时复届，憧憬胸怀"的遐想，呈现出热闹欢乐的喜庆气氛。通过对孩童嬉戏场面的生动描绘，是人们祈盼多子多福美好意愿的体现，以寓家庭人丁兴旺，子孙繁昌和国家昌盛繁荣。婴戏图是中国瓷器上装饰纹样之一，有刻画、印花、绘画等技法。较早见于唐代长沙窑的釉下彩绘瓷上，宋、金时期的定窑、耀州窑、景德镇窑、磁州窑等瓷器上有刻画、印花、绘画等技法装饰的婴戏纹。明代正德、嘉靖时期最为风行，清代也较为常见。装饰婴戏题材以郊外婴戏和庭园婴戏最为常见。

龙是中华民族的祖先创造的，集许多动物和自然现象于一身。是具有超凡能力的神物，是数千年来整个中华民族崇拜的偶像。龙在中国传统文化中被视为一种能兴风雨、利万物的神异祥瑞动物。"舞龙"的习俗，相信是承继殷周"祭天"的遗风。舞龙习俗最早是用于求雨的，每逢干旱，民间便自发舞龙，祭拜、祈祷龙神下雨，保佑风调雨顺，五谷丰登，百姓平安。传说有春舞青龙、夏舞赤龙、秋舞白龙、冬舞黑龙等习俗。经历代相传，舞龙成为一种民间喜庆活动。

此器纹饰祥瑞，绘画精致，施彩艳丽，时代特征鲜明。

耿东升

□ 外底红彩"大清乾隆年制"篆书款

93

珐琅彩镂空八卦纹转心瓶

C.1484—1910
清　乾隆
高20厘米
乔治·素廷遗赠

瓶体由外瓶、内瓶、底座分别烧造组成。外瓶套于内瓶外，内瓶与底座有轴碗相连，可以旋转而得名。“转心瓶”又称为“旋转瓶”、“套环瓶”。外瓶多装饰镂雕花纹，内瓶瓶体上的图案在旋转时如走马灯般可通过外瓶镂空处看到。器撇口，束颈，鼓腹，圈足。腹部镂雕八卦，蓝釉地绘金彩花卉纹，颈、肩部红地、黄地珐琅彩绘番莲纹等，内胆红地珐琅彩绘番莲纹。

清代乾隆时期制瓷业十分发达，蓝浦所著《景德镇陶录》记载：“陶至今日器则美备，工则良巧，色则精全；仿古法先，花样品式、咸月异岁不同矣。而御窑监造，尤为超越前古。”为迎合皇室标新立异的追求，督窑官唐英殚精竭虑，苦心钻研，奇巧之物层出不穷，器形屡有新创。清档记有乾隆八年（1743）、十一年（1746）、十二年（1747）、十八年（1753）及二十二年（1757），御窑厂曾经先后烧造数件可以旋转的瓷瓶及瓷碗。

转心瓶被称为设计最精巧、工艺最复杂的瓷器样式之一。许之衡《饮流斋说瓷》释转心瓶：“瓶之腹际玲珑剔透，两面洞见，而瓶内更有一瓶，兼能转动，似美术雕刻之象牙球者然。若是者名曰‘转心’，乃内府珍赏殊品也。”转心瓶是清代乾隆时期的杰作，存世十分稀少。

器将贴花、镂空、彩绘等工艺技法相结合，令人称绝，充分体现出新奇精巧的艺术特点。

耿东升

94

珐琅彩锦上添花纹灯笼尊

C.1461—1910
清　乾隆
高24.2厘米，直径12.8厘米
乔治·素廷遗赠

器因形似灯笼而称为“灯笼尊”。器腹胭脂红锦地珐琅彩绘花卉纹，辅以金彩绘制，色彩斑斓绚丽，纹饰与施彩技法等方面具有西洋风格，展现出清代乾隆时期瓷器繁缛奢华的艺术风格特征和“西学东渐”之风之盛，为御用彩瓷的珍品。

乾隆六年（1741），江西景德镇御窑厂瓷器生产首创“锦上添花”装饰技法，使用于瓷胎画珐琅和洋彩瓷器上。“锦上添花”装饰制作工艺是在色釉地上刻划出密布的锦纹，各式锦地纹有凤尾形卷草纹、 字锦纹、绣球花纹、龟背形纹、方形柿蒂纹、花叶纹，再在锦地上绘制花卉图案，笔触细腻，华贵绚丽，臻于极致，富有立体感。这种装饰纹样不同于白地彩绘的艺术风格，而呈现出一种富丽堂皇的感觉，“锦中有花，花中有锦”，展现出对釉彩颜料运用及绘制技艺的娴熟和高超。清宫内务府记事档案中称这种新创纹样为“锦上添花”。锦地开光或锦地绘制花纹是乾隆朝瓷胎画珐琅器的典型艺术风格。繁缛华丽的装饰图案，色彩丰富的釉料，烘托出喜庆祥和的气氛，是人们祈求安逸生活、太平盛世的写照。

灯笼尊为清代乾隆时期的典型器物之一，除粉彩器外，尚有青花、釉里红、炉钧釉等品种。

耿东升

□ 外底“大清乾隆年制”篆书款

95

珐琅彩西洋人物图绶带耳葫芦扁瓶

C.219—1931
清　乾隆
高17.1厘米，直径10.2厘米
威廉·古兰遗赠

器呈扁葫芦形，两侧设绶带耳。通体以凤尾纹为地，开光内珐琅彩绘西洋人物图。繁缛精致的纹饰，斑斓绚丽的釉彩，制作技艺精湛，西洋艺术风格十分浓厚，令人赏心悦目。

清代乾隆时期瓷胎、铜胎、玻璃胎画珐琅器制作，郎世宁、王致诚、潘廷璋等西洋教士直接或间接参与其事。唐英亲自督造御窑厂，在画珐琅烧制上，突破传统造型与纹饰，取西洋工艺之美，创出融合中西特色的瓷器。郭葆昌评论乾隆瓷胎画珐琅有："至唐英督造之时，此类彩器，益加精进，沿用其法而加以运化，变板滞为生动，更参与我国赭墨等色，补所不足，彩色衬托，益觉鲜明，英卒后遂成绝响矣。"朱家溍先生考证：故宫的"磁胎画珐琅"原藏于端凝殿左右屋中，共有400件，另有乾隆款瓷胎洋彩61件和很多铜胎画珐琅未列在400件内。"磁胎画珐琅"和"瓷胎洋彩"之名来源于这些装瓷"匣盖上刻填色品名"。据清宫档案造办处匣裱作日记档载，宫中"磁胎画珐琅"，自乾隆三年（1738）九月始，陆续配制楠木匣，匣内糊囊，珍藏在乾清宫。可见乾隆帝对瓷胎画珐琅的珍爱之至，乾隆皇帝说过"庶民弗得一窥也"，只供皇帝赏玩的艺术珍品，也不准赏赐王公大臣。瓷胎画珐琅是满清宫廷工艺的旷世杰作。过去古玩行将瓷胎画珐琅称为"古月轩"。许之衡《饮流斋说瓷》记有："乾隆以古月轩声传为最巨，所绘及于极工致中饶极清韵之致。"

从艺术风格上，雍正画珐琅瓷以柔丽淡雅而名重一时，乾隆器则以色浓艳丽为特征。其制作刻意求精，极尽装饰之能事，彰显出乾隆器以堆砌繁缛和堆金戴银为特色的奢靡之风。

乾隆珐琅彩瓷纹饰分为两类，一类承袭雍正后期的绘画风格，诗、书、画与印结合一体，装饰纹样更为丰富多彩，新增有山水人物和仙山楼阁，画中的宫室、楼台、屋宇等建筑的绘画运用了中国绘画的界画法，描绘精确工整；另一类是带西洋风格的纹饰，绘西洋人物及风景等，西洋绘画技法用于珐琅彩瓷画上，制作刻意求精，极尽装饰之能事，色彩鲜艳华丽，质感细腻。

乾隆瓷胎画珐琅造型丰富多样，器形小巧精致，多系文房雅玩。陈设类器物增多，多为花瓶，崇尚奇巧。此器精美罕见。

耿东升

□ 外底双框"乾隆年制"楷书款

96

青釉地开光粉彩花卉纹海棠式尊

C.1466—1910
清　乾隆
高36.5厘米，宽27.5厘米
乔治·素廷遗赠

器通体呈海棠式，撇口，束颈，扁圆腹，颈部堆塑对称象耳。器以青釉为地，开光内粉彩绘花卉纹和山水图及乾隆御题诗文。

青瓷烧造历史悠久，是传统颜色釉瓷之一，它以釉中微量铁元素为着色剂，在还原焰中烧成的高温釉。清乾隆时期仿宋代诸多名窑，无论在造型、釉质及纹饰上，达到了较高的水平。清蓝浦《景德镇陶录》称为："仿肖古名窑诸器无不媲美，仿各种名釉无不巧合。"仿龙泉青釉烧制出豆青、冬青、粉青等品种，豆青色深，粉青色浅。寂园叟《陶雅》评价有："豆青、东青、茶叶末、蟹甲青数者又各有古雅之气韵，而不能以相掩。"

"象"与"吉祥"的"祥"谐音，是国运昌盛的吉祥之兆，民间传说太平盛世出白象。乾隆时期，瓶、尊等琢器颈肩部常附加各种装饰性的双耳，有象耳等多种式样，时代特征鲜明。康、雍、乾时期被称为中国历史上发展程度最高，最兴旺繁荣的盛世。乾隆帝弘历曾赋诗："盛世只今无战伐，投戈戎卒艺山田"，为清代天下一统的"治化昌明"，粉饰太平盛世。瓷器等工艺品也通过装饰艺术来表现太平之象。

此器青釉肥厚莹润，色泽清幽淡雅，如冰似玉，釉彩清新秀逸，展示出乾隆时期的制瓷技艺和审美水平。

耿东升

顫雨蘆梢綠臥
起笑風蓮萼乍
開齋

97

银釉描金贲巴瓶

C.499—1910
清 乾隆
高24.6厘米
乔治·索廷遗赠

贲巴是藏语“瓶”的意思，有金、银、铜、瓷等质地。金贲巴瓶即金瓶。清代拈定达赖和班禅额尔德尼两喇嘛及诸活佛的化身转世者时使用。乾隆时期清政府对达赖和班禅转世，实行金瓶掣签制度，即颁发金贲巴于西藏，将转世灵童姓名写在签上，置于瓶内，由达赖喇嘛会同驻藏大臣抽签决定，称为“金瓶掣签”。乾隆所书雍和宫《喇嘛说》碑文中云：“兹予制一金瓶，送往西藏，于凡转世之呼必勒罕，众所举数人，各书其名置瓶中，掣签以定。”乾隆皇帝特意颁发的，共两只，一只存北京雍和宫，一只存拉萨大昭寺。蒙古之大呼必勒罕转世，在雍和宫内金瓶掣签。其目的是“整治流弊”，护卫佛教，以“安藏辑藩，定国家清平之基于永久”。金瓶的设立和使用反映了清政府对蒙藏地区的有效管理。金瓶高35.5厘米、瓶腹径21厘米、底径14.5厘米。

瓷质贲巴瓶形制源于金贲巴瓶，清代景德镇御窑烧制，多色地粉彩器。瓷质贲巴瓶内常盛净水，上插藏草，以示淋漓之甘露，所以又称藏草瓶或甘露瓶。可盛五宝、五香、五药、五谷及香水等物，供奉佛菩萨。《乾隆三十一年各作成做活计清档》中记：“十月初四日，笔帖式五德来说，太监胡世杰交青花白地磁奔巴壶一件(随木座)。传旨：着画样呈览，准时发往江西照样烧造，钦此。”《乾隆三十四年各作成做活计清档》中又记：“十月初三日，库掌四德、五德将九江关监督伊龄阿送到配盖……贲巴瓶一件持进，交太监胡适杰呈览。奉旨……贲巴瓶一件着在热河狮子园文供佛前供。其现交配盖贲巴瓶得时，不必在此安供。钦此。”此器通体施以银釉，饰描金纹样，与银质器无二，传世品罕见。

乾隆时期景德镇御窑厂生产多种瓷质藏传佛教用器，除贲巴壶外，还有藏草瓶、佛像、甘露瓶、法轮、五供、七珍、八宝等。贲巴瓶腹部置长流者，称为“贲巴壶”。清乾隆皇帝朝祭泰安岱庙时，献有此类贲巴壶。

耿东升

□ 外底“大清乾隆年制”篆书款

98

淡蓝釉牺耳尊

C.526—1910
清 乾隆
高27.3厘米
乔治·素廷遗赠

收口，溜肩，圆腹，圈足，肩部堆塑对称牺耳。器施以淡蓝釉。此形制的牺耳尊烧造始于明代弘治时期，北京故宫博物院藏有弘治黄釉描金牺耳尊，本品源于明代器物。

瓷器之美表现在其五彩缤纷的彩釉，优美多姿的器物造型，精致奇巧的装饰手法和细腻华美的装饰图案。彩釉作为陶瓷装饰技法之一，展示着陶瓷艺术的精神内涵。清乾隆时期的《南窑笔记》关于制釉工艺记载："夫釉水配法，非有书传，亦无定则，法多配试，自有独得之妙。五金八石，皆可配入。色之诡怪，奇异不一，而足千变万化，俱成文章，神而明之，存乎其人。"《考工记》记载："天有时，地有气，材有美，工有巧，合此四者，然后可以为良。"中国瓷器典雅隽秀的器形与瑰丽明艳的釉彩完美地结合，正是天时，地气，材美，工巧这四者的完美相合。清代康雍乾三代的色釉瓷生产在继承明代的基础上，获得了空前发展，推陈出新，创烧品种繁多，釉色多达几十种，呈色不同、格调互异，却具有独特的审美情趣与艺术风格。

此器淡蓝釉釉质匀净滋润，淡雅清丽，给人以清新悦目，幽雅脱俗之感，展现出清淡含蓄的艺术风格。

耿东升

99

牛首瓷杯

C.497—1910
清
高10.8厘米
乔治·素廷遗赠

杯身下部为牛首形，阔鼻怒目，造型威严。杯口近椭圆形，尾端略上翘。杯体施黄绿色釉，口沿处有一道仿钧窑的青紫色釉。兽首杯滥觞于爱琴海中的克里特岛，纪元前二千年代后期传入希腊。希腊语称之为"来通"（rhyton），此语是由rhéō（流出）派生出来的。因为使用这种杯子时，并不就器口啜饮，杯内的液体乃自兽首处的小孔流下，饮者须仰首承接。如果举起来通将酒一饮而尽，则是向酒神致敬的表示。来通传入西亚、中亚后也很盛行，发现的实例很多。此物在中国最早出土于新疆和田的约特干遗址，时代为公元3—4世纪。美国波士顿艺术博物馆所藏传河南安阳出土的北齐画像石上，刻出了一人在葡萄荫下擎牛首杯饮酒的情景。他用的饮器与西安何家村唐代窖藏中也是从下孔出酒的玛瑙兽首杯基本一致，表明其造型确系效自来通。但用来通饮酒的方式与中国传统的习俗迥异，所以在唐代，来通遂逐渐向杯形器转化。西安南郊唐墓出土的三彩象首杯和湖北郧县唐代李徽墓出土的三彩龙首杯，底端都未辟出水孔，都成为于器口就饮的杯子了。不过象首杯、龙首杯等器形在中国流传不广，更多见的还是牛首杯。宋《宣和博古图》著录的牛首杯，牛鼻上装鼻环，且系长链，显然不能从下端饮酒。清代的《金石索》也著录有牛首杯，却认为即古文献中所称"兕觥"，硬把它嫁接到古典礼器的谱系中；其实它和古之兕觥（犀角杯）毫无关系。本品就是乾隆时在这种气氛中产生的仿古之作。

孙 机

□ 北齐画像石上之持牛首杯者

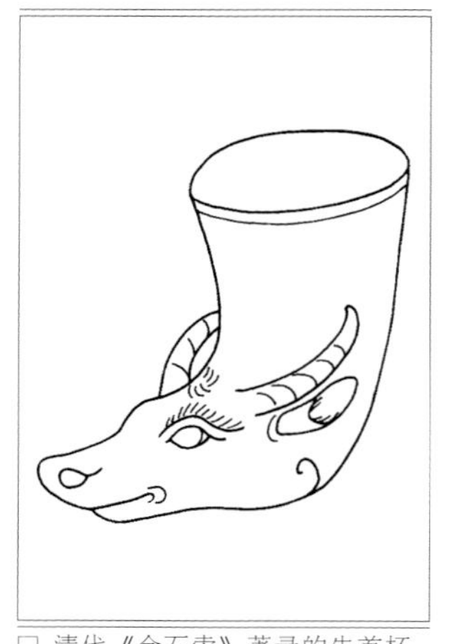
□ 清代《金石索》著录的牛首杯

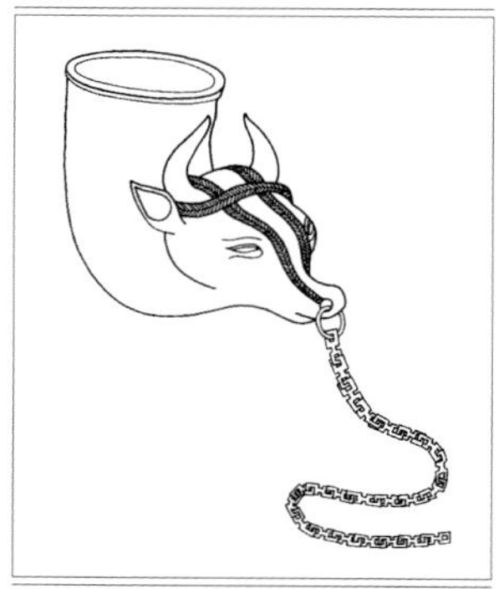
□ 宋代《宣和博古图》著录的牛首杯

□ 旁遮普出土银盘上之持牛首杯饮酒者

100

青花粉彩宝塔

C.80—1954
清　嘉庆
高276厘米
购自私人藏家

“塔”是印度梵语的译音，是古代印度高僧圆寂后埋放骨灰的地方。汉代，随着佛教从印度传人中国。佛教依附传统的礼制祠祀，佛塔也和古代的楼阁台榭结合起来，“上悬铜窣九重，下为重楼阁道”。北魏杨衒之《洛阳伽蓝记·胡统寺》：“宝塔五重，金刹高耸。洞房周匝，对户交窗，朱柱素壁，甚为佳丽。”佛教认为塔具有驱逐妖魔、护佑百姓的作用。中国古塔建筑多种多样，从外形上看，由最早的方形发展成了六角形、八角形、圆形等多种形状。从建塔的材料分，有木、砖、石、琉璃、铁、铜、金、银质等。宝塔的层数一般是单数，通常有五层到十三层。

清宫档案中记有乾隆皇帝命御窑厂烧制瓷塔。《乾隆二十六年各作成做活计清文件》中记载：“十月十八日，员外郎寅着将九江关监督舒善呈进九层瓷塔一座呈览。奉旨：交舒善，将此塔上层五连顶子拿下去一层，另配重檐莲座，下层成塔一座，其下四层配做顶子一层，成塔一座。钦此。”许之衡《饮流斋说瓷》记有：“瓷塔有极巨者，高三四尺，层层迭迭，又可一一拆卸。小者亦分数层，高可及尺之谱，亦能一一拆卸也。又有兼作香炉用者，最下一层可以焚香，而上数层均有孔以出香烟，制亦精巧。若不拆卸者则作佛龛形，中坐一佛，作合十状。塔顶则五宝纷纭，舍利璀璨，一望而知为清宫供奉之器也。”瓷塔有大有小，塔檐层层叠罗。彩釉以各种色地粉彩为主，塔身开有壸门，内中可放置佛像。此塔形制高大，青花加粉彩绘制，工艺繁缛，制作精致。

据英国皇家档案记载：宝塔是威尔斯王子（即后来的国王乔治四世）特别订做，购于1806年至1816年，置于英国南部布列敦的东方宫殿内。这样的宝塔当时一共买了六件。

耿东升

101

木纹釉地粉彩团花纹包袱瓶

FE.12—1984
清 嘉庆
高33.5厘米
购自拍卖会

瓶身上饰凸雕的包袱巾或者束带而得名。器木纹釉地粉彩绘团花纹。“包袱”与“包福”谐音，寓意幸福吉祥。包袱瓶又称为布袋瓶，始烧于清朝康熙年间，清代乾隆、嘉庆时期也较流行。

所饰木纹釉是以红赭、褐色两种彩釉绘制，勾绘纹理，呈色、质感均与木质器皿酷似，木质纹理清晰，摹仿逼真，瓷木莫辨。木纹釉瓷始烧于雍正时期，乾隆朝尤为流行，乾隆时期是中国制瓷技艺的巅峰时期，皇帝嗜古成癖，瓷器制作仿古之风盛行，除大量仿烧前朝名窑外，也盛行仿各种手工艺品。清代朱琰《陶说》记有：“戗金、镂银、琢石、髹漆、螺钿、竹木、匏蠡诸作，无不以陶为之，仿效而肖。”其工艺精湛，巧夺天工。许之衡《饮流斋说瓷》中称：“骤视绝不类瓷，细辨始知皆釉汁变化神奇之至也。”邵蛰民在《增补古今瓷器源流考》记有：“清瓷彩色至乾隆而极，其彩釉之仿他物者亦以乾隆为最多最精。如仿木纹以烧桶，腰有牙箍或铜箍，皆与真木桶无异……”

所绘团花纹，又称为“绣球花”，是瓷器装饰的常用纹样，隋唐时期瓷器多模印团花，明清两代更为盛行，多彩绘装饰，有龙凤、花卉纹等。清代雍正、乾隆时期的团花纹最为精美。乾隆以后瓷器流行装饰团花纹样之一，许之衡《饮流斋说瓷》记有：“至乾隆以后喜作团彩，稍久风致矣，然于华丽之中别饶葱茜之致，足为清供雅品，弥可宝贵也”。嘉庆皇帝是守成之君，其御窑瓷器多以乾隆朝器物为宗，艺术风格相似，掩其铭款，与乾隆器无别。器形制纹饰精美，富丽堂皇，别具一格，为嘉庆御用之物。

耿东升

102

戴钿子瓷女像（1对）

FE.18—1978
晚清
高40.5厘米
阿德斯赠

两个满族女子，靓面方额，头戴钿子，缀凤形钿花。外着开衩的对襟湖蓝色团花罩衫，内服妃色旗袍，平底鞋。一手持瘿木如意，一手握汗巾。亭亭玉立，风姿闲雅。其头部能转动，应为晚清制品。

孙　机

青铜　漆器及其他

103

兽面纹罍

M.1163—1926
商
高35厘米
恩纳斯·博洛克斯遗赠

罍之名最早见于《诗经·小雅·蓼莪》："瓶之罄矣，唯罍之耻。"《周南·卷耳》："我姑酌彼金罍。"可知罍是体量较大的盛酒器。青铜器中有铭文自铭为"罍"的，形制特征为敛口，直颈，折肩或圆肩，器身的最大径在肩与腹的交接处，腹壁自此向下斜收成底。

□ 兽面纹罍　台北中研院历史语言研究所藏

这件罍口沿斜折，直颈，斜肩，鼓腹，下置圈足，设三个小方孔。肩部上下饰兽体目纹，肩部上的兽体目纹上下各以连珠纹为栏。腹部饰外卷角兽面纹，双目凸出，兽体平伸，尾部向内卷曲。圈足饰兽面纹，仅上栏饰连珠纹。全器纹饰除兽目外，皆用勾线。器内有铭文："亚觑乍（作）父戊尊。"系伪铭。整件器物色泽光润，包浆浓郁。与这件罍相似的是1936年安阳小屯331号墓出土的兽面纹罍，现藏于台北中研院历史语言研究所。

田　率

□ 器内铭文

104

兽面纹鼎

M.60—1953
商
高19厘米
购自布谈父子公司

这件鼎立耳，有似鬲的袋腹，腹部分裆较浅，下承柱足。颈部饰蝉纹一周，腹部饰兽面纹，角根沿着鼻准向上竖起并向外侧卷曲，这种形式的角在商代晚期的青铜器上十分普遍，往往配置鸟和龙，是商代兽面纹的主要形式之一。兽眼比较突出，周身以雷纹填地，铸工精细。这件分裆鼎的纹饰充分体现了商代晚期青铜器纹饰的特点，这一时期的纹饰普遍分成主纹和地纹，在主纹表面还有较细的凹槽纹，主纹和主纹之间基本填满了雷纹，衬底的地纹与主纹错落有序、井井有条，给人的视觉感受既缭乱纷纭又赏心悦目。与之类似的分裆柱足鼎已知的在美国有三件，分别藏于哈佛大学伏克博物馆和私人手中。

田 率

□ 兽面纹鼎　美国甘浦斯藏

105

兽面纹鬲

M.3—1935
商
高26厘米
乔治·尤莫霍浦路斯旧藏

这件鬲口沿斜折，立耳狭边，耳孔宽大，颈稍长，宽腹分裆，下有锥足。鬲的一耳与一足在一条垂直线上，另一耳则在两足中间的位置之上，这是夏代及商代早、中期青铜鼎和鬲形制的特殊铸造方式，在商代中晚期仍继续沿用。颈部饰兽体目纹，腹部饰兽面纹，双目很大且凸出，躯体平直，尾部向上卷曲。兽面中央以鼻起棱脊，整个兽面是用线条勾出轮廓，空隙处填以雷纹，除双目外，主纹轮廓线与地纹都在一个平面上。与之相似的有1957年安徽阜南出土的现藏于安徽省博物馆的一件兽面纹鬲。

田率

□ 兽面纹鬲　1957年安徽阜南出土

106

冈父乙爵

M.3—1950
商
高21厘米
购自布诶父子公司

爵一直被世人误解为饮酒器，实际上爵是在宴飨和祭祀中使用的斟酒器。爵内盛酒可以架在火上加温，而爵有较宽的长流，口缘上又立有双柱，所以不便于直接饮用。

这件爵流较宽，尾部上翘，流的根部设立有两柱，柱上有菌形顶，饰涡纹。深腹圜底，下置三棱形足外撇。颈腹一侧饰牛首，腹部饰卷角兽面纹，躯体较短，尾部上卷。上下皆有连珠纹相间隔。鋬内铸有铭文三字：“冈父乙”。“冈”是氏族族徽，说明这件爵是冈族之人为祭祀父乙所作的器物。这种以日名（天干）为命名方式的做法是商人的特征。冈族的器物有很多，是商代重要的氏族。

田率

□ 冈父乙爵铭文拓片

107

子觚

FE.156—1988
商
高32厘米
马澈悌夫人赠

觚的名称是宋代学者根据文献描述确定的，沿用至今，约定俗成。而实际上文献中所提到的“觚”，到底是什么器物，古人也讲不清楚，一直以来莫衷一是。最近有学者根据新出的“内史亳丰”同，推断觚这类器古名可能叫做“同”，可备一说。现在所指的觚，从外形上看，是一种长身侈口，底部和口部皆呈喇叭状的器物。

这件觚呈喇叭状敞口，长颈，高圈足下部弛张，底有一周较高的折沿，腹部和圈足各设四条棱脊。颈部饰蕉叶纹，其内有兽体纹。颈部的下栏及圈足的上栏饰一周卷尾的爬行龙纹。腹部饰内卷角兽面纹，躯体呈分解式，圈足饰曲折角解体式兽面纹。纹饰皆以雷纹为地，主纹很细，为双钩形式，雷纹尤为精致规整。圈足上有对称的“十”字形镂孔，圈足内壁铸有铭文一字：“子”，是为族徽。

田　率

□ 圈足内壁铭文

108

𡰥尊

M.4—1935
商
高28.7厘米
乔治·尤莫霍浦路斯旧藏

□ 𡆥尊　上海博物馆藏

这件尊敞口，折肩，鼓腹向下略收，圈足较高。颈部下端饰三周弦纹。肩上饰长鼻兽纹，并置三个高浮雕羊首。腹部上栏饰目雷纹，腹部的主题纹饰是卷角兽面纹，细长的躯体向两侧展开，双爪拱于前，兽面纹的躯体上用宽雷纹作为装饰。圈足饰曲折角兽面纹。器身整体以雷纹为地，纹饰不设浮雕，线条流畅峻深，制作精细，趋于复杂化。

整器包浆黑漆古，更显浓郁的古朴气息。圈足上的方孔用于疏导圈足内的空气，具有排除潮湿的作用。器内壁铸有铭文一字："𡰥"。可能是作器者的氏族徽号，该器铭文被收入《殷周金文集成》（编号5507）。与之形制相类的如上海博物馆藏之𡆥尊。

田　率

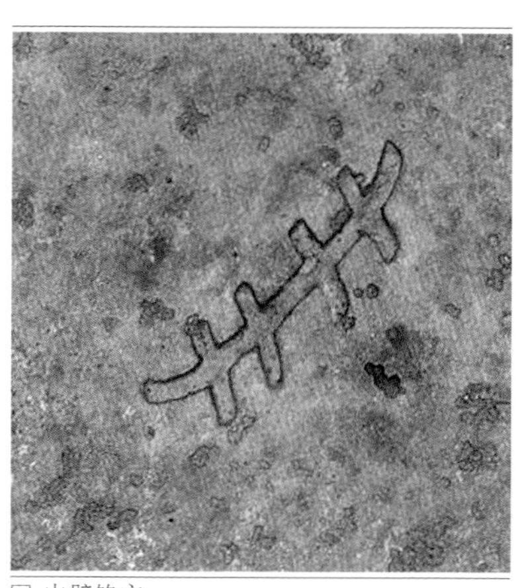
□ 内壁铭文

109

鸮尊

M.5—1935
商
高21厘米
乔治·尤莫霍浦路斯旧藏

商周青铜容器有做成动物形状的。其中器口似匜形的叫觥，如牺觥等。有提梁的叫卣，如乳虎卣等。其他多称之为尊，因为《周礼·春官·司尊彝》中提到过象尊。这里说的象尊是祭器，但有些鸟形尊却可能主要供玩赏。一件春秋时代之鸟尊的铭文自称是：“子作弄鸟。”本器的时代为商，它到底是祭器、弄器，还是实用器，颇难界定；也可能这几种属性兼而有之，但无疑是一件高水平的艺术品。器呈鸮形，头部充器盖，胸前饰饕餮纹，翼部有蟠绕的龙纹，双足直立，气势轩昂。它用双足支持器身，这种作法很值得注意。

远在新石器时代，无论北方的仰韶文化或南方的马家浜文化，当制作鸟形陶器时，因为用两只足难以使器物立得稳，所以往往在其尻部或尾部另加一枚短支柱。商代的鸟形尊则做出下垂的尾，使之成为与两足相配合的第三个支点，以解决器身的平衡问题。如安阳妇好墓所出及日本泉屋博古馆、美国赛克勒美术馆所藏的商代鸮尊都是如此。陕西宝鸡西周強伯墓出土的鸟形尊甚至添上了第三只足。回过来看本器，只有两足却巍然屹立，就更加感受到它在造型设计上的匠心独运、不同凡响了。

孙 机

□ 铜尊　河南安阳妇好墓出土

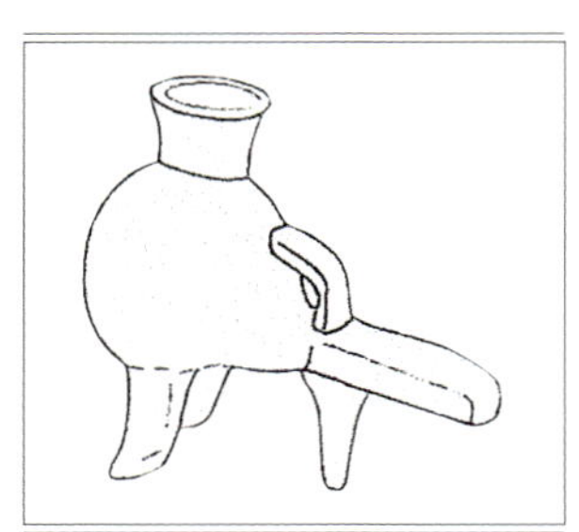
□ 陶鸟形尊　江苏吴县出土

□ 铜尊　日本泉屋博古馆藏

□ 陶尊　陕西华县出土

□ 铜三足鸟形尊　陕西宝鸡出土

110

冉虫方彝

M.185—1935
商
高32厘米
乔治·尤莫霍浦路斯旧藏

彝，是古代青铜器中礼器的一种通称。《尔雅·释器》云："彝、卣、罍，器也。"郭璞注曰："皆盛酒尊，彝其总名。"在古代文献中未见用"方彝"代表青铜礼器的记载，金文中也未出现过用"方彝"命名的器物。宋人把这类器的腹侧面与横截面皆为长方形之器命名为"方彝"，现在仍袭旧说。方彝是盛酒之器，有的方彝盖上的口沿被开出孔槽，用来放置勺、斗等挹注酒的工具，生动地说明方彝作为盛酒的用途。

这件方彝直口，有屋顶形盖，盖钮也呈屋顶形，盖和器的四隅及每面的中线皆出棱脊。盖面和腹部饰龙形角兽面纹，龙体呈曲折角状，角根为龙首。兽面的鼻翼贯通至底边，将兽嘴分为两半，兽嘴两侧饰倒竖的龙纹，龙体上翘。口沿下及圈足皆饰立耳龙纹。整个纹饰不仅在空隙处以雷纹填地，而且在突出的主体纹饰上也饰以雷纹。盖的内壁铸有铭文二字："冉虫"。疑为族徽。"冉"是商周时期非常著名的族徽，对这一氏族的定名众说纷纭，莫衷一是，现学界偏向于将其定名为"冉"。迄今为止冉族的青铜器已经发现了245件，遍布河南、陕西、河北、山东、湖南、湖北等地。"虫"亦为族徽，从字形上看可断为虫属，此族的器物也发现了不少。而这件方彝的铭文为"冉虫"，这是一种复合型族徽，代表的是冉、虫二族通过联盟或婚姻组成的新的氏族，这一氏族的器物也有几十件，有代表性的如美国伏克藏传安阳出土的鼎，英国私人收藏的鼎，上海博物馆藏的鼎、簋、卣等。与这件方彝形制纹饰类似的是美国旧金山亚洲艺术博物馆所藏的亚若癸方彝。

田率

亚若癸方彝　美国旧金山亚洲艺术博物馆藏

冉虫鼎　香港御雅居藏

冉虫鼎内铭文

盖内铭文

111

𠂤𠂤卣

M.186—1935
商末周初
高26厘米
乔治·尤莫霍浦路斯旧藏

这件卣瑰丽精美，整个器身呈椭圆形，直口高盖，鼓腹宽大，高圈足。盖钮由六翼蝉纹组成，盖面和器腹两侧有棱脊，盖沿和圈足有四等分棱脊。盖面和器腹均饰牛角兽面纹，角形巨大，呈高浮雕状，凸出器外，巨目，口有獠牙。盖面兽面纹两侧有躯体，占据很小的面积；器身兽面纹两侧各有一倒置弯角龙纹。盖沿、器颈及圈足均饰弯角上卷尾鸟纹，器的颈部前后各饰一小兽面纹。提梁两端设龙首，龙角作多齿状，中有目纹，造型奇特。通身无地纹。器内底有一铭文："𠂤"。盖内壁有一铭文："𠂤"。疑似族徽。《殷周金文集成》收录了一件𠂤𠂤卣（编号为4859）铭文与之相同。以𠂤、𠂤为族徽的器物在商末周初有很多，已知的还有𠂤戈、𠂤皿卣等。与这件卣相似的还有一件藏于美国波士顿美术馆，这种兽面牛角呈高浮雕状的纹饰给人一种端庄敬穆之感。

田率

□ 内底铭文

□ 盖内铭文

□ 㠯丞卣　美国波士顿美术博物馆藏

112

伯匚甗

M.214—1938
西周
高35.3厘米
购自布诶父子公司

甗是一种复合的炊具，上部为甑，下部为鬲、鼎或釜，中间置箅。甗的构造和用途类似于现在的蒸锅，兼具灶与锅的双重功能。使用时将甗架于火上，下部盛水煮饭或煮羹，箅上放米肉类干食，利用下部沸水生成的蒸汽蒸熟箅上的食物。考古发掘出土的青铜甗，外底常见炙痕，内壁附着水垢，有的箅上还残有动物骨骼，足以说明甗是用来炊煮的实用器。

此甗为连体甗，侈口，立耳，腹部往下稍收，鬲鼓腹，足稍长。甑的口沿下饰弦纹两道，鬲的袋腹饰牛角兽面纹，纹饰磨蚀严重、漶漫不清。从器形来看，与1954年长安普渡村长由墓出土的5号甗接近，该墓时代被认为是西周中期，故此甗可定为此时。甑部口沿内壁铸有铭文二行八字：“白（伯）匚乍（作）西宫白（伯）宝尊彝。”“匚”此字作“[匚H]”形，“H”为“门”之省变。伯匚为器主，西宫伯应为其家族长辈，这件甗是其为西宫伯而作的。属于伯匚的器物还有一件传世的伯匚卣，收录在《殷周金文集成》（编号5340），铭文与之完全相同。

田　率

□ 甑口沿内铭文

113

伯簋

203—1899
西周
高10.3厘米，宽17厘米
史提芬·布绍尔旧藏

簋作为青铜器器名，见于《诗经·小雅·伐木》："陈馈八簋。"《周礼·地官·舍人》言："祭祀，共簠簋。"郑玄注："方曰簠，圆曰簋。盛黍稷稻粱器。"簋在青铜器铭文中自铭多作"𣪘"，像手持匕从盛食器中取食之貌，充分说明了簋是盛放煮熟的饭食器具。簋是商周时期重要的礼器，特别是西周时代，它和列鼎制度一样，在祭祀和宴飨时以偶数组合与奇数的列鼎配合使用。据《春秋公羊传》桓公二年(前710)何休注记载，天子在祭祀、宴飨、随葬时，使用九鼎八簋，诸侯七鼎六簋，大夫五鼎四簋，元士三鼎二簋。出土的簋也是以偶数为多。青铜簋出现在商代早期二里岗文化，西周时期式样繁多，普遍流行，春秋时期逐渐消退，直到战国基本上退出了青铜礼器的体系。

这件簋侈口，垂腹，高圈足下有一周沿边，增加了器的高度。颈腹两侧置兽耳，下有垂珥，兽角略高于器口。腹部饰卷角兽面纹，兽鼻起扉棱，两侧是分体的躯体和兽爪。这种形式的兽面纹是西周早期青铜器流行的式样。圈足饰蛇纹一周，蛇有凸出的双目和曲折的躯体，蛇身上有鳞节，尾部向上弯曲。旧时曾认为此纹饰为"蚕纹"，后研究认为蚕无眼目，不能依靠视觉活动，且只能蠕动，不能弯曲，而头大圆眼、体有鳞节颇似蛇的特征，故现皆将其定为蛇纹，多用作器物口沿下或足部的装饰。簋身整体纹饰规整，其间以雷纹填地。簋内底铸有铭文："(白)伯乍(作)彝。"本器保存情况良好，未被腐蚀，器物表面泛有古韵光泽。上海博物馆藏之西周早期的兽面纹簋与此器形制相似，以资参照。

田率

□ 兽面纹簋　上海博物馆藏

□ 内底铭文

114

夔龙纹卣

M. 6—1935
西周
高34.2厘米，宽29.7厘米
乔治·尤莫霍浦路斯旧藏

青铜卣是盛酒器，盛放用秬鬯（黑黍和郁金香草）酿造的香酒。这件卣直口有盖，边缘较高，盖钮由六翼蝉纹组成，束颈，鼓腹，下置圈足。提梁上饰蝉纹，提梁两端设龙首。盖面和颈部饰顾首夔龙纹，纹饰以突起的稍阔线条组成，并以细雷纹为地，颈部前后各饰竖立外卷角的兽首，夔龙纹上下各有连珠纹为栏，圈足饰兽体目纹。器内铸有铭文二行七字，文字晦涩不清，仅识如下：“礽子□庚宝□彝。”这件卣周身覆盖的绿色皮壳显得格外光润，其形制和纹饰与上海博物馆藏西周成王时期著名的保卣类似，故此卣也可定为西周早期之物。

田率

□ 保卣　上海博物馆藏

□ 器内铭文

115

管銎钺

M.15—1948
西周
高12.5厘米，长16厘米
如特斯顿旧藏

弧刃，钺身上下缘较薄，饰突起兽面纹，兽目间有一圆孔。管銎截面为扁圆形，饰三角形纹和斜线纹，两侧各有两个小孔；管銎上端为一人首，面颊饰双重的"ᗢ"形纹，发饰"ϒ"形纹，发尾残。短方内，饰阴线兽面纹。

本器曾著录于《支那古器图考·兵器篇》（1932），《海外遗珍·铜器续》亦有收录，定其为商晚期器，也有学者认为是西周时器。迄今已知的管銎钺，时代明确者都不早于西周。考古发现的人首管銎风格之铜兵器，均为西周早期器，如陕西宝鸡竹园沟西周早期墓M13所出铜钺、河南洛阳北窑M210所出管銎戈和甘肃灵台白草坡M2所出铜戟等。本器人首所饰之"ᗢ"形纹，也见于白草坡铜戟人首銎和湖北随州叶家山西周早期墓M65所出铜钺之人首纹上。因此，综合上述考古发现，可推断本器年代为西周早期。

商周时期，管銎兵器在北方地区很流行。管銎钺则多发现于北方青铜文化区和周文化边疆区。管銎之人首可能也是受北方青铜文化影响之产物。出土人首管銎兵器之白草坡和竹园沟墓地均位于周王朝的西部边疆，随葬品含较多北方文化因素。本器之人首管銎虽具北方系青铜文化特征，但钺身和内的形制、纹饰却代表了商、周文化青铜钺的风格，可以说是文化交流的产物。

冯　峰

□ 人首銎戟　甘肃灵台白草坡M2出土

□ 管銎钺　陕西宝鸡竹园沟M13出土

116

戈尊

FE.123—1974
西周
高16.8厘米
查尔斯·谢勒曼遗赠

这件尊属于无肩尊，侈口，束颈，鼓腹下垂，圈足外撇。颈下饰对称分尾凤鸟纹，冠部向上弯曲，尾部逶迤分叉，末端向上卷起，这种分尾凤鸟纹是西周中期的典型纹饰，可作为青铜器断代的标尺。纹饰以雷纹为地。颈部前后各设有一卷角兽首纹饰。颈部下有一周弦纹。器内壁铸有铭文四字："乍（作）從彝，戈。""從彝"即金文中常见的"旅彝"之意，旅的意思为铺陈、陈列，如《诗经·小雅·宾之初筵》有："笾豆有楚，殽核维旅"。毛传的解释为："旅，陈也。"旅彝就是当陈设之器讲，从这一意思上来看，的确也符合尊作为宴飨、祭祀所陈设的礼器这一功能。"戈"是作器者所属的族氏。上海博物馆藏的新尊与之非常相似，可作参考。

田 率

□ 新尊　上海博物馆藏

□ 内壁铭文

117

变形夔龙纹鼎

M.1158—1926
春秋
高37厘米，直径29.8厘米
恩纳斯·博洛克斯遗赠

这件鼎敛口有盖，深腹圜底，下置细蹄足，器身连盖接近球形，附耳略曲，盖顶上置镂空环形矮支柱捉手。盖上饰两周首尾相接的变形夔龙纹，器腹以一周绹纹分为上下栏，上栏饰双层首尾相接的变形夔龙纹，下栏饰单层的首尾相接的变形夔龙纹。这种深腹圜底细长蹄足式的圆鼎是春秋晚期至战国早期常见的式样之一。

田 率

118

嵌绿松石圆壶

M.7—1935
战国
高36厘米，宽24厘米
乔治·尤莫霍浦路斯旧藏

《诗经·大雅·韩奕》篇言："清酒百壶"，说明了壶主要是用作盛酒之器。春秋之后，壶亦可盛水，用来汲水或盥洗。这件壶失盖，侈口长颈，圆肩鼓腹，下置圈足，圈足较高，腹部两侧各设兽面铺首衔环。颈部和腹部饰波带式三角格纹，内饰变形云纹。肩部饰变形龙纹。纹饰极其豪华精致，通体镶嵌绿松石，可惜多已脱落。

田 率

119

牺尊

206—1899
战国
高28.5厘米
史提芬·布绍尔旧藏

牺尊为立兽形。双耳直竖，圆目，长眉，兽口中空。颈有项圈。兽体肥硕，背上出口，有盖。四肢略曲，偶蹄。

“牺尊”见载于《诗经·鲁颂·閟宫》和《礼记·礼器》等文献。三国人王肃说它“为牺牛及象之形，凿其背以为尊，故谓之牺尊”，正与本器特征相符。宋《宣和博古图》首次著录“牺尊”，清《宁寿鉴古》著录的“牺尊”数量达十余件。新中国成立后，江苏涟水三里墩、河北平山灵寿城和山东淄博临淄商王村等地墓葬中先后出土了铜牺尊。其中灵寿城M6和商王墓所出者年代为战国时期，前者可明确为战国中期。三里墩墓虽被定为西汉墓，但包括牺尊在内的一批随葬器物多被认为具有战国时期特征。本器与上述出土品形制相似，尺寸相近（商王、灵寿城和三里墩出土牺尊通高分别为28.3厘米、28.0厘米、27.4厘米），年代应当也是战国时期。

目前明确的牺尊出土地点，均位于太行山以东地区。灵寿城牺尊出自中山君墓，商王和三里墩墓出土牺尊则应属齐（三里墩墓出土齐国小刀币，也显示墓主可能与齐有密切关系）。齐和中山（鲜虞）自春秋晚期以来即因地缘接近、政治结盟而联系频繁，物质文化多有相似之处。值得注意的是，《南史·刘杳传》载刘杳说：“魏时，鲁郡地中得齐大夫子尾送女器，有牺樽作牺牛形。晋永嘉中，贼曹嶷于青州发齐景公冢，又得二樽，形亦为牛象。”所提及之“牺尊”均与齐有关。本器可能也产自今山东或邻近地区。

本器也有特殊之处。它通体素面，器身丰硕；其他牺尊器体则多镶嵌绿松石和金、银、铜丝等，精美华丽，器身显得较瘦，更显匀称。本器兽首两耳上端浑圆，眉外端与耳根相连，前肢明显弯曲，兽背所出之器口较高；其他牺尊则有较明显的耳尖，眉、耳分开，前肢较为直立，器口为平口或出口较矮（台北故宫博物院所藏牺尊）。因此本器不排除是后世仿制品的可能性。值得注意的是，三晋两周地区出土的战国时期立兽造型，特征与本器多有相似。如山西长治分水岭M126所出“铜牺立人擎灯”下部之铜兽，前肢略曲，眉外端与耳根相连，耳上端浑圆。美国弗利尔美术馆所藏的一件“铜牺”（48.23），与分水岭所出者几乎完全相同。铸造这类形象的陶范，已在山西侯马铸铜遗址发现，年代为春秋末年到战国初期。属于周的洛阳唐宫西路战国墓也发现了一件同类的“铜牺”，时代为战国中期，不晚于灵寿城M6。

冯 峰

□ 铜牺立人擎灯　长治分水岭M126出土

□ 铜牺尊　平山灵寿城M6出土

120

蟠螭纹镜

M.31—1952
战国或稍晚
直径17厘米
购自布诶父子公司

兽纹拱形钮，作俯卧、顾首之兽形。圆形钮座。主体纹饰为以云雷纹衬底的缠绕式蟠螭纹，共三组，螭首靠近钮座，螭身四爪，尾部盘绕尤甚。

蟠螭纹镜出现并流行于战国晚期，并一直延续到西汉早期，一度是仅次于"山"字纹镜的第二大镜种。蟠螭纹镜数量多，主纹饰样式各异，但镜钮大多为弦纹拱形钮。本镜镜钮作顾首卧兽形，较为少见。同型钮的蟠螭纹镜长沙麻园湾M1曾出土一面，时代为战国晚期。上海博物馆收藏的一面四龙纹镜和四龙连弧纹镜也均为此类镜钮，两镜均饰"柿蒂纹"，时代为战国晚期或稍晚，本镜之年代也大致与之相同。

冯 峰

□ 蟠螭纹镜　长沙麻园湾M1出土

□ 四龙连弧纹镜　上海博物馆藏

121

错金银铜钫

M.1154—1926
西汉
高50厘米
恩纳斯·博洛克斯遗赠

此钫方体宽腹矮圈足，两肩饰铺首衔环。通体用金银错出勾连云纹，构图严谨又富于变化，端庄与瑰奇兼而有之，为同类器物中所罕见。

钫以锺以基准，虽然造型有方圆之别。《说文》："钫，方锺也。"锺是一种大型容器，汉锺的容量为十斗，与石大约可以等量齐观。因此，钫也比较大，本品高50厘米。广州南越王墓出土的铜钫高55.5厘米，安徽芜湖贺家园汉墓出土的铜钫高47.9厘米。又西安出土的一件错金勾连云纹铜钫，高61.5厘米，更加丰硕。那件钫为西汉时物，上面的纹饰与本品神似，有异曲同工之妙。故本品亦应为西汉时制作。

锺是贮酒器。《后汉书·班固传》中有"旨酒万锺"的说法。钫也用于贮酒，江苏徐州九里山2号汉墓出土的陶钫，盖上墨书"酒，上尊"，可证。这种器物在西汉后期已较少发现，东汉中期以后逐渐消失。

孙 机

122

双环耳扁壶

M.1161—1926
西汉
高30.5厘米
恩纳斯·博洛克斯遗赠

这种造型的扁壶在汉代时又被称为“区”或“钾”。这件壶盖上有钮环。圆短颈，以弧线形斜连肩，两侧圆曲，肩部有双兽面铺首衔环。器体扁平，腹部侧视呈椭圆形，腹部正反两面饰“十”字形界栏，中央起棱。长方形矮圈足，略外撇。整件器包浆温润，倍显古朴之色。

田 率

123

四神铜染炉

FE.133—1974
西汉
长14.5厘米
查尔斯·谢勒曼遗赠

炉身下半部呈长方形，炉底有穿孔，相当箅子。上半部收缩成椭圆形，铸出透空的四神纹样，口沿上且有四枚小支钉。器底有四枚人形矮足。此类器物有的在铭文中自名为“染炉”（《秦汉金文录》卷四）。山西太原尖草坪和陕西西安国棉五厂三分厂等地之西汉墓所出者，炉身与本品基本相同，但它们的炉口上还放有铜耳杯。这种杯子有的自名为“染杯”（《陶斋吉金录》卷六）。染炉和染杯合起来可以称为“染器”。《吕氏春秋·当务篇》高诱注：“染，豉、酱也。”湖南长沙马王堆1号西汉墓出土遣册所记“小具杯”，就注明“其二盛酱、盐”。则染杯中盛的是调味品。但染炉又作何用呢？这就和当时用“濡”的方法制肉食相关了。《礼记·内则》：“欲濡肉，则释而煎之以醢。”也就是说，濡肉时要放到酱中烹煎。染杯中盛酱，染炉则可以满足煎的要求。郑玄为《内则》作的注中说得更清楚：“凡濡，谓烹之又以汁和之也。”其第一步是“烹之”，这时“不致五味”，接近现代的白煮肉。第二步是“以汁和”，即在染杯中和酱汁。与现代小有不同的是，当时用的是较烫的调料，所以须以染炉加温。

考古发掘中所获染器皆出自西汉墓。除上面举出的太原与西安的例子以外，陕西咸阳马泉、河南陕县后川、山西浑源毕村、河北隆化馒头山等地，也曾在西汉墓中发现此物。至东汉时，染器已少见。从形制上看，本品亦应为西汉时所制。

孙　机

□ 铜染炉　山西太原尖草坪出土

□ 铜染炉与染杯　陕西西安出土

124

规矩四神镜

M.16—1935
东汉
直径19.5厘米
乔治·尤莫霍浦路斯旧藏

镜心为圆形镜钮，绕以变形四叶纹钮座。钮座外有一大方框，是为内区。框内沿边铸出十二支铭文，用以代表方位。镜缘饰流云纹和三角锯齿纹。镜缘之内、方框之外，是为外区。外区沿边的铭文为："尚方御竟（镜）莫毋伤，巧工刻之成文章。左龙右虎辟不详（祥），朱鸟玄武话阴阳，子孙备具居中央。上有仙人以为帝，长保二亲乐富昌，寿敝金石侯王。"铭文以内布置规矩纹（又名TLV纹）和八枚乳丁纹，其间穿插灵禽瑞兽。这种镜子的前身为西汉后期出现的四乳四螭镜，它在镜背的四枚大乳丁中间安排四组变形蟠螭纹。也有的代之以青龙、白虎等四神，成为四乳四神镜。本品的图案源自后者，故习称规矩四神镜。

规矩镜上的TLV纹亦见于汉代的日晷、占栻和六博局。日晷、占栻均与测天或占天相关。栻盘的图案为：四角为四维，子午、卯酉二绳之四端为四仲。四维、四仲来自古代天文学家对宇宙构造的设想。在主张盖天说的学者看来，天宇如盖，须加维系以使之不倾。比如汉代的车盖就用四条络带即"四维"来拉紧。天宇恢宏，四维不敷用，遂增设四仲，成为八纮。《淮南子·地形》高诱注："纮，维也，维络天地而为之表，故曰纮也。"可见天宇被认为是由八条绳子系住的。更具体地说，其中还设有"钩绳"和"衔橛"（《鹖冠子·道端篇》）。因而在规矩镜的外区中就构成了一个象征天宇的框架。

在这个框架里面有不少灵禽瑞兽，最醒目的是青龙、白虎、朱雀、玄武四神。中国古人将黄、赤道附近天空中的恒星区划为若干星官，以其中二十八个星官作为观测日、月、五星运动的标尺，叫二十八宿。二十八宿又按照四方分成四组，叫四象。四神既是四象之形象化的、又是其神话化的称谓。也就是说，在规矩镜的天宇中不仅出现了八纮，还出现了天上的星官。但是汉代官方之宇宙观的理论基础是五行学说。五行是木、火、土、金、水，对应的五方是东、南、中、西、北；五色是青、赤、黄、白、黑，等等。因此四神与五行不能整齐搭配，进而遂将四神扩展为五灵。纬书《礼纬稽命征》称："五灵配五方：龙，木也；凤，火也；麟，土也；白虎，金也；神龟，水也。"许慎的《五经异义》、蔡邕的《月令章句》和杜预的《春秋左传序》中都有相同的说法。而在这面镜子上，于规矩纹之间，主要的灵禽瑞兽正是由青龙、朱雀、麒麟（它的形象是独角鹿）、白虎、玄武组成的五灵。它们的位置则与内区十二支铭文中标出的寅、巳、未、申、亥相对应。而这又正和汉代祭祀五帝的坛位的方位一致。《后汉书·祭祀志》所记东汉雒阳郊兆的情况是："青帝位在甲寅之地，赤帝位在丙巳之地，黄帝位在丁未之地，白帝位在庚申之地，黑帝位在壬亥之地。"从而进一步证实了这面镜子之图案的位置是严格遵照五行学说排列的。它是谶纬盛行的时期中，象征天宇的一种神秘化的图案。

准确地说，这种镜子应该叫规矩五灵镜。当然，因循旧说称之为规矩四神镜亦无不可。但近年有不少著作将它定名为博局镜，颇不妥。因为博局上的规矩纹不是其原创，而是从栻盘上借来的。其所谓"恶道"等路数也是据栻盘推演的阴阳吉凶之说移植过来的。如若援博局为铜镜命名，就有点倒果为因了。

孙 机

□ 规矩镜上的神兽与其方位

125

凤镇

M.724—1910
汉
高6.4厘米
乔治·素廷遗赠

铜镇作凤鸟形，蜷曲俯卧，回首以喙衔尾。错金并镶嵌绿松石，异常华美。唯其底缘略残。

中国古代在居室内铺席，但并不覆盖全部地面，只铺在坐卧之处，所以表示谦恭时或“避席伏地”。为了防止起身落坐折卷席角，还在席之四隅置镇。已知最早的镇见于陕西宝鸡茹家庄1号西周墓，形制不甚规整。浙江绍兴印山春秋越国大墓出土的镇呈秤锤形。而在湖北随州擂鼓墩、江陵九店、荆门包山等地之战国墓出土的镇，则多呈器盖形。到了汉代，铜镇的造型蔚为大观，其中的动物形镇尤富精品，多为兽形，如虎镇、豹镇、熊镇等。它们常蟠屈或蹲踞成一团，以免牵羁衣物，但身姿并不显得局促。禽鸟形的镇比较少见，因为它们的姿势更不容易处理。西安市文物库房所藏鎏金铜凤镇，作回首衔背羽状，用意与此镇差近；唯本品的安排似乎更自如一些。

一套完整的汉镇应为4枚。河北邢台西汉刘迁墓、山西阳高古城堡12及17号西汉墓出土的镇，还放置在漆枰或石枰四角。枰是坐具，在这里正反映出其使用情况。汉镇一般重600—800克，约合2.3—3汉斤，很适于压席，实用和装饰的目的被巧妙地统一了起来。

孙　机

□ 汉代凤镇　西安出土

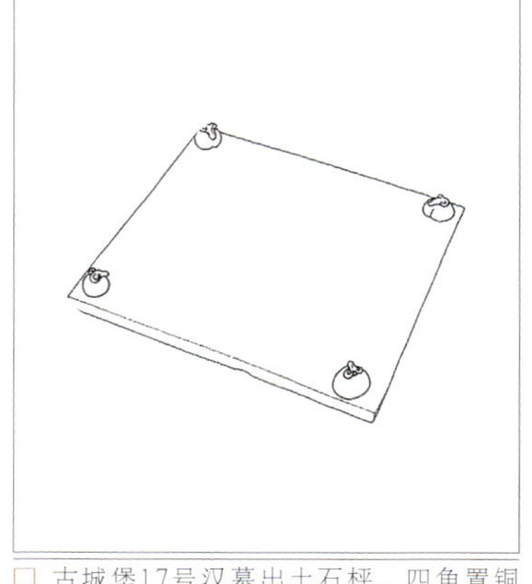

□ 古城堡17号汉墓出土石枰，四角置铜羊镇

126

银平脱方形镜

M.27—1935
唐
边长10.9—11.1厘米
乔治·尤莫霍浦路斯旧藏

此镜呈不等边的方形、伏兽钮、宽平镜缘，钮与镜缘内侧间用银片平脱出花卉图案，钮周环饰六出宝相花纹，其外纹饰虽有部分残缺脱落，仍可辨出为两组对称分布的缠枝花卉图案，整个纹饰为银片平脱而成。

金银平脱镜是唐代出现的一种特种工艺镜，主要流行于盛唐至晚唐时期。据文献记载和考古发现可知，金银平脱工艺在当时不但被用于铜镜上，还应用于漆木、铜、铁、瓷、玉、玛瑙等胎质的各类器物上。当时的手工工匠在制作平脱镜时，充分利用金银片延展性良好的特点，将其捶打成极薄的箔片，再将箔片修剪成各种花鸟虫鱼的图形，并在其上錾出纹样，然后用大漆粘合在铜镜镜背之上，经反复涂漆、抛光等多道工序，使漆面与金银饰片平齐。闪熠的金银图纹与漆色相映，目之极为富丽，正是这种复杂的做工、昂贵的用料，使其成为当时贵极一时的奢侈品。

在民国初期学者型古玩商黄浚（字百川）编纂的《尊古斋古镜集景》中载有一银平脱方镜照片，其镜缘上的锈蚀特征和镜内花纹的细部特征均与本镜相吻合，可证此镜应是黄浚在北京琉璃厂经营尊古斋期间（1910—1930）售出。日本学者梅原末治在其编著的《在欧美的中国古镜》和《唐镜大观解说》中均收录了此镜的照片，标注了收藏者为伦敦收藏家尤莫霍浦路斯先生（G. Eumorfopoulos），并在书中指出该镜的纹饰有修补过的痕迹。1935年该镜入藏维博，宝藏至今未曾展出。

盛为人

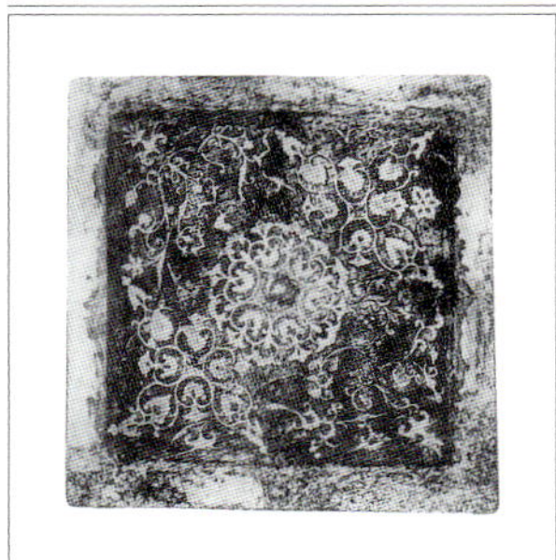

□《尊古斋古镜集景》中的照片（第237页）

□《在欧美的中国古镜》中的照片（图版第六五）

127

错金银铜凫尊

M.731—1910
宋
高16.5厘米
乔治·素廷遗赠

水鸟形，两足直立，趾间有蹼。项部拗下复昂起，喙部呈管状，延而为流。体丰硕，尾扁平，背上辟器口，颈高，唇微侈，其上装固定的矮提梁。这种器形通称凫尊。江苏丹徒母子墩曾出西周铜凫尊，可知其渊源所自。本器造型安稳沉著，孔武有力。通体错金银，虽然器身饰古风的涡纹，但颈、胸、背部皆饰梅花纹；后者不见于先秦铜器，表明它是晚出的仿古之作。宋代《宣和博古图》上著录的凫尊与此器基本相同。它大抵就是这一时期的作品。

孙 机

□《重修宣和博古图》中的“凫尊”

128

“煌丕昌天”海船镜

M.78—1937
金
直径17厘米
阿比·勒邦旧藏

八瓣菱花形铜镜，圆钮。中部有一艘单桅大船在航行。海面上全是波浪，但波谷间涌现出许多花朵。一艘船落帆缓驶在涨满花朵的海洋里，显然是和平的象征（此镜下之犀牛望月镜台见本书第131件，P242）。铜镜上部有四个较诡异的篆字，可释作“煌丕昌天”，含义不太明确。但式样基本相同的铜镜上此四字或作“天下安昌”（见《小校经阁金文拓本》），意思就很清楚了。此型铜镜除传世品外，在吉林、黑龙江等地出土较多，朝鲜也曾发现。黑龙江所出者镌有“上京警巡院”铭文。金代以会宁府（今黑龙江阿城）为上京，故这类镜子系金代制作。金虽然称不上是航海大国，但仍然以河清海晏作为理想的追求。

孙　机

□ 金代“煌丕昌天”镜　（此镜不是维博收藏的那一面，但形制相同）

□ 金代“天下安昌”镜

129

阿嵯耶观音铜像

M.155—1938
大理国时期
高28.5厘米
乔治·尤莫霍浦路斯旧藏

观音立像，戴化佛宝冠，佩瓔珞华鬘，双臂施钏。上身袒露，下着薄裙。宽肩细腰，束帛带两重，末端分三条垂下。与美国圣地亚哥美术馆所藏有大理国十七世皇帝段正兴（1147—1172年在位）造像铭的观音像，及1976年维修大理崇圣寺主塔时，在塔顶发现的11至12世纪初大理国金质观音像的造型均极为相近。所以这是一件大理国时期的铜造像。

大理国是以白族为主体在云南建立的地方政权，以大理为首府。立国三百余年，大致与内地的宋代相当。大理的佛教以密宗阿吒力教派为主，特别崇拜观音，称阿嵯耶观音。据说是西域僧人菩立陀阿最早传入云南的菩萨像，其风格曾受到印度犍陀罗艺术和东南亚一带古代造像的影响。这种观音像在西方的许多单位（除圣地亚哥美术馆外，如克里佛兰美术馆、大都会博物馆、波士顿美术馆、芝加哥美术学院等）均有收藏。它们的来源大都是1925年大理地震时从崇圣寺主塔顶上坠落之物，后被贩运出去的。1980年代在大理本地还曾征集到这种铜像，其出处亦应追溯到1925年的地震。

孙　机

□ 阿嵯耶观音金像　1976年崇圣寺主塔发现

□ 段正兴铸造的观音像及铭文

130

吕洞宾立像

71—1889
明
高25.5厘米
史提芬·布绍尔旧藏

铜像作站立状。头微低，戴荷叶巾。面相忠厚，双目微闭。身着宽袖长袍，腰系丝绦。右手斜置于身前。整件立像充分发挥了中国传统的塑造手法，以娴熟的技巧细致刻画了人物的面容和神态，同时还着力对衣纹进行了细致的刻画，使人物形神兼备。从面容、服饰看这件铜像塑造的人物应是传说中的八仙之一吕洞宾。

吕洞宾，唐末道士。名岩，字洞宾，号纯阳子。唐河中府（今山西永济）人。会昌中，两举进士不第，遇钟离权授以黄粱梦点化，并以十试来考察吕洞宾问道之心是否坚固，十试之后，授以丹诀。传说曾在江淮斩蛟。元代封为“纯阳演政警化孚佑帝君”，被道教全真道尊为北五祖之一。宋元以来，小说、戏曲多有描述。

苏　强

131

犀牛望月鎏金铜镜台

M.737—1910
明晚期—清前期
长27厘米
乔治·素廷遗赠

镜台下部为一只顶生独角的卧犀，作回首反顾状。犀背载云朵，托起仰月形凹槽，用以支承铜镜。犀首朝向弯月，构成了犀牛望月的图案，含有特殊寓意。《关尹子·五鉴》："犀牛望月，月形入角。"《妮古录》："吕东莱蓄犀带一围，文理缜密，中有一月影，过望则见。盖犀牛望月之久，故感其影于角。"犀角一般呈棕褐色，如果角中心有一条白缕，中国古代称作"通天犀"，认为是由于犀牛长时期望月，将月影留在角内形成的。剖开这种犀角制作的带极其珍贵，"通天白犀带，照地紫麟袍"（白居易诗），成为倍受艳羡之物。从而犀牛望月就被视作从上天求得祥瑞的象征。

中国古代的镜台多为漆木构件，金属制品较少。东汉时开始出现铜镜台，底部为圆座，中立支柱，柱顶分叉，扩展为左右对称的圆弧形凹槽，两端饰龙头。铜镜嵌在槽里，可装可卸。这类镜台在河南洛阳出过两例，在陕西西安也曾征集到其部件，还有一件已入藏美国纳尔逊艺术博物馆。但汉代以后，金属镜台转而少见。四川绵阳和资中两地出土的南宋铜镜，有的在镜之下缘铸出云朵形托，而在背后架短柱将镜子支起。这类云朵和铜镜是铸接在一起的，不能分开；它们是镜子的延伸部分，而不成其为单体的镜台。湖南还曾出土一件云形托和短柱都保存完好的宋镜，这种式样的镜子一直沿用到明末，崇祯年间刊印的版画中仍能见到。至于在动物形底座上加装云朵，使之成为独立的镜台者，北京市文物工作队曾征集到一件，其下部呈卧兔形，造型与本品相当接近。但它的时代不太明确，一般笼统地定为明清时之物。

与卧兔镜台不同的是，本品之底座为犀牛形。上古时代，中国大陆上有野生的犀牛，不仅华南有，在华北大平原上犀牛也成群结队地出现。甲骨卜辞中常提到殷王猎犀，有一条关于焚林而猎的记事中说，那一次就猎获犀牛71头（《乙》2507）。山东寿张出土的商代铜器"小臣艅尊"，造型是一头生着鼻角和额角的苏门犀，相当逼真。西汉时，陕西兴平出土的犀尊、四川昭化出土的犀形带钩，也都以写实手法表现出苏门犀的形象。东汉以后，野生犀牛的数量减少。至唐代，虽然华南山区尚存在若干种群，但数量不多，中原匠师见到犀牛的机会很少，所以唐锦和唐镜中的犀牛都有点走样。北宋以降，人们对犀牛愈益隔膜。到了明代，《证类本草》（一部权威的药典，1523年刊）中所绘之犀变成顶生独角的黄牛，明代官服所缀补子上的犀牛亦然。甚至于谦在河南开封所铸著名的镇河铁犀也遵循这一格式。本品之犀的造型和它们相一致，所以时代不能早于明。但考虑到明末版画中的镜子仍用云形托和短柱支撑，则此犀牛望月镜台的制作晚到清代也是有可能的。

此外，还值得注意的是，本品之犀虽作俯卧状，但右前足据地欲起，显得静中有动势，稳健中饶有生气。它和北京颐和园十七孔桥头之清乾隆时所铸铜牛的身姿类似。二者的时代应相去不会太远，才有可能表现出这样的共性。

孙 机

□ 西汉铜犀尊　陕西兴平出土

□ 商代小臣艅尊　山东寿张出土

□ 铜卧兔镜台　北京市文物工作队征集

□ 明正统十一年(1446年)铸造的镇河铁犀　河南开封辛庄出土

□ 唐锦上的犀牛纹　日本正仓院藏

□ 明代缂丝补子上的犀牛

□ 汉镜与镜台　美国纳尔逊博物馆藏

□ 宋月宫镜（带托和支柱）　湖南出土

□ 明万历刊本《牡丹亭还魂记》中的镜台

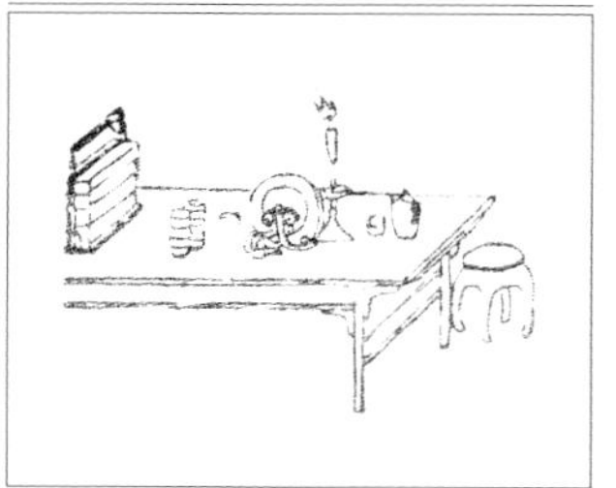
□ 明崇祯刊本《西湖二集》中的镜台

嵌银丝文具（1套）

M.605—1924
清
皇家亚洲学会赠

这套文具由三枚印章、印盒、砚台、墨床、笔架、笔筒、瓶、水丞、如意等组成，均为铜制。其中笔筒作直筒型，敞口，表面饰有竹石图。一侧有篆书诗句“铜绿格前新刺史，琉璃盒外旧中书”及“珍玩”二字印章款。砚盒为圆角长方形，盒盖面上有篆书诗句“池中洗砚鱼吞墨，松下烹茶鹤避烟”及“清玩”二字印章款。四周饰回纹。纹饰及文字均以银丝镶嵌而成。其他文具表面亦有银丝镶嵌的卷草、竹子、回纹、云纹等纹饰及“石叟”二字款。

石叟，明末人。据《萝窗小牍》记载：他“善制嵌银铜器，所作多文人几案间物，精雅绝伦”。中国国家博物馆收藏有一件“石叟”款铜观音像，衣领和袖口均有银丝勾勒出的云纹图案。人物刻画生动传神，衣纹简洁流畅。背部有嵌银“石叟”二字款。

在我国文房用具中，笔、墨、纸、砚被称为“文房四宝”，其他辅助文房用具则称为“文房清供”。在明屠隆《文具雅编》和文震亨《长物志》中均介绍了多种文房清供。它们作为一种实用器物，不仅种类繁多，而且所用材质也十分广泛，如北京故宫博物院收藏有竹制的成套文具。此外，还有木、玉、石、铁、雕漆、牙、角等材质的。这套文具原是托马司·斯当东之物。斯当东曾服务于英国东印度公司，于1816年随英使阿美士德访华。

苏　强

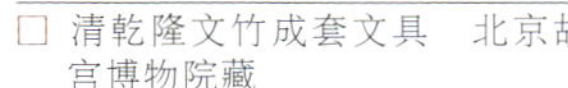

□ 清乾隆文竹成套文具　北京故宫博物院藏

□ 明代“石叟”款铜观音像　中国国家博物馆藏

133

老子骑牛铜像

M.2—1922
清
高94.5厘米，宽95.2厘米
史驰夫夫人赠

老子，春秋时人。据《史记·老子韩非列传》："老子者，楚苦县厉乡曲仁里人也，姓李氏，名耳，字聃。"做过周朝"守藏室之史"，孔子曾向他问礼。著有《老子》一书。

□ 清代人物骑牛香炉　英国大英博物馆藏

据《古小说钩沉》辑《列异传》："老子西游，关令尹喜望见其有紫气浮关，而老子果乘青牛而过。"这件铜像就表现了老子骑牛出关的这一场景。老子端坐于牛背上，头顶长而隆起，慈眉善目，身著宽袖长袍，袒胸露肚，左手拿一书卷，右手扶在膝头。牛为水牛，躯体壮硕。头上有尖角，双眼圆睁，牛尾下甩，一蹄微抬作行走状。这件铜像铸造精致，比例适当，人物刻画传神，包浆醇厚，保存完好。

英国大英博物馆收藏有一件清代的人物骑牛香炉，牛的造型与这件铜像相近。

苏　强

134

剔犀云纹银里杯

FE.10—1974
北宋
直径9.4厘米
哈利·嘎纳赠

此件剔犀云纹杯内表包银，外表髹黑漆，其下髹红色，纹饰为如意云纹和心形纹，花纹连续，上大下小有变化。

这件剔犀杯的特别之处，是杯内包银为里，体现了剔犀漆器在中国古代上层社会中的价值。其制作工艺与清宫旧藏的一件元代剔犀云纹圆盘有着异曲同工之处，同样都是漆色黝黑光亮，雕刻深峻，器物表面光滑莹润，线条流畅委婉，属元代剔犀精品。此件剔犀杯造型奇特，应属于宋元时期制作的风格，与曾在江苏张家港宋墓中出土的一对银里剔犀碗极为相似。该墓墓主人系北宋大观元年（1107）下葬，这样也为此件器物的断代提供了依据。

于 璐

135

木雕水月观音像

A.7—1935
金
高114.2厘米
乔治·尤莫霍浦路斯旧藏

木雕观音菩萨像，髹漆施彩绘。此像宝冠高耸，中有化佛。胸佩璎珞，戴耳珰手钏。上身赤裸，下身的衣纹流丽圆转，富于写实韵味。雕像右腿支起，右臂舒畅地搭于右膝，左腿自然下垂，坐在一块顶面较平整的礁石上。这个体裁的用意是：菩萨在海边观月影，有所感悟而进入冥思，故称水月观音，是观音三十三身像中之较常见者。为表示观月，像背后常出现一轮代表满月的大圆光。这在绘画中表现得很清楚，而在雕塑中由于圆光不易处理，或被略去。水月为大乘十喻之一。《大智度论》说，诸法“如水中月，如镜中像”，言法无实体，知识界的信徒多服膺斯义。但将它赋形而造像，则印度尚无先例，它是在汉传佛教中创造出来的。据唐张彦远《历代名画记》说，周昉“妙创水月之体”，因而这种造像不早于唐。莫高窟藏经洞所出五代纸本绘画《水月观音图》，像后的月影如真似幻。而浙江金华万佛塔基出土的五代水月观音像，将铜质圆光安排得也还妥帖，是罕见的实例。唯圆光边缘上探出火焰，未免蛇足。不过不带大圆光的也不少，宋、金时期，如四川安岳毗卢洞与山西平遥双林寺的雕塑中，都有这种造像。美国纳尔逊美术馆所藏木雕水月观音，更和本品十分肖似。它是汉传佛教造像中最优美的艺术形象之一。

孙 机

□ 木雕水月观音　美国纳尔逊美术馆藏

□ 金铜水月观音　浙江金华万佛塔出土

□ 山西平遥双林寺彩塑水月观音像

136

加彩木雕罗汉坐像

A.29—1931
元
高98厘米，宽82厘米
购自布诶父子公司

这件木雕像是整块木料雕成，为中年僧人形象，着宽大的僧袍，以闲适的姿态斜倚在几上。宋元之际，木刻圆雕技法比较简洁，人物形象自然、流畅、写实，特别是把握住了人物的性格，将人物神貌特征、精神气质细腻地刻画出来。

罗汉是释迦摩尼的弟子，是真实存在过的历史人物。世尊为使佛法在佛灭度后能流传后世，使众生有听闻佛法的机缘，嘱咐罗汉不入涅槃，永驻世间，分居各地弘扬佛法，利益众生。

张　萌

137

剔黑双凤纹盘

FE.20—1974
元
直径31.8厘米
哈利·嘎纳赠

盘髹黑漆，剔黑两只凤鸟，一只穿行于花丛之中，一只栖于牡丹花之上，繁花似锦，牡丹花或盛开，或含苞待放，主次分明，层次清晰。凤鸟为神鸟，象征着高贵、吉祥；牡丹为富贵之花，寓有大富大贵之意，因此这件剔黑双凤纹盘是吉祥富贵的象征。

剔黑为雕漆之一，剔即为雕，剔黑就是雕黑漆，其制作手法与剔红相似。元代的雕漆中只有剔红、剔黑、剔犀三个品种。元代的雕漆在漆胎上涂漆可达百层以上，在此件剔黑作品这样厚的漆层上雕刻花纹，会使得花纹更富有立体感。由于元代的雕刻工艺非常发达，使漆器的雕刻无论在花纹造型，还是雕刻的工艺上都让人叹为观止。

于 璐

138

剔红花卉纹盏托

FE.23—1974
明　永乐
直径16.5厘米
哈利·嘎纳赠

该器中空，上为钵形托口，中间承以葵瓣口盘，下接外撇高圈足。素地黄漆之上层层髹朱漆，剔刻出菊、茶、牡丹、栀子、石榴花等，中空部分髹黑漆。无款。

这件藏品为哈利·嘎纳爵士捐赠，早在1964年就曾在《中国工艺》一书中被公诸于世。北京故宫博物院藏有一件与此相同的剔红花卉纹盏托，高11厘米、口径12.5厘米，足内针划“大明永乐年制”单行竖款。可证该器亦为明永乐产品。

此盏托是永乐朝御用漆器作坊的产品。永乐时专为宫廷制作漆器的御用作坊是明成祖迁都北京后，在果园厂设立的。据明刘若愚《明宫史》所记，其位置在明皇城内的西侧。果园厂所用之漆，乃自给自足。清初顾祖禹《读史方舆纪要》记洪武初即设立了漆树园。果园厂制漆器有一定的程序，明高濂《燕闲清赏笺》记：“我朝永乐果园厂制，漆朱三十六遍为足，时用锡胎木胎，雕以细锦者多，然底用黑漆，针刻大明永乐年制款文，似过宋元”。清初高士奇《金鳌退食笔记》采用了这种说法，并进一步认为永乐漆器超越了元代制漆大家张成、杨茂的作品。可以看出，该盏托确如文献所记为木胎、黑漆底，但并未镂雕细锦，对照众多传世品不难发现剔刻花卉纹的一般无锦地，而山水人物纹则多有。果园厂隶属于工部下的营缮所，据《明太祖实录》，营缮所设所正、所副、所丞各二人，是从木匠、石匠、漆匠等众多工匠中选出的技艺精湛之人。而据《嘉兴县志》所载，永乐时的营缮所副有一名叫做张德刚，他就是上文提及的元代制漆名匠张成之子，其漆艺是子承父业，对当时及后世影响深远。明初或者说永乐、宣德时期的漆器都是延续了元代张成、杨茂的作品风格。明《髹饰录》载明代漆器的工法是“以唐为古格，以宋元为通法”，运刀“藏锋清楚”，压花“隐起圆滑”。我们看到的这件盏托就是永乐剔红的代表作品之一，髹漆厚腴，刀法圆滑，藏锋清楚，确实延续了宋元以来的一贯风格。或许这件剔红花卉纹盏托当年就是在果园厂内经张德刚之手问世的呢。

现存的永乐漆器大部分都是传世品，以剔红最多。剔红是雕漆的一种，这种工艺始于唐，兴于宋元，盛于明清，而元末明初是其鼎盛时期。这件永乐剔红盏托是明代漆器中翘楚之作。评判标准正如明曹昭、王佐《新增格古要论》所说：“剔红器皿无新旧，但看砞厚色鲜、红润坚重者为好。又若黄地子剔山水人物及花木飞走者，虽用工细巧，容易脱起。”该盏托乃黄地子剔花木，朱漆厚重而鲜艳润泽，不但用工细巧，且并未脱漆。永乐剔红器以盒、盘为最常见，像这样的盏托存世极少，所以倍显珍贵。至于当时漆器的价值，可从明高友荆《燕市漆器歌》中窥得一斑：“永宣之世号殷实，诸方职贡来京师，有物沉沉其名漆，填漆剔红及倭漆，买卖时值十万钱”。无独有偶，清乾隆时人朱琰《陶说》记明神宗尚食御前的一对斗彩鸡缸杯，也是值钱十万。酒杯中排名首位的斗彩鸡缸杯，又是御前使用的，竟与漆器价值相当，可以想见当时漆器之贵重了。

丁鹏勃

139

剔红龙凤纹三屉方桌

FE.6—1973
明 宣德
高79.2厘米，宽119.5厘米
费兹·卢比尔旧藏

桌为长方形三屉样式，内外髹以黑漆，外剔红为饰，桌面及抽屉均有龙凤装饰及牡丹花、栀子花、莲花、如意头等纹饰，牡丹盛开，游龙戏凤，雕刻极为精致，画面甚为鲜活。

此件剔红龙凤纹三屉方桌属于典型的明代漆器家具，应为果园厂专供宫廷而制造的"御用家具"之一。无论从制作工艺及技巧上都是民间制造无法企及的。果园厂的雕漆保持了元代张成、杨茂雕漆"浑厚圆润，藏锋清晰，磨工大于雕工"的特点。果园厂遗址今不存，据文献记载，应在西安门内，棂星门以西，约为现在西什库之东的灵境胡同一带。

从此件方桌的龙凤图案上看，同属标准的明宣德时期造型，是明代御制雕漆家具中精品之中的精品，以其尺寸之大，制作之精细，在现今存世的同类器物中也是不可多得的，在当时也属于上乘之作。

于 璐

□ 剔红方桌后部錾文"大明宣德年制"

140

填漆龙凤纹小柜

FE.7—1973
明 宣德
高48厘米，宽56.5厘米
费兹·卢比尔旧藏

此件龙凤纹柜为木胎，通体长方形，箱顶有盖，前有插门，前、后均有铜镀金合页，左右有提环，内装大小抽屉十个。上下共分四层，其中上层有四个抽屉，第二层有三个，第三层有二，第四层有一，错落有致，典雅美观。木柜通体髹朱漆，并雕填彩漆戗金花纹，盖面、插门、各抽屉等处均饰有游龙戏凤穿花捧“寿”字纹。其填漆工艺精湛，色彩丰富，造型别致。

此件填漆小柜应为明代宫廷中的旧藏之物，属于典型的御用器物。与北京故宫博物院藏明代嘉靖年款识的一件填漆小柜有极为相似之处。从此件填漆龙凤纹柜的尺寸和形制上看，应是为当时宫廷中用于存放首饰、珠宝等贵重物品而制作。

于 璐

141

剔红人物园景图圆盒

FE.32—1974
明　嘉靖
直径8.1厘米
哈利·嘎纳赠

盒为圆形，盖面剔红，画面分为左右两岸，中为江水。左岸刻有两位高士，其中一位席地而坐，另一高士站立一旁，似正在与之交谈；其后场景饰有苍松翠柏，亭台楼阁。画面中部雕刻有细密的波浪纹表现江水，江中有三人泛舟，其中两人在舟上对弈，船头一人面向对岸的两位高士。其整体画面生动，雕刻的树木、山石、江水掩映其中，极富意境。

此件圆盒应为当时明代宫廷用器，故宫博物院的宫廷旧藏中就有许多制作精美的剔红作品，其表现手法较清代则多为突出画面的整体性，无论是人物、山水、动物图样的刻画，都与清代剔红作品有着明显的不同。此外，明代的剔红作品多在雕琢之后加以抛光，故此件剔红圆盒外观显得光滑圆润，手感也并不粗糙。而清代的剔红作品则更重视图案雕琢的细腻程度，通常省去了打磨这一流程，故外观及手感上略显粗糙，但图样画面雕刻得极为细致。明代中期以后，山水人物题材的剔红漆器主要采取在器物的主体部位用开光表现主题纹饰的形式，而开光外部装饰仍以黄漆素地为主，上压朱漆或黑漆花卉和香草纹。在开光内的山水人物图案多以朱漆为地，并刻画不同形式的锦纹，用以表现画面上不同的空间。

于　璐

142

黑漆螺钿人物纹圆盒

FE.20—1982
明　嘉靖
高12厘米，直径28厘米
哈利·嘎纳赠

圆盒表面髹黑漆，色彩乌黑亮丽。盒盖上以各色螺钿嵌人物、树木、亭台楼阁。整个画面共有13人，描绘的是状元省亲的画面。状元身着华服，骑于马上，头上张着华盖罗伞，前有头戴尖帽的官役捧着文书开道，上方以螺钿装饰有楼阁两重，楼阁上共有4人，彼此交谈。在上方的楼阁檐柱上，刻有“嘉靖丁酉年”五字。“嘉靖丁酉年”为明世宗嘉靖十六年，即公元1537年。

明代嵌螺钿漆器制作精细，此件黑漆螺钿圆盒所选取的螺钿薄厚适中，所以能反射出五彩艳丽的光线。从款识上看，本件器物应为嘉靖时期宫廷用器。此件嵌螺钿漆圆盒制作手法较为独特，人物刻画精细、生动，虽历经400余年仍旧光泽如新，不失为当时嵌螺钿漆器的佳作。

于　璐

143

剔红婴戏纹圆盒

FE.45—1974
明　万历
直径7.1厘米
哈利·嘎纳赠

盒为圆形，盖面剔红婴戏图。以锦纹饰地面，整个画面共有三个孩童互相追逐嬉戏，中间一人手执桂枝，象征富贵之意。画面中的人物表情生动，刻画细腻逼真。将儿童的天真活泼与吉祥寓意结合在一起，表现手法极为精妙。

明代剔红作品中，圆盒所占的比例较大，其画面所表现的也多是山水、人物、楼阁、龙凤、吉祥图样等。很多器物到了清代，又增加了御题诗文等款识，足以见其在宫廷用器中的受欢迎程度。类似本件作品的婴戏图案却不太常见。婴戏图样的形成应追溯到唐宋时期，宋代尤为多见，属于其发展的黄金时期，如磁州窑的婴戏纹枕就是其中的代表作之一。婴戏图发展到了明清时期，更多的则是代表多子多孙的吉祥寓意。从其形制和制作手法上看本件剔红婴戏圆盒应为明代中晚期的作品，其画面所突出的内容也从以前的繁冗、细腻逐步转化为生动、活泼，为当时剔红作品中的代表之作。

于　璐

雕漆交椅

FE.8—1976
明
高114.5厘米
哈利·嘎纳赠

剔红交椅，搭脑前曲成为扶手。直靠背，下截为壸门亮脚，上截饰开光。绳编软坐屉。两对交足，前足附踏脚板。搭脑、靠背和足部均在多层朱漆地上雕刻龙纹和云纹。刀法精密规整，一丝不苟。

交椅自胡床即折凳发展而来，出现于宋代。宋张端义《贵耳集》中说："今之校（交）椅，古之胡床也。"胡床常用作行军时便携的轻便坐具，后来将领升帐时将它加工成交椅，以显示身分，如在黑水城出土的西夏版画《义勇武安王图》中所见者，承袭了这种观念，所以交椅也可以摆设在住宅厅堂之主要的位置上。在江西乐平南宋墓壁画中，交椅放在屏风正前方，两侧且有执扇之侍女。元墓壁画中也能看到这样的安排。内蒙古赤峰元宝山元墓中的"夫妻对坐图"，男主人坐交椅，女主人坐圆凳，交椅显然具有较高的地位。而在陕西蒲城洞耳村元墓的"对坐图"中，墓主夫妇都坐在排成"八"字形的交椅上，可见其使用范围在逐渐扩大。明清时，这种较尊贵的坐具应比前代更普遍，但传世品并不多，因为搭脑和扶手连接成的椅栲圈弧度很大，容易折断，不便保存。尽管如此，但此物仍受到重视，清代郎世宁所绘《哈萨克贡马图》中的乾隆皇帝就坐在交椅上。

本品应为明代所制，重要的证据之一是其前腿上弯处未用角牙填塞支撑，仍沿用宋元旧制。而清代的交椅却几乎无例外地都在此处装角牙，甚至还用铜活加固。又，本品雕出的龙纹有五爪，说明它原是宫廷中的用具，就更加珍罕了。

孙　机

□ 江西乐平南宋墓壁画中所见交椅

□ 清代郎世宁绘《哈萨克贡马图》中坐交椅的乾隆帝

□ 西夏版画《义勇武安王图》中关羽坐交椅　宁夏黑水城出土

□ 内蒙古赤峰元宝山元墓壁画"对坐图"

□ 陕西蒲城洞耳村元墓壁画"对坐图"

145

金漆木雕关帝像

A.7—1917
明
高120厘米
散迪文赠

关羽为三国蜀将，卒谥壮缪。宋追封武安王，明追封协天护国忠义大帝。明清时城乡多处立关帝庙。本品是某座庙中的关帝木雕像，髹金漆，刻工很精细。此像戴幞头，着锁子甲。但并非军人实战中所用之铠甲的式样，而是模仿宗教造像中天王的装束，特别是与山西平遥清凉观明塑护观神将十分肖似。二者的披膊两端、腰带上下之掩脐的圆护、左右两处膝裙的膝盖部位，都做出兽头装饰，彼此如出一辙。故本品亦应为明代所制。

关羽之所以受到不寻常的崇拜，是由于在戏曲小说中对他的故事不断渲染的结果。此像在眼框上方描画出的吊起的眉毛、颌下的五绺长髯，都是戏剧里的扮相。此像未戴盔而戴幞头，也是根据民间流行的说法。宁夏黑水城出土的西夏版画《义勇武安王关羽图》、元刊杂剧《关大王单刀会》插图，以及明代绘画《关羽擒将图》中，关羽皆戴幞头。又，此像掩裆的鹘尾已垂至膝部，与实战中所用者亦不相同。宋代《凌烟阁功臣图》中的薛仁贵像，鹘尾之长不过一尺上下，应接近实际。因为战将要骑马，鹘尾长了势必形成障碍。然而到了清代，剧装的长靠中却将它发展为垂至脚面的靠牌子，外施吊鱼等；虽然好看，却不近情理。可见剧装的影响力太大，连洪宪皇帝袁世凯的戎服也如是仿效。本品之靠肚的下片还没有长到这程度，正可以看作是它的一项时代特征。

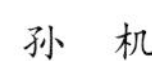

□ 1915年袁世凯身着新设计的洪宪皇帝戎服

□ 山西平遥清凉观明塑护观神将

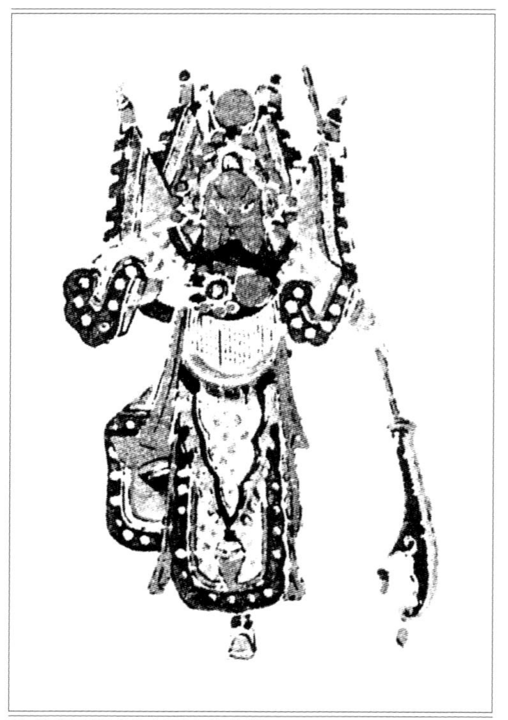
□ 清代民间戏曲年画中的关羽

□ 宋代《凌烟阁功臣图》中的薛仁贵

□ 底螺钿“居业堂”篆书款

146

“居业堂”款漆螺钿小方杯

FE.75—1974
清 康熙
宽6.1厘米
哈利·嘎纳赠

杯为四方形，口外侈，上宽下窄，形制小巧。杯通体髹黑漆，外壁以五彩螺钿镶嵌成山水人物图案，底部以螺钿嵌篆体“居业堂”款。方杯整体造型精致典雅，颜色艳丽，工艺堪称精湛。

嵌螺钿黑漆器物在清代的漆器制品中较为常见，通常有各种样式的盒、箱、桌、几等。这件小方杯体量虽小，但制作工艺精湛，所选用螺钿为衬色的软螺钿，其上的红、蓝、紫等颜色绚丽多彩，加上嵌金箔的点缀，更加惊艳夺目，彰显其高贵的品质和一流的制作工艺。

于 璐

□ 外底螺钿“千里”篆书款

147

“千里”款黑漆螺钿执壶

41—1876
清　康熙
高36.2厘米，宽12厘米
早期采购

此壶断面呈四方角海棠形，盖呈球面形，盖上饰方形纽，壶身修长，柄作方耳状，流细长而略卷曲，矮足为委角方形。壶颈为腰鼓形，方柄与曲流左右相配，下有方足，上有方纽，造型变化极富韵致，有雍容典雅之意趣。

壶通体满髹黑漆为地，黑地上以绿松石、红玛瑙、珊瑚、白色和绿色螺钿镶嵌纹饰。四个角棱边嵌有鱼子片和细小六瓣花纹，曲流、方柄嵌小团花纹。颈部四开光和腹部四开光嵌八幅花鸟小景，有折枝梅花、折枝牡丹等，花间叶下或鸟或蝶，形象逼真。该壶造型修长，颜色素雅淡逸，外底螺钿“千里”篆书款。江千里，字秋水，为晚明浙江嘉兴人，是明代漆嵌螺钿的高手，其制品以人物形象饱满、色彩变换精细的薄螺钿而著称。此件嵌螺钿执壶堪称江千里嵌螺钿漆器的代表作，与国家博物馆所藏的一件同类型器物极为相似。

于　璐

148

款彩十二曲屏风

130—1885
清　康熙
高270厘米，宽53.3厘米
购自史格费德·冰（巴黎）

屏风为十二扇，正面髹黑漆为地，刻灰填彩漆。屏风上饰有龙纹，正面连成一幅全景式仙境图画，由近处的松石、灵兽，延向远处的水面上、陆地上、海上，均有代表祥瑞、神仙象征的景物：如鹿、麒麟、锦鸡、仙台等，配以奇石、花木。整幅画以开阔的构图和生动的画面，构成了一片灵动的理想世界，充满了吉祥与富贵之意。

屏风背面四周以博古、插花等点缀，中间的十扇画面，又交替配以法书、扇面作品等，内容充实、生动。其画面中由左至右依次为：第一扇，由上至下，绘以钟、博古插花、仿古方鼎、佛手供盘、玉璧等装饰。第二扇，绘以文嘉款山水扇面，沈周款的花卉扇面，配以唐寅款草书五言律诗及陈继儒款行书五言律诗。第三扇，装饰有张国经款隶书七言律诗和之瑾款草书扇面，并饰以田叔、程胜款的两幅山水风景画幅。“田叔”为蓝瑛的字，蓝瑛为明末清初的书画名家，与文徵明、沈周并重，是浙派后期代表画家之一。第四扇为凌云翔款花卉扇面，府佐款山水扇面，配以米友仁的篆书四言古诗以及王思任的行书七言绝句作品。第五扇为林瓒款行书五言律诗，宋可发款草书七言律诗扇面作品，配以谢时臣款山水图页，以及赵珣款江岸雁栖图页。第六扇为范宽、文徵明款识的两幅山水扇面作品，以及王守仁款楷书七律迎贺诗，陶望龄款七言绝句。第七扇为昭远、陆治款山水扇面，配以两幅书法作品，其中一幅为黄道周款七言律诗。第八扇为两幅山水扇面，配以王世贞款行草七言律诗及朱完款草书五言律诗作品。第九扇为两幅书法扇面作品，其中一幅内容为唐代刘慎虚的草书“阙题诗”，此外还有克弘款山水及毛凤款花卉小品两幅。第十扇，两幅扇面中的一幅为胡宗仁款山水作品，配以屠隆款隶书七言律诗，另有徐渭款草书七言绝句。第十一扇为赵宧光款篆书五言律诗扇面，元璐款草书五言律诗扇面，配以钱选及高友款山水小品两幅。其中元璐为明末书法家倪元璐，乃天启二年（1622）进士，官至户、礼两部尚书。最后一扇与第一扇屏风内容相似，同为博古图案。

此件屏风造型独特，从装饰的图案上来看，应属于清代早期的典型造型，螭龙的神态和游走动作都刻画得十分逼真，屏风整体制作精美，极富内涵。从屏风上的书画作者上看，均为知名的书画家，如唐寅、谢时臣、王守仁、米友仁、陶望龄等，不论是绘画作品还是书法题字，都代表了当时最为杰出的水平。此件漆屏风同维博收藏的另一件17世纪早期描绘西王母寿宴主题的款彩屏风极为相似，据考证应为当时官场中一定级别以上通行的退休贺礼。本件十二曲屏风具有极高的艺术价值和文物研究价值，弥足珍贵。

于　璐

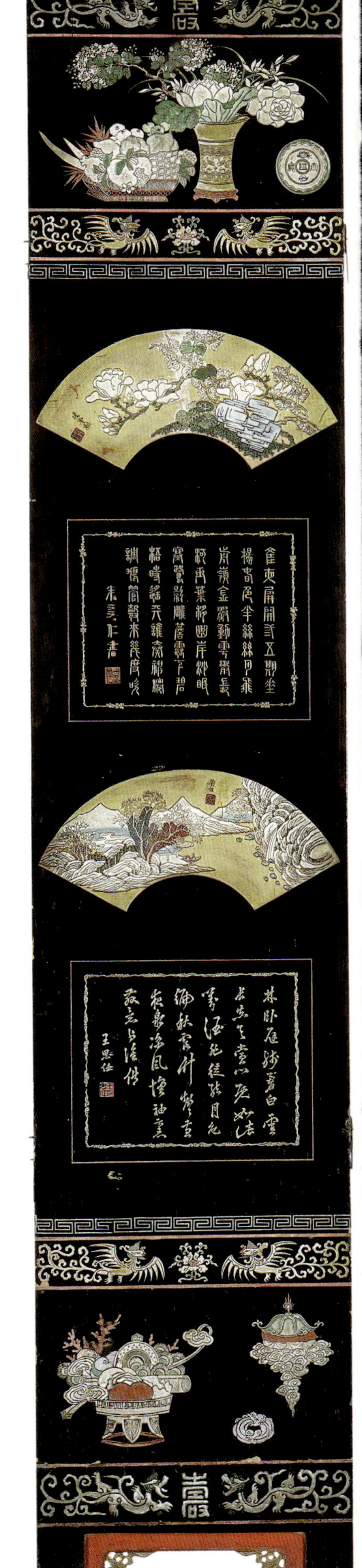

銀燭朝天紫陌長禁
城春色曉蒼蒼千條
弱柳垂青瑣百囀流
鶯繞建章劍佩聲隨
玉輦步衣冠身惹御
爐香共沐恩波鳳池
上朝朝染翰侍君王
王守仁

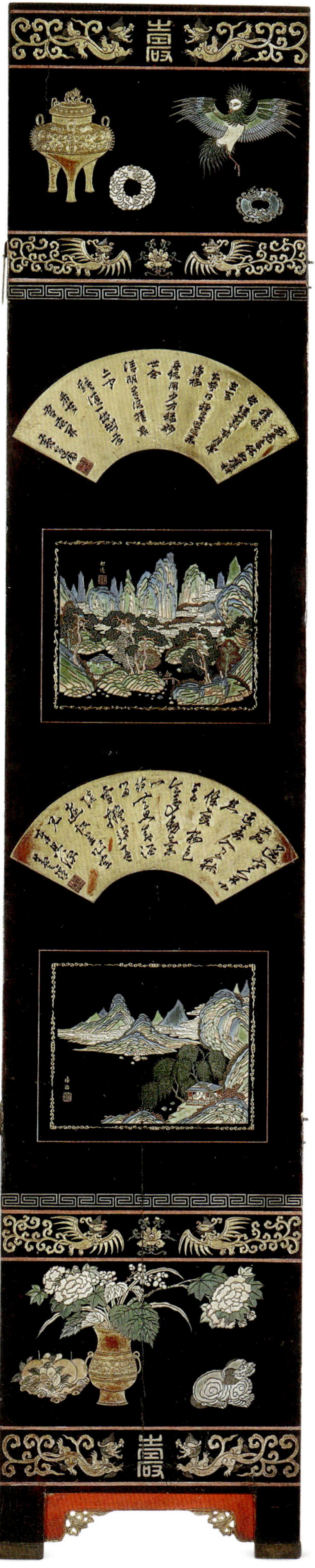

149

百宝嵌漆花蝶纹方盘

W.611—1910
清 康熙
高3.2厘米，长24厘米
乔治·素廷遗赠

盘近方形，四角均成葵花式样，其上以不同材料装饰成梅花和蝴蝶的图案，其造型生动，色彩绚丽，制法精巧。

百宝嵌有两种表现形式，一为隐起如浮雕，一为没有起伏，与胎地平齐。此件漆花方盘的制法则属于前者。用百宝嵌成的图案花纹会随着照射光线角度的变化，发出各种各样的光彩。进入清代以后，百宝嵌逐渐发展成为家具制作的重要镶嵌技术之一。

清代为百宝嵌制作的发展高峰时期，故宫博物院所藏的百宝嵌五老观日图长方盒制作于清早期，是当时宫廷制造的典型器物。此件百宝嵌方盘造型别致、构图清新，是集实用性和观赏性于一体的精美艺术品。

于 璐

□ 盘内花蝶纹

150

剔红“春”字龙纹圆盒

655—1872
清　乾隆
直径17.3厘米
早期采购

盒为圆形，平顶，直壁。内底髹黑漆，盖面剔红。盖面圆形开光内雕聚宝盆，盆内映射出万道霞光，上托“春”字，“春”字中心圆形开光，居中刻一寿星，其旁衬有松柏和文鹿，取“春寿”之意。“春”字两侧各雕龙纹，四周衬托彩云，盒壁上下各有开光四组。从刀口处可见漆层厚重，漆色为纯正深红，龙纹剔刻清晰舒展，纹理之间甚为紧密。此为乾隆朝难得一见的剔红精品。

剔红工艺为雕漆的品种之一。乾隆时期的雕漆技法一改明代漆器那种雕刻刀法圆熟光润、藏锋清楚的风格，而以力法纤细、藏锋不露的风格将乾隆时代的特点完整地表现出来。乾隆时期的雕漆作品，不仅表现了清代技师工匠构图设计的卓越智慧，也显示了漆器制作精深的技巧。清宫旧藏的一件剔彩寿春图宝盒与此件剔红圆盒从造型上看十分相似，同属蒸饼式，其造型、图案均仿明嘉靖剔彩春寿图圆盒，但比嘉靖时期的作品雕刻得更为精细，漆色也更纯正。因此可以断定，此件剔红圆盒当属清宫陈设之物无疑。

于　璐

 局部

151

剔红神仙隐士人物故事图六角盒

351—1880
清　乾隆
高25.8厘米，直径37厘米
购自珍品店

盒为六边形，内髹黑漆。盒面及上、下六边以锦纹为地，剔红有苍松翠竹及神仙隐士故事图样。其造型别致精巧，刻法精湛。清乾隆时期以山水人物为题材的剔红作品，在不同的背景上，衬托各种景物，刻画山林殿阁、人物活动等，使画面层次清晰，各自成章。由于这种题材的特点或为引申历史典故，或为反映文人士大夫的悠闲生活，因而增加了深远的艺术效果。通常雕饰各种不同的图案花纹，把山水、人物等题材组织到画面中心，颇为新颖。

此件人物故事六角盒对主题画面的刻画细致入微，无论从画面中各位神仙隐士的表情、动作以及树木、花草、水波等的自然状态都生动的描绘在世人面前，实属清代鼎盛时期的剔红艺术精品，具有很高的艺术及研究价值。

于　璐

□ 盒盖上的人物图样

□ 盒侧面人物图样

□ 盒侧面人物图样

152

花梨木盆架

FE.28—1989
清
架高183.5厘米，宽65.5厘米，面盆直径44.9厘米
徐展堂夫人赠

本品是附后巾架的盆架，六足排列成正六边形，足间下部用三条枨加固，上部的枨用来放置铜盆。盆架后部的二足上升为立柱，顶部之搭脑的两端挑起，雕饰龙头。搭脑以下为壶门券口，可以晾手巾。中牌子开光，四周透雕变形拐子龙。搭脑两侧的挂牙上镂卷草纹。本品造型华奂而不失明快，应为清代中期所制。

巾架和盆架原是两件独立的家具。巾架的前身是衣架，古代又叫衣桁。早在湖北随州曾侯乙墓中已经出现，结构很简单，就是在两根下施座墩的立柱上支起一根横杆。汉代的衣架见于山东沂南画像石，已在两立柱中部偏下又加了一根横枨。到了宋代，从衣架中又分化出一类巾架，一般比衣架小些；在河南白沙、登封高村等宋墓的壁画中，都能看到巾架和盆架放在一起、互相配合使用的情况。至元代，如在山西大同冯道真墓等处所见巾架，立柱减为一根，与横杆形成丁字形。这样就产生了一个保持平衡的问题。在明万历年间，“丁”字形巾架与盆架合而为一。随后两根立柱的窄巾架也组合到盆架中，江苏苏州明代王锡爵墓的出土物可以为例。此式盆架在清代继续流行，直到使用现代盥洗设备之前，一直没有多大变化。

孙 机

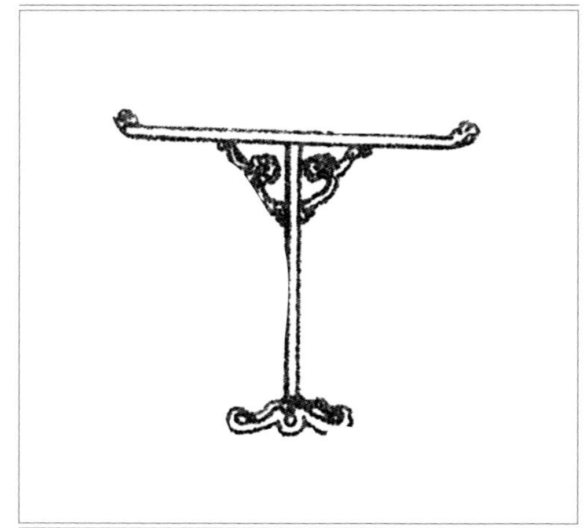

□ 单立柱巾架　山西大同元冯道真墓出土

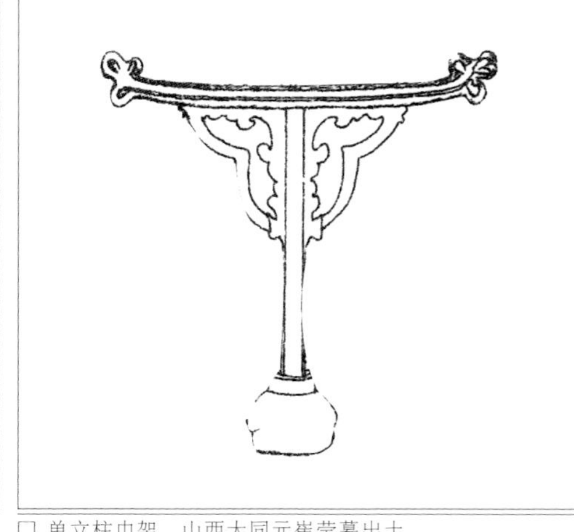

□ 单立柱巾架　山西大同元崔莹墓出土

□ 衣架　湖北战国曾侯乙墓出土

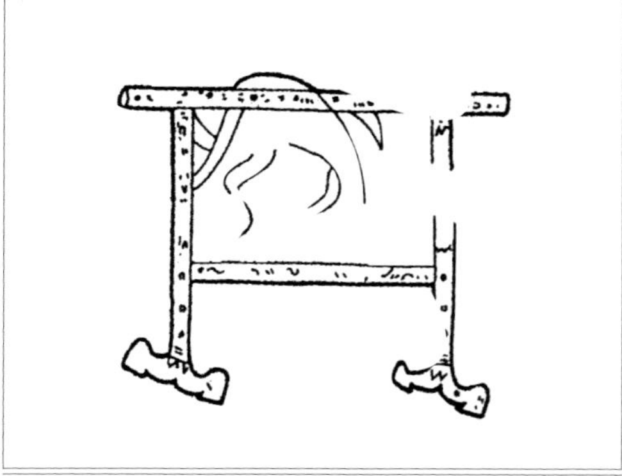

□ 山东沂南汉画像石上所见衣架

□ 盆架　上海明万历年间严氏墓出土

□ 盆架　江苏苏州明万历年间王锡爵墓出土

□ 河南登封高村宋墓壁画中所见巾架与盆架

153

漆螺钿小圆杯

FE.77—1974
清
直径5.7厘米
哈利·嘎纳赠

此杯为圆形，侈口，圈足。通体髹黑漆，再以嵌螺钿工艺装饰。其造型小巧精致，制作工艺高超。

这件漆螺钿小圆杯造型极为独特，无论从镶嵌螺钿的色泽和工艺效果都是当时镶嵌技术的杰出代表。螺钿图案镶嵌的匀称而不繁冗，构思奇妙，极富创意，融合了中国历代漆器制作之精华，尤其是杯底以螺钿装饰的花枝图案更是点睛之笔。从此件漆螺钿小圆杯的造型及制作工艺上来看，应属宫廷用器，与现今台北故宫博物院所藏的清代漆螺钿作品有着极为相似之处，是清代漆器作品中具有代表性的一件。

于 璐

154

雕漆宝座

W.399—1922
清
高119.3厘米，宽125.7厘米
购自史萍父子公司

此宝座的围子已如靠背和扶手。托首部位起凸，两侧的高度循波状曲线递降；三面皆于下部中央开亮脚。座面为硬屉，屉下有束腰，牙条彭起，内翻马蹄足，下施托泥。后背的开光中雕番人献宝。开光以外满雕云蝠、卷草和龙纹，几乎密不露地，但层次分明。整体效果堂皇而瑰丽。

中式宝座并不等同于一把华贵的椅子，它的基本元素是床，所以屉面的比例和椅子不同。宝座的靠背、扶手则是从屏扆演化而来。它不是单纯的坐具，而是殿堂中之仪式性的摆设。它的作用首先是要表现权威和尊严，所以宝座没有成对的，也从来不在民间家具中出现。现存之最早的宝座为山西太原晋祠圣母殿中承圣母坐像所用者，上有宋人吕吉题记："元祐二年（1087）四月十日献上圣母"，犹是宋代原物。从它的结构上仍可看出床和屏扆相结合的身影。后经过元、明时代的改进，本品的造型乃更加紧凑而合理了。

这件宝座为清中叶制品，原陈设在北京南苑宫殿中。1900年八国联军占领北京时，宝座为沙俄派驻中国的外交官掠去，后辗转售至英伦。

孙　机

□ 山西太原晋祠中的圣母像与宝座

155

三叠剔红隐士人物花卉吉祥图案椭方盒

1145—1875
清中期
高24.8厘米，宽19.3厘米
早期采购

盒为四方形委角，共分三层。通体以锦纹为地，四面剔刻有牡丹花卉纹样，盒盖刻有苍松翠柏、亭台楼阁及人物等图案，四角分别装饰有蝙蝠、团寿图样。

与瓷器上的装饰图案相比较，雕漆的效果更具有特色。瓷器上的图案为平面，而雕漆却是采用浮雕的手法，立体感特别强，尤其是雕刻出的人物、花鸟、山水、房舍等图案，无一不层次分明、形象生动，如实地反映出了本体的风格。本件剔红方盒从形制及制作工艺上来看，应属于清代中期制作，与故宫博物院清宫旧藏清中期的剔红蝉纹三层盒相比，有较为近似之处，同是造型规矩，雕刻线条柔和，因此可以推断此件方盒也应属于当时清宫中的旧藏器物，其时代应当为清中期，具有较高的艺术价值和研究价值。

于　璐

□ 盒盖上的人物图样

□ 侧面花卉图案

156

铜胎掐丝珐琅瑞兽形盒

M.192—1917
清　乾隆
高15厘米，长16.2厘米
亨利·佛罗伦斯遗赠

盒分为盖、器两部分，整体作伏卧的瑞兽形。张口露齿，头上有卷角，下颌有一绺胡须。除胸、尾部外，通体以天蓝色珐琅釉为地色，饰掐丝彩釉花叶纹和掐丝翎毛纹。胸部正中以蓝色珐琅釉为地色饰粉色花带，两侧以白色珐琅釉为地色饰掐丝卷须纹。胸下嵌长方形镀金铜片，錾阴文“乾隆年制”四字楷书款。尾部为宝蓝色珐琅釉。角、牙、四足均为铜镀金。此器以掐丝为主，工艺上掐丝与镀金相结合，制作工艺精湛，造型生动。北京故宫博物院收藏有一件造型相同的瑞兽形器，但不作盒形，纹饰也略有不同。

掐丝珐琅是大约13世纪时，随着蒙古军队西征，阿拉伯地区一些掌握珐琅制作技艺的工匠被俘虏东来而传入中国的。因此，在明初曹昭《格古要论》中又将掐丝珐琅器称为“大食窑”、“鬼国窑”。它主要以红铜制胎，再将细铜丝依墨样盘出花纹粘焊在胎上，填施由石英、长石、硼砂等混合而成的釉料，而后入窑经700～800度低温烘烧，再经打磨、镀金等工序制作而成。

经过元、明和清初的发展，至乾隆时期，由宫廷造办处珐琅作负责皇家御用掐丝珐琅器的制作。乾隆皇帝不仅勤于治国政务，而且艺术造诣深厚，对掐丝珐琅器的制作相当关注。据《造办处各作承做活计清档》记载，他不仅亲自过问掐丝珐琅器的设计和制作，而且对制作中出现的技术问题提出改进意见，对制作精美的给予赞赏，对制作粗糙的官员和工匠予以惩处。由于乾隆帝的重视及严格要求，使乾隆时期掐丝珐琅器的制作在继承康熙、雍正两朝制作工艺的基础上获得了巨大发展。在造型上依照“内廷恭造之式”，讲求精、巧、秀、雅，器形规整，比例适当，讲究对称。不仅造型千姿百态，而且种类繁多，既有宫廷陈设品、宗教用品，也有日常生活用具、文房用具等。其中仿动物造型的陈设器除这种瑞兽外还有凫壶、甪端、天鸡尊、牺尊、太平有象、仙鹤、神龟、狮子、孔雀等。

苏　强

□ 清乾隆掐丝珐琅勾莲纹瑞兽　北京故宫博物院藏

157

铜胎掐丝珐琅长方形冰箱

255—1876
清　乾隆
高72.4厘米，长109.9厘米
购自史托宝雅教授

箱体为长方形，口部为方折沿。盖上部为隆起的圆弧形，饰铜鎏金镂空双龙戏珠及蟠龙纹，其间以蓝色珐琅釉为地色饰掐丝彩釉缠枝莲纹。盖顶为铜鎏金狮形钮，狮子回首张口，双目圆睁，尾巴上扬。口沿外壁錾刻鎏金回纹一周，盖壁及炉身外壁均以蓝色珐琅釉为地色饰掐丝彩釉缠枝莲纹。炉箱体两侧各有一番人力士，两人相背呈跪蹲状，双臂向后，双手放于炉底边缘，作抬起箱体的姿态。两番人头发盘成螺形，粗眉，高鼻，双耳垂肩。身著以蓝色珐琅釉为地色的掐丝彩釉缠枝莲纹长袍，头、足均鎏金。

维博馆藏掐丝珐琅，以这件方形冰箱最著名。它入藏的年份很早，是1876年从一位住在德国纽伦堡的史托宝雅教授处买来的，声称是圆明园之物。冰箱原是一对。另一件一直深藏在英国北安普敦郡一家私人别墅内，鲜为人知。2005年别墅主人将部分家具和装饰品拍卖，外界才知道维博的冰箱并非孤品。

这件冰箱两侧的番人形象在清代掐丝珐琅器中较为常见，多作为器物的底座或耳，或站立或半蹲作抬举状。面容均为高鼻、深目、胡须卷曲，服饰打扮常作头陀的样子。北京故宫博物院藏一件清康熙铜胎掐丝珐琅双人耳长方形熏炉，炉两侧的番人形象及衣着与这件冰箱较为相近。关于这类掐丝珐琅器的寓意，以北京故宫博物院藏一件明晚期（一说清康熙）番人抬举聚宝盆式熏炉表现的最为明显，当有“番人进宝”之意。

北京故宫博物院和沈阳故宫博物院均收藏有乾隆时期的铜胎掐丝珐琅冰箱。在使用时，通过放入天然冰，使食品得到保鲜。与维博馆藏冰箱不同的是，清宫曾使用的冰箱为双开盖，一盖上有双圆钱形透孔以散凉气，箱体两侧有双鱼吞环提手。

维博馆藏这件掐丝珐琅冰箱器形较大，釉色匀净，掐丝工整，纹饰繁密，鎏金光亮，是乾隆时期掐丝珐琅器中的精品。

苏　强

□ 清康熙铜胎掐丝珐琅双人耳长方形熏炉　北京故宫博物院藏

□ 明晚期（一说清康熙）番人进宝式熏炉　北京故宫博物院藏

□ 清乾隆掐丝珐琅番莲纹冰箱　北京故宫博物院藏

158

画珐琅西洋仕女背纹长柄镜

T.53—1939
清　乾隆
长28厘米
科凯尔夫人赠

本品为椭圆形镜框，下附长柄。铜胎，镜身以宝石蓝珐琅釉为地，上绘描金纹饰。镜框外周满饰缠枝花纹；镜托正中为五瓣花蒂，两侧饰如意头纹，间插花瓣纹；镜柄上部绘“囍”字，下部遍饰花叶纹。镜框正面镶玻璃镜片；背面绘西洋仕女侍立于红色帷幔前，该女子丰腴白皙，正一手持胭脂盒，一手抚鬓梳妆。镜柄下端系鹅黄色同心结，并附有穗带。

自齐家文化出土中国最早的铜镜，圆形带钮的青铜铸镜一直占据着中国铜镜史的主体地位。玻璃镜则是1508年意大利威尼斯人的发明。明末清初，玻璃镜传入中国并得以广泛使用，迅速代替了铜镜的传统地位。至康熙中晚期，画珐琅工艺也由西方传教士介绍到中国。在康熙皇帝的支持下，不断有欧洲和南方港口城市的珐琅工匠进入清宫内廷造办处，直接推动了宫廷画珐琅艺术的迅速发展。至乾隆时期，画珐琅工艺有了空前提高，这时的画珐琅器不仅细致精巧，色彩艳丽，还普遍流行以西洋风景、人物为背景的题材。本品应是在这种历史背景下生产的一件具有浓重舶来艺术风格的实用器。

与此同时，西方油画也由欧洲传入中国，曾一度风靡于清代宫廷和南方通商口岸。以油画装饰玻璃镜面也成为当时常见的装饰手段，其装饰风格主要取材于欧洲的铜版画。这种画作俗称“镜子画”，或称“背画”，是18世纪中国主要的出口外销品之一。本器即为其中的一件佳作。从画风来看，女子身着西洋服装，眉宇间却颇具东方女子的神韵，符合东方人的审美情趣。人物体面结构比例准确；五官、发丝与衣纹均刻画得细致入微。女子恬静、温婉的气质跃然而生。整幅画面运用欧洲古典人物肖像画技法，注重色调变化与肖像体面结构的处理；同时，在细部表现上减弱了人物面部的明暗对比，融合了中国肖像画的写真方法，可谓中西合璧。能够运用如此纯熟的西洋绘画技法，作画者应当受到过长期的西洋画法的训练。结合当时的历史背景来看，西方油画在清代已形成南北双峙的态势，北方宫廷与南方通商口岸汇聚了成批的杰出的中国油画创作家，如史贝霖、林呱、新呱等。他们大多出自西方传教士画家的门下，或受到过西方画家的影响。

沈阳故宫博物院所藏的一件画珐琅长柄镜，其尺寸、造型、纹饰、图案主题均与本品如出一辙。唯肖像外貌更类西方人，技法表现上更具西洋笔意，应与本品为同时代的作品。

清代青铜铸镜上常见“囍”、“金玉满堂”、“连生贵子”等吉祥铭文，象征幸福吉祥、和美团圆。本品镜柄的“囍”字、同心结以及具有祥和寓意的花纹装饰说明它同样是一件颇具东方文化风格的吉庆用品。将以上这些东方装饰元素与西洋油画巧妙结合，实乃独具匠心之作。

王　方

□ 画珐琅洋人长柄镜　沈阳故宫博物院藏

159

掐丝珐琅三足冠架

M.33—1959
清
高30.5厘米，宽20.3厘米
麦菲女士遗赠

冠架铜质，主体为一圆盒形冠托。盒盖上的花纹间镂孔，盒中可放香料，香气则自孔中散出。盒底当中设立柱，其下承以三枚象鼻形足。三足上部又探出三支花牙子。此器通体以掐丝法镶出变形卷草纹，填以粉青、深蓝、红、黄各色珐琅釉料。

中国古代很少使用冠架，图像材料中只在河北曲阳五代王处直墓的壁画上见过一例。此物在清代却比较多，与当时的官员有在朝冠与吉服冠上插花翎的制度相关。花翎拖垂于冠后，长度超过冠之下沿，不便平置，冠架遂应运而生。起初，冠架只在冠托下装立柱和底座；本品造型繁复，应是清代中晚期之物。由于使用冠架之风的流行，后来其他形制的冠帽、甚至妇女戴的钿子，也都配以冠架。平民则多以瓷质的帽筒代之。

孙 机

160

鎏金掐丝珐琅英雄连理瓶

M.178A—1917
清
高29.3厘米，宽16.5厘米
亨利·佛罗伦斯遗赠

双连筒形瓶，其上部的圆口、短颈、平肩，与下部之圈足的造型互相对称。瓶身填蓝彩，遍饰缠枝西番莲纹。双瓶正中装一鎏金立鹰，展翼负瓶，踏于其下的蹲熊上。

《礼记·昏义》："共牢而食，合卺而饮。"其"合卺"原指婚礼上新人共用一瓢合饮。明代始将一类双连杯当成合卺杯。明代胡应麟《甲乙剩言》谓，"合卺玉杯""以两杯对峙"，"两杯之间承以威凤，凤立于蹲兽之上"。北京故宫博物院所藏明代玉器的形制有与上说正合者。该器为并在一起的直口双杯，中部雕出鹰立熊上之形。本品虽与之相近，但不是杯，而是有颈的筒形瓶。至清代，这类连理瓶有的且带盖，不宜就饮。故此处乃舍"合卺"之名，直呼本品为连理瓶。

这种造型的明清器物系仿古之作。河北满城2号西汉墓之错金朱雀双连铜豆上，已出现在两个容器间安排立鸟踏兽的构图。时代稍后的安徽巢湖放王岗北山头1号墓所出者，虽然只是一个单个的玉卮，然而也雕出立鸟踏兽。汉代的卮与后世的筒形杯规制相同，更足以为明代的合卺杯所取法。

鹰、熊与"英雄"读音相谐，元代人已经注意到这一点。元代王礼《麟原文集前集·题鹰熊图》中就认为，鹰、熊有似"智过万人之英，勇冠一世之雄"。清代寂园叟《陶雅》更直截了当地说："青花画片，以一鹰一熊为佳，瓶曰英雄瓶，罐曰英雄罐。"故本器正可定名为英雄连理瓶。

孙　机

立鸟踏兽玉卮　安徽巢湖放王岗北山头1号西汉墓出土

明代英雄合卺玉杯　北京故宫博物院藏

错金朱雀立兽双连铜豆　河北满城2号西汉墓出土

161

铜胎鎏金珐琅角端香炉（1对）

545—1903
清
高23.5厘米，宽17厘米
购自私人藏家

器呈兽形，燃香时香烟从兽口中溢出。此器整体鎏金，饰阔大的卷草纹，花纹填珐琅彩。

兽形香炉又名“香兽”（见《老学庵笔记》卷四）。江苏扬州胡场7号汉墓曾出土辟邪形铜香兽。但唐人更偏爱狮子，香兽或整体作狮形，或饰以狮子。福建博物院藏有带天祐四年（907）款的铜香炉，顶有蹲狮；铭文称自己是“狮子香炉”。狮子在古代雅称狻猊，所以这种香炉也被称作“金猊”。李清照的词里说：“香冷金猊，被翻红浪。”可是金猊之名带点神话色彩，其造型也变得愈来愈怪。在这样的基础上就出现了明清时的角端香炉。

汉代司马相如《上林赋》：“兽则麒麟角端。”角端与麒麟为伍，自然是神兽。《宋书·符瑞志》进一步说：“角端者，日行万八千里，又晓四夷之语。明圣在位，明达四方幽远之事，则奉书至。”到了元代，周密在《癸辛杂识》中更把它描写为“绿毛而独角”之形；还援引耶律楚材的话称它是“恶杀之象”。于是狻猊形遂向角端形演化。广西桂林曾出土元龙泉窑角端香炉，它和故宫的角端香炉一样，都突出表现其头顶的独角。由于这是一种好生恶杀的瑞兽，而且它的出现表示圣明在位，故为宫廷所乐用。在明清殿堂的屏风宝座两侧，往往陈设着对称的角端香炉、仙鹤和垂恩香筒等物；而且角端香炉还被摆放在高高的香几上，位置很显眼。与皇家御物不同的是，本品兽头顶部为双角，独角位于鼻前。使用者可能特意使它和宫廷中之角端香炉的造型有别，以避免僭越而使然。

孙　机

□ 一整套清代的屏风宝座

□ 元代角端香炉　桂林出土

162

錾铜胎珐琅牺尊

M.75—1953
清
高19厘米
购自史萍父子公司

此尊为錾铜胎，镀金。作一牛回首顾盼状。牛背负二圆筒、一扁筒。牛身錾勾连云纹，填墨绿色珐琅釉地。扁筒正面有“乾隆仿古”楷书款。

乾隆朝内廷造办处的制品仿古之风很盛，而“牺尊”作为《周礼》六尊之一，正是仿制的对象。但古书上对牺尊的形制说得并不明确。《诗·鲁颂·閟宫》云：“牺尊将将。”汉·毛亨传：“牺尊，有沙（娑）饰也。”汉代郑玄笺说，这是“刻凤凰于尊，其羽形娑娑然也”。后来晋代阮谌的《礼图》又说：“牺尊饰以牛，象尊饰以象，于尊腹之上画为牛、象之形。”不过曹魏时的王肃认为牺尊之形当如牛，背上负尊。意见既然统一不起来，故《周礼》之牺尊是否就是在出土之先秦铜器中见到的牛形尊，尚不易遽定。清代的理解则如《皇清礼器图式》所说：“乾隆十三年（1748）钦定祭器。太庙正殿牺尊，范铜为之，作牺形，尊加其上。”不过从该书的附图看，那件尊的造型不甚精妙。本品则是仿照《西清古鉴》著录的“牺形表座”制作的。虽不堪用作祭器，但是一件颇有情趣的小摆件。北京故宫的藏品中有同型的珐琅尊。

孙　机

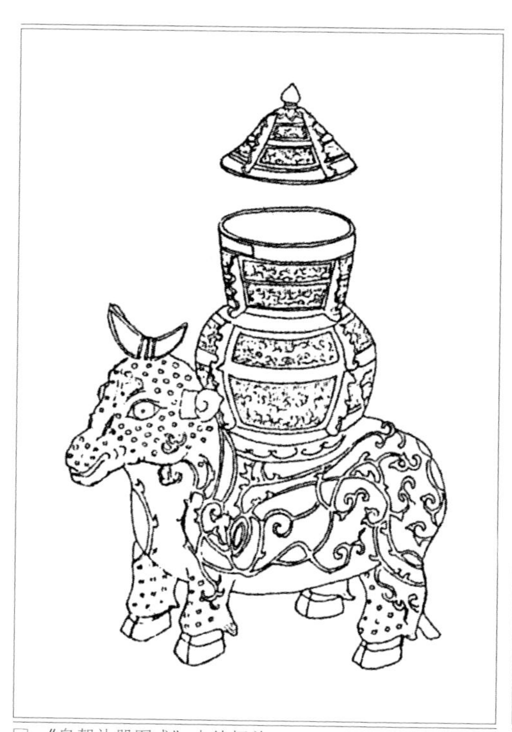

□《皇朝礼器图式》中的牺尊

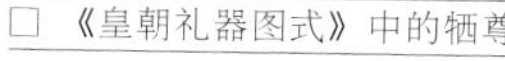

□《西清古鉴》中的牺形表座

163

铜胎画珐琅提梁壶

488—1872
清
直径17厘米
早期采购

壶为圆口，溜肩，鼓腹，平底，矮圈足，铜提梁，提梁上缠以竹编。曲流，以白色珐琅釉为地色绘绿釉草叶纹。口沿以黄色珐琅釉为地色绘红釉锦纹，其间椭圆形开光内以白色珐琅釉为地色绘彩釉花卉纹。肩部绘黑釉如意云纹。腹部以白色珐琅釉为地色绘三人物，右侧一女子坐于山石上口吹长笛。中间一小孩，趴于山石上。左侧一女子手拿圆扇作倾听状。人物两侧还绘有树木、将军罐等。盖钮为鸟形，壶盖以白色珐琅釉为地色绘彩釉花卉纹。

这件提梁壶上所绘人物图案，是清代乾隆时期开始流行的题材。人物采用中国传统绘画技法，为瓜子脸削肩的传统仕女形象，神情刻画生动。除常见的圆形外，北京故宫博物院收藏有瓜棱形和八棱形的画珐琅提梁壶。

苏　强

□清乾隆八棱开光画珐琅提梁壶　北京故宫博物院藏

□清乾隆瓜棱形团花纹画珐琅提梁壶　北京故宫博物院藏

164

画珐琅铜手炉

C.37—1924
清
高11厘米，宽18.5厘米
马格斯女士赠

本品为铜胎手炉，炉中可放入烧透了的红炭，冬季用来暖手。本品的提梁与器盖鎏金，其余部分均施珐琅釉。炉身平面为海棠形，分瓣膨起，在天青色地子上绘散搭花。四面的开光中绘荷塘鸳鸯、秋山双鹿。画风飒爽洒脱，有如瓷器上的粉彩。盖面镂出透空的四方连续之万字图案（俗称“万字不到头”），与习见之仿藤编纹样的炉盖不同。画珐琅器出现于清代，本品如此精致，疑是当时内廷的造办处所制；沈阳故宫博物院藏品中的一件画珐琅手炉与之极肖。其使用的情况在雍正《十二美人图》中有清楚的表现。

孙　机

□ 画珐琅手炉　沈阳故宫博物院藏

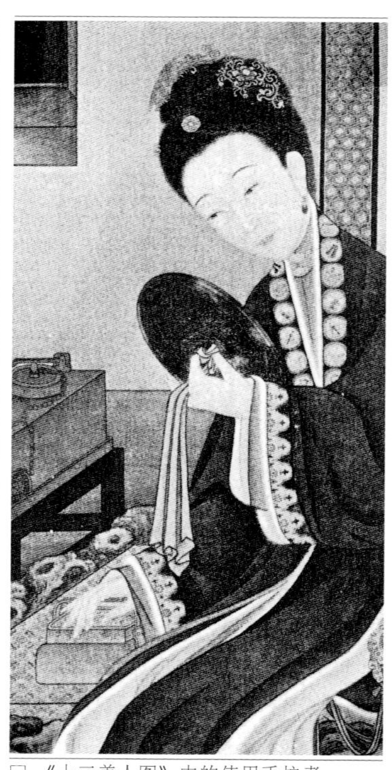

□ 《十二美人图》中的使用手炉者

165

铜胎画珐琅火锅

C.111—1947
清
高17.8厘米，宽24.8厘米
瓦特·黑德博赠

火锅为方形。敞口，口沿直立，腹壁斜收，高圈足外撇。盖及锅体两侧均有铜提梁。盖顶部有圆形口，四周绘卷草纹。盖面四边正中有如意云头形开光，内绘彩釉山水。四角以黄色珐琅釉为地色绘彩釉花卉纹，火锅口沿以淡蓝色珐琅釉为地色绘卷草纹，锅内正中有红铜制成的圆筒，内可放置燃料。筒上有圆形盖，兽形钮，盖面绘红色大花朵纹，外壁正中有长方形委角开光。盖面和腹壁的开光内以蓝、绿、红、赭等色釉绘青山绿树、房屋亭台、帆船扁舟等纹饰，四周以黄色珐琅釉为地色绘彩釉缠枝牡丹纹，内壁以白色珐琅釉为地色绘彩釉鱼藻纹。火锅底座正中有一长方委角形孔，两侧以绿色珐琅釉为地色绘蓝色团螭纹。

铜胎画珐琅在清代康熙年间开始烧造。这一时期铜胎画珐琅上的山水图景不精，釉色相互浸染。乾隆时期，山水题材逐渐增多。与康熙时期相比，纹饰精细，釉色丰富。由于在中国传统山水绘画技艺中，加入了透视和光影变化的处理，因此层次感和立体感增强。在手法上多以渲染的方法表现釉色的浓淡变化。值得注意的是，广州的画珐琅常用红、蓝单色渲染山水图案。如北京故宫博物馆藏清中期的画珐琅灯笼尊上绘制的山居图，在山石、房屋的表现手法上与这件火锅上的图案十分相近。此外，这件火锅口沿的卷草纹具有西洋式风格，在清代中期的的画珐琅上较为常见，故这件火锅亦当为清代中期的广州制品。

苏　强

□ 清中期画珐琅灯笼尊　北京故宫博物院藏

166

蝉纹金珰

M.96—1938
魏晋
高5厘米，宽4.5厘米
乔治·尤莫霍浦路斯旧藏

本品已残，现存之件近方形，上部两肩呈圆弧形，两圆弧的延长线在当中的会合处应凸起尖峰，复原后的外轮廓近“山”字形。本品由铜垫片和刻镂蝉纹的金片叠合而成。蝉腹丰硕，两翅左右张开；双目大而圆，炯炯有神；蝉纹四周有一圈边饰，镂出对称的卷草纹。

中国古代认为蝉是“居高食洁”、“清虚识变”的昆虫。晋代陆云《寒蝉赋》说：“蝉有五德……加以冠冕，取其容也。君子则其操，可以事君，可以立身，岂非至德之虫哉！”推崇备至。所以汉代在侍中等皇帝近臣所戴的武弁大冠上加饰貂尾和附蝉之珰。《后汉书·朱穆传》：“假貂、珰之饰，处常伯之任。”李贤注：“珰以金为之，当冠前，附以金貂也。”常伯即侍中。而所谓珰，即指本品这类金饰。

但汉代的蝉珰未曾发现，考古工作中出土的实例都是魏晋以后的。如甘肃高台地埂坡4号魏晋墓、山东临沂西晋王氏墓、甘肃敦煌前凉汜心容墓、辽宁北票北燕冯素弗墓，以及南京的若干东晋墓，包括温峤家族墓、高悝墓、南京大学北园东晋墓等处所出者。最晚的则是在北京顺义临河村北朝墓出土的一例。本品的形制与高台地埂坡和敦煌汜心容墓的金珰较接近，故可定为魏晋时物。

不仅未发现过汉代蝉珰的实物，而且在汉代的图像材料中也未发现过冠上饰有蝉珰的人物。南北朝时，山西太原北齐娄睿墓的壁画中有戴笼冠、簪貂尾的侍臣，而且其冠前饰山形珰，应即蝉珰；惜图中未描绘出珰上的蝉形。到了唐代，在陕西蒲城惠庄太子墓壁画内所绘执笏进谒的文臣中，才看到有一人的冠前饰山形珰，珰上有蝉纹。于是蝉珰的用途遂得以完全确定。

孙　机

□ 山西太原北齐娄睿墓壁画中的山形

□ 陕西蒲城唐惠庄太子墓壁画中的蝉

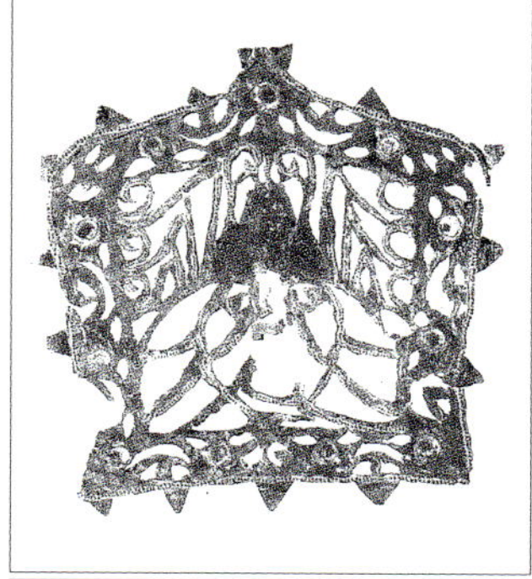

□ 金蝉珰　甘肃高台地埂坡4号魏晋墓出土

□ 金蝉珰　甘肃敦煌前凉汜心容墓出土

167

金马杓

M.30—1935
元
口径7厘米
乔治·尤莫霍浦路斯旧藏

本品似圆形平底浅皿，一侧从口沿处向外延伸出指垫，其下装单环耳。口沿下方及指垫表面皆施纹饰。此器名马杓。元代汤式的散曲《赠玉马杓》中提到这种器物的功用时说："泼新醅分开绿蚁，掬清波荡碎银蟾。"可见它既可以酌酒也可以舀水。但以贵金属制作的马杓供酌酒而饮的居多。元代杨维桢《吴下竹枝歌》"银马杓中劝郎酒"之句可证。马杓是一种便携式饮器。南宋洪迈《夷坚丙志》谓旅人"随身赍干糒及马杓之属"。它之所以被称为马杓，并非说它用于饲马，而是因为此器适应行旅时的需求。与背负行李用的木驾名"马架"、军事行动中临时落坐用的折凳名"马扎"的语例相类。游牧民常将什物挂在腰带上。内蒙古包头市发现的元代铜人像腰带上均挂有马杓，将他们随身携带此物的状况反映得很具体。《马可波罗行记》中说，大汗饮宴时，"用精金大杓取酒"，指的当即马杓。

马杓的体积不大，本品的口径仅7厘米。湖南涟源石洞村和内蒙古敖汉旗新丘两处元代窖藏中出土的两件银马杓的口径分别为7.6厘米和7.7厘米，可见其形制之一般。但这类器物也有体形较大的：俄罗斯圣彼得堡艾米塔什博物馆所藏者，口径为12.5厘米；陕西蒲城洞耳村元墓壁画中所见者，依画中人物为比例推度，口径当不下20厘米。后一类或即文献中所称马盂。唐代李筌《太白阴经》说马盂用坚木或熟铜制作，"受三升"。1唐升约合今600毫升，3升约合1800毫升，不算小。欧阳修诗："古北岭口踏积雪，马盂山西看落霞。"似乎也只有较大之器始与山名相协，但它仍然可以带在身上。《夷坚丁志》记有，"数人同行，其一衣紫佩金马盂"，是其例。马盂有的带流，有的带柄，下部都有环耳或穿孔。作为"挹饮相兼"之具，它和马杓在用途上并无区别。所以古人使用这两个名称时亦非泾渭分明，通用的情况也不少见。

孙　机

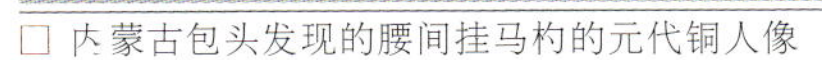
□ 内蒙古包头发现的腰间挂马杓的元代铜人像

□ 陕西蒲城洞耳村元墓壁画

168

卷草纹银杯

M.32—1935
唐
口径6.5厘米
乔治·尤莫霍浦路斯旧藏

杯身为一圆筒，但腹部微内敛，口沿外侈，轮廓接近亚腰形。装“6”字形单环耳，小圈足。器壁满錾以鱼子纹为地的缠枝卷草。这种器形并非中国传统式样，而系仿自粟特银器。在中国的考古资料中，陕西西安羊头镇唐代姚无陂墓（697）出土的是最早的一例，其杯底錾有“匠郑卿”署名，表明乃唐人所制。唯此杯为素面。美国纳尔逊美术馆所藏同型金杯亦饰卷草纹，与本品均为典型的唐代器物。

在现代汉语中，杯是小型饮器的通名。可是在汉代，“杯”是耳杯的专名。杯字源于手掬之“抔”。《礼记·礼运》郑玄注：“抔饮，手掬之也。”后来用耳杯盛水而饮代替抔饮，但耳杯的平面还保留着双手合掬形成的椭圆形，左右拇指则相当杯耳。现代的筒形杯汉代叫卮，器身较浅的，也只能叫扁卮。卮装的正是6字形单环耳。到了唐代，虽然卮这个名称已不再使用，但像姚无陂墓的银杯以及这件卷草纹银杯上的环耳，仍然沿袭了汉卮之环耳的形制，其专名却称为杯。李白诗“会须一饮三百杯”之杯，式样应和这类杯大同小异。它们和粟特杯在环耳上加装平置之指垫的式样是不同的。不过也有一些唐杯连粟特式的指垫也模仿过来，而且延续下去。宋元时代的马杓上仍有指垫。不但有，而且面积增大，几乎包住口沿的1/3，上面还有花纹，成为装饰加工的重点部位。故依名从主人之例，在古代杯、卮、单环耳杯、马杓各有所指，造型有别，名称亦不容混淆。而从发展系列上说，唐代的单环耳杯上承汉卮，外仿粟特，下启宋元马杓，可以说是处在承前启后的位置上了。

孙　机

□ 银杯　陕西西安何家村唐代窖藏出土

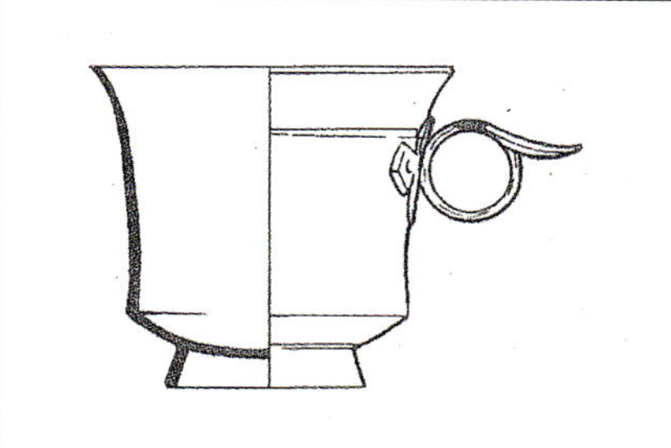
□ 银杯　陕西西安羊头镇唐姚无陂墓出土

□ 粟特单环耳银杯

□ 元代金马杓　内蒙古兴和县五甲地村出土

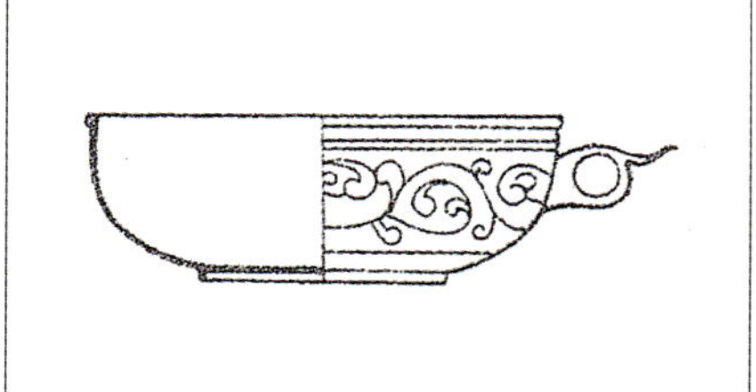
□ 铜扁卮　广西合浦望牛岭西汉墓出土

169

银八曲长杯

M.35—1935
唐
长径18.8厘米
乔治·尤莫霍浦路斯旧藏

器口近长椭圆形，但分成八段弧线，各段弧线间向下延伸成自然的凸棱。凸棱双双连接，将器体分成五层弧面。其底部有圈足，口沿及腹内所錾鱼纹均鎏金。这类器物通称多曲长杯。本品口上分八弧，故名八曲长杯。

多曲长杯并非中国自创之器形，系起源于波斯萨珊王朝，经粟特的中介而东传。它在中国的出现不晚于十六国时期。新疆库车克孜尔石窟第38窟之4世纪的壁画中，有供养人持多曲长杯。此物至唐代已不甚罕见，陕西三原李寿墓及乾县懿德太子墓的壁画中，都有手持八曲长杯的侍女。不过这些长杯上的凸棱直通器底，画得不尽准确。而日本天理参考馆藏唐铜鎏金八曲长杯与日本白鹤美术馆所藏唐银鎏金八曲长杯，器形则皆与本品相同。多曲长杯在中国的演化过程中，分弧逐渐减少。唐代后期，河南三门峡市第二面粉厂所出之例已减为四曲，但器内的弧面尚保持分层结构。唐末，河南伊川鸦岭唐齐国太夫人墓出土的金杯，虽亦呈四曲，凸棱却已通向器底。最后就演变成宋代常见的圆形海棠口杯子了。

孙 机

唐四曲金杯（下有承盘） 河南伊川鸦岭出土

萨珊银多曲长杯 日本奈良天理参考馆藏

唐懿德太子墓壁画中之捧多曲长杯者

170

银盒

M.125—1938
唐
高5厘米，直径7.5厘米
乔治·尤莫霍浦路斯旧藏

圆盒，盖、底微隆。盖面錾四出忍冬花结，盒身侧面饰卷草，皆以鱼子纹为地。子母口，扣合严密。

唐代银盒存世量尚多，当时其使用的方面很广。刘禹锡《谢赐历日面脂、口脂表》中提到："腊日面脂、口脂、红雪、紫雪，并金花银盒二。"这是说盛化妆品。陕西西安何家村唐代窖藏出土的鎏金银盒，有盛丹砂、黄粉（金屑）的，则是炼丹家用的药盒。此外，银香盒还是一种不太罕见的生日礼品。这件银盒的用途虽不易遽定，但大体上亦是其俦。

孙 机

171

牡丹缠枝纹银香球

M.98—1938
唐
高4.3厘米，直径7.5厘米，重40克
乔治·尤莫霍浦路斯旧藏

此器呈球形，分上下两半，以子母扣扣合。上半球为盖，顶端系银链。下半球内有以两个持平环承托起的铜香盂。香盂内可盛炭、燃香。由于两个持平环互相垂直，又可灵活转动，所以无论球体如何翻滚，香盂始终保持重心向下、盂面接近水平的安稳状态，其中的炭火不会倾出。球面通体刻镂透空的牡丹缠枝纹，花叶披拂，优雅精致，银光闪烁，甚为美观。

香球在唐代又名香囊。唐代慧琳《一切经音义》卷七："香囊者，烧香器物也。以铜、铁、金、银，玲珑圆作，内有香囊，机关巧智，虽外纵横圆转，而内常平，能使不倾。妃后贵人之所用之也。"陕西扶风法门寺塔地宫所出银香球，在同出的《衣物账》中亦称之为香囊。但香囊一名，包括的内容较广，所指不专。如唐代苏鹗《杜阳杂编》所记"五色锦香囊"，即为用丝织物缝成的袋子，与金属香球不同。

香球的起源很早。西汉司马相如《美人赋》称："金鉔熏香，黼帐低垂。"张揖注："鉔音匝，香球，衽席间可旋转者。"晋代葛洪《西京杂记》中也提到长安巧工丁缓制被中香炉，"为机环，转运四周，而炉体常平，可置之被褥，故以为名"。可见不迟于公元前2世纪，中国已发明此物。香球的使用在唐代相当盛行，除法门寺塔地宫所出之例外，在西安市沙坡村、三兆村、何家村等地的唐代窖藏与墓葬中均曾发现。日本奈良正仓院并藏有体型较大的唐代银香球。

唐以后，豪贵之家使用香球之风不辍。南宋陆游《老学庵笔记》说："京师承平时，宗室戚里岁时入禁中。妇女上犊车，皆用二小鬟持香球在旁，而袖中又自持两小香球。车驰过，香烟如云，数里不绝，尘土皆香。"明代田艺蘅《留青日札》也说，"今镀金香球"，"其外花卉玲珑，篆香四出"。甚至在明代说部《金瓶梅词话》中也描写了使用香球的情形。可见此物在中国自西汉至晚明，前后沿用了1500多年。

香球之持平环的结构极具巧思，它和现代航海罗盘上的万向支架、以及航空所用陀罗仪的原理有一脉相通之处，在科技史上堪称后者的先驱。

孙 机

172

錾花银簧剪

M.38—1935
唐
长18.5厘米
乔治·尤莫霍浦路斯旧藏

剪刀柄呈“8”字形，借助下部弯簧的弹力操纵开合，故名簧剪。刃部表面錾花，一股饰半破的海棠，另一股饰卷草，均以鱼子纹衬地。大英博物馆和美国芝加哥美术学院均藏有形制与本品相近的银剪，它们应是唐代女红用具中极精之品的代表。

中国的簧剪以陕西宝鸡斗鸡台西汉墓发现的一例为最早。此后直到辽代，内蒙古哲里木盟奈曼旗陈国公主墓所出作为佩饰的玉事件中之玉剪仍采用簧剪的式样。宋墓壁画、砖雕中所见者也多为簧剪。而河北迁安市开发区金代墓葬所出银事件中的剪刀，却已经是当中装关捩的交股剪了。其实交股剪早在陕西长安南里王村东汉墓已出土过，但此后长期不见，它的再度出现是在湖南长沙的五代墓中。交股剪可以剪更强韧的物件。南宋以降，除个别行业仍沿用簧剪外，大都为交股剪所取代。本器则可以说是交股剪流行开来之前，使用簧剪的时期中难得的优异之作。

孙 机

□ 玉饰件　内蒙古奈曼旗辽陈国公主墓出土

□ 银饰件　河北迁安开发区金墓出土

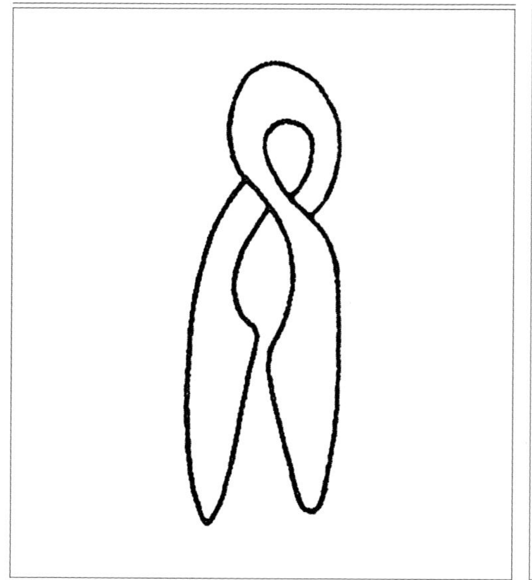
□ 河南郑州南关外宋墓砖雕

□ 河南登封城南庄宋墓砖雕

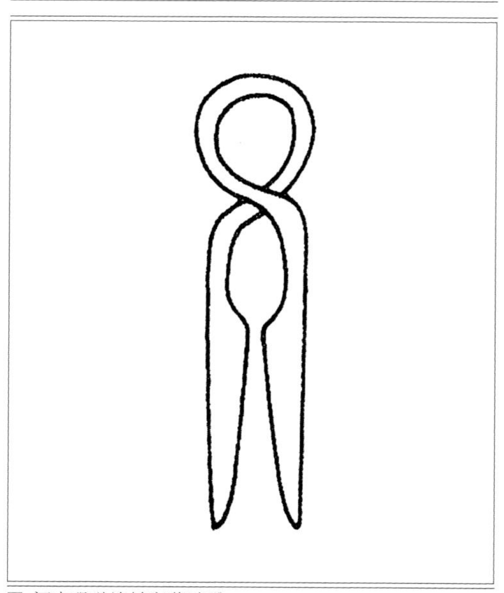
□ 河南巩义涉村宋墓砖雕

173

银鎏金扇形簪（1对）

M.62—1935
唐
长21.3厘米
乔治·尤莫霍浦路斯旧藏

此对簪为银质，簪首鎏金。其形制相同，簪铤扁平细长，簪首向外延展呈扇形。簪首纹饰略有差别，其中一件的主题纹饰为有翼狮纹，以镂空菊花纹为地；另一件以回首鸟雀纹作为主题纹饰，镂空十字花纹作为地纹。簪首周缘均錾刻有上下交错相对的半花纹，以鱼子纹作地；簪托均呈花萼形，其上有一片羽状叶。这种簪的扇形簪头与弹琵琶用的拨子相似，唐《南部烟花记》曾描绘这种簪饰为“昆山润毛之玉拨”，故有学者称其为“拨形簪”。

簪又名笄，《说文》云：“笄，簪也”，由单铤和簪头两部分组成。先秦时多称为“笄”，造型简单，有玉、石、骨、牙、角、玳瑁等多种质地；秦汉以后，逐渐以“簪”称之，簪头装饰也开始复杂化，并以金银质地居多。到了唐代，盛高髻之风，金银发饰普遍流行，簪钗的做工更加精巧，其造型和纹饰也日趋繁丽华美。但相对于后世，这时的簪钗首饰其实仍以打作平面纹样者居多，嵌宝并不成为风气。本品即是一种典型的平面纹样型花簪。

本品中的两件簪除主体纹饰及其地纹略有差别外，其形制、工艺、尺寸均相同，这说明本品原为成对使用。西安紫薇田园墓地出土实物及其摆放位置显示，相同形制的簪一般为一式两件，使用时簪头相反，左、右对称插戴。且同一墓中常出土不止一组的簪钗，据《新唐书》记载，不同等级的命妇，使用的簪钗组数为五到九树不等，以此来区分其身份和等级。

本品在制作过程中采用了锤揲、錾刻、镂空、鎏金等多种技法，这些都是唐代常见的金银工艺。其簪首周缘的鱼子地纹排列整齐、分布匀称，显示出唐代金银器的独有特征和高超技艺。而在簪首纹饰处局部鎏金的做法则是唐代金银首饰的常见工艺，也是中晚唐金银器的典型特征。文献多称这种银器为“金花银器”，也称“花鎏金”。此外，该对簪首的狮子和雀鸟图案也是唐代金银器中的常见主题纹饰，写实性很强。其中，狮子翘首扬尾、鬃毛上卷、威风十足，呈现出“犬化”的趋势。西安唐开元二十八年（740）杨思勖墓石椁线刻、西安何家村唐代窖藏银碗等均出现过类似形象。隋唐时的狮纹较汉代以瑞兽形象出现的有翼狮差别很大，应是受到了来自印度和吐蕃佛教艺术的影响。

王　方

174

铜内玉戈

FE.21—1984
商
长33.4厘米
哈利·嘎纳旧藏

商周玉制兵器多做为仪仗礼兵器使用而非用于实战（当时用于战事的兵器主要是青铜铸造的戈、矛、刀、戟、斧、钺、矢镞等）。此玉戈援刃较宽，有栏，曲内，从栏到内为青铜铸造，内端露出柲杆的部分铸成镂空的卷曲龙形，型式是典型的商晚期有栏曲内戈型式，唯制作奢华，当是王室贵族使用。此戈以栏为界，将玉戈援后部镶进栏内，内夹在柲头杆内的部分铸成较厚的方形平板形，中有一圆穿，以利绑缚平实。玉戈援后部中间近栏处有一圆穿。内端露出柲杆的部分铸成镂空的卷曲龙形，主要是为了显示其奢华。安阳殷墟曾出土一件铜内玉戈，豪华与此相近，可资比照。

王冠英

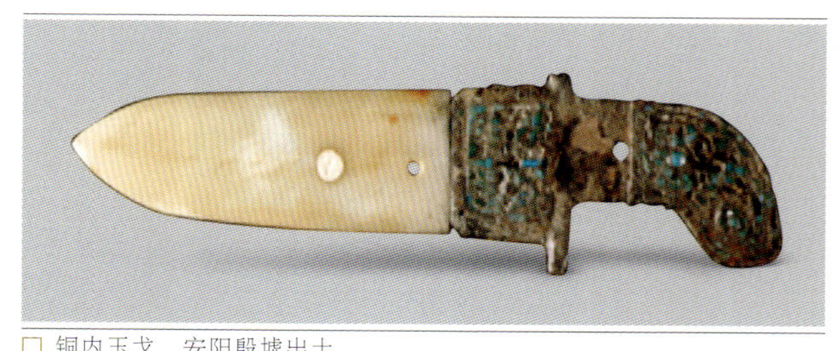
□ 铜内玉戈　安阳殷墟出土

175

玉卷龙

A.73—1936
西周
直径8.2厘米
乔治·尤莫霍浦路斯旧藏

青玉，局部有棕红沁。龙首刻臣字目，卷唇，头顶有大尖角，身上排列一行整齐的鳞纹。龙体蜷曲成环状，尾端纳入口中。本品于1935年曾经由黄浚《衡斋藏见古玉图》一书著录。

玉卷龙最早见于我国新石器时代的红山文化中。红山文化是我国北方的重要考古学文化，时代大致与中原地区的仰韶文化相当。红山文化的玉卷龙前端有一个被强化和神化了的头部，大圆眼，巨口，但头上是否有角却不甚分明。它的身躯蜷曲，首尾之间常留有隙缝，略近玦形。这种造型与甲骨文中象形的龙字"[illegible]"（后下·6·14）相近，故可以确认为龙。商代也有相似的玉卷龙，但这时特别强调龙角。商龙多数有瓶形角，不仅在实物上刻得很清楚，而且甲骨文的龙字之作"[illegible]"（前4·53·4）、作"[illegible]"（前4·54·1）者，对此也有所反映。到了西周早期，如陕西长安张家坡121号墓、山东滕州前掌大119号墓所出玉卷龙，仍刻出瓶形角，与商代的角式基本一致。

然而值得注意的是，到了西周中晚期，玉卷龙的式样有所改易，出现了大尖角，且衔尾于口。如陕西宝鸡竹园沟9号西周中期墓、河南三门峡市上村岭2009号西周晚期的虢国墓所出者均是如此。本品的造型与之相同。由于出现了这些变化，遂使它脱离玦形的轮廓，开启了战国、西汉玉卷龙的首尾或重叠或连接，成为一闭合的环形结构的先河。

从甲骨文的字形看，卷龙应为龙之初型，或具有正统的地位。在周代，卷龙不仅出现在玉器与铜器上，并且出现在极隆重的礼服——衮冕服上。《周礼·春官·司服》："享先王则衮冕。"郑玄注："衮，卷龙衣也。"《礼记·玉藻》："龙卷以祭。"郑玄注："龙卷画龙于衣。字或作衮。"所谓卷龙或龙卷无疑即卷龙纹，它和上述玉卷龙所代表的图案应有一定程度的接近。

孙机

□ 玉卷龙 陕西宝鸡竹园沟9号墓出土

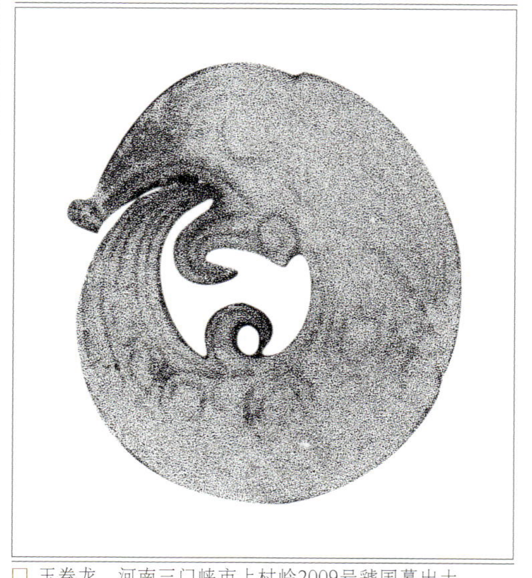

□ 玉卷龙 河南三门峡市上村岭2009号虢国墓出土

176

玉耳杯

FE.3—1985
西汉
高2.4厘米，长15厘米
哈利·嘎纳旧藏

玉耳杯光素无文，两耳微微上翘，这是西汉时之杯耳的特征。东汉时的杯耳则多与杯口取平。汉末以降的杯耳虽然还是平的，但杯口两端却又上翘了。汉代玉器中容器很少，一般只见于王侯墓，如广西贵县西瓯君墓出土玉卮、广东广州南越王墓出土玉角杯之例，故极珍罕。桓谭《新论》说："雒阳季幼宾有小玉巵。卫谒者史子伯素好玉器，见而奇之，使余报以三万钱，请买焉。幼宾曰：'我与好事长者传之，已估十万，非三万钱主也。'"则本器在当时的价值可想而知。

孙 机

177

玉马

A.16—1935
汉
残高14，宽17.2厘米
乔治·尤莫霍浦路斯旧藏

玉马头部的线条刚劲有力，造型英武。但仅存前躯胸以上的部分。如依陕西兴平汉茂陵1号陪葬坑出土之鎏金铜马的比例推算，其完整的高度当在26厘米左右。汉代的动物形玉圆雕一般较小，山东巨野红土汉墓出土玉马的高度只有1.5厘米。和它们比较起来，本品堪称大件。惜已残损，然仍足宝爱。

孙 机

178

四童子玉笔架

C.1898—1910
明
长9厘米
乔治·素廷遗赠

四童子打闹嬉戏，互相牵拉，构成笔架。他们的动作很稚气、很率意，但作为笔架又显得安稳对称而且适用。笔架又名笔格。宋周密《云烟过眼录》中曾提到“古玉笔格”，与出土物相印证，可知玉笔架始见于宋代。不过这时此物多作山峦形，称笔山。明代笔架的造型才有所突破，出现了蟠龙形、树根形、肖生形等新式样。本品之童子的眉目用阴线勾勒，系明代玉工习用的处理手法，故应为明代之物。

孙 机

179

碧玉麒麟负瓶

1542—1882
清 乾隆
高17.2厘米
亚瑟·威尔斯遗赠

这件玉雕制品体型硕大，雕工繁复规整，为典型的清中期宫廷制品。乾隆朝是中国玉器史上的高峰，原因有二：其一为乾隆二十四年（1759）平定了新疆地区准格尔部和回部的动乱，新疆玉料大量进入宫廷，解决了长期阻碍玉器发展的原料问题；其二，乾隆皇帝是一个有很高艺术造诣的人，他加强了玉器制作的组织管理，亲自督导，制造了大量体积巨大、工艺复杂的精品。

此件玉雕选用的碧玉为深绿色，有黑斑，玉质莹润细密，产自新疆叶尔羌。

麒麟是古代传说中的动物，外形像鹿，头上独角，全身布满鳞片，尾似牛尾。清代工艺品喜用吉祥图案，多见大象背负宝瓶，取意“太平有象”。而这件碧玉麒麟负瓶则是十分珍稀的作品。

张 萌

180

碧玉四管式香炉

751—1903
清
高14.3厘米
谷帕遗赠

方形香炉，四角为四管，管底有乳头状小实足。盖上立蟠龙钮，龙的四爪伸向盖的四角。盖顶中央于龙腹正中透雕圆孔，以备出烟。炉身饰交错的盘绦纹，下部两面各雕一变形的篆体“寿”字，四管下部亦雕“寿”字。炉两侧有夔龙耳，衔活环。

这种器形系仿古之作，它的渊源可以追溯到商代。安阳殷墟西区82号晚商墓中曾出土铜四管器，陕西岐山贺家村和洛阳林校等西周早期的墓葬及车马坑中也曾出土。它的用途尚不明了，有学者称之为调色器。但洛阳林校出土者四管均含朽木，有的且高出管口达5厘米左右，故被初步定为器座。这种器物后来长期隐没不见。清代仿制时虽以古器为本，但因为用途不同，亦不乏创新之处，如在器上加盖、在器身加双耳等，遂使之更加安稳。北京故宫博物院所藏同型碧玉香炉，乃与盛香匙的玉瓶、盛香料的玉盒配成一套，通称“炉瓶三事”。但它也可以作为单独的摆设。原藏圆明园深柳读书堂的《十二美人图》，系雍正时物，其中一帧美人像身后的多宝格上陈有四管器一件，在画面上呈白色，仿佛是白玉琢制。但也不排除原为白瓷器，因为存世的清代仿定作品中，就有这类白瓷四管香炉。

孙　机

□ 乾隆仿定瓷四管式香炉

□ 铜四管器　陕西岐山贺家出土

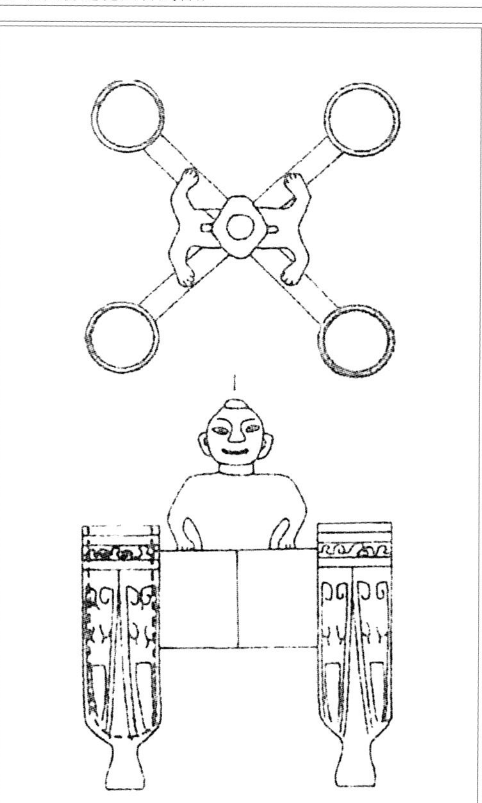
□ 铜四管器　河南洛阳林校出土

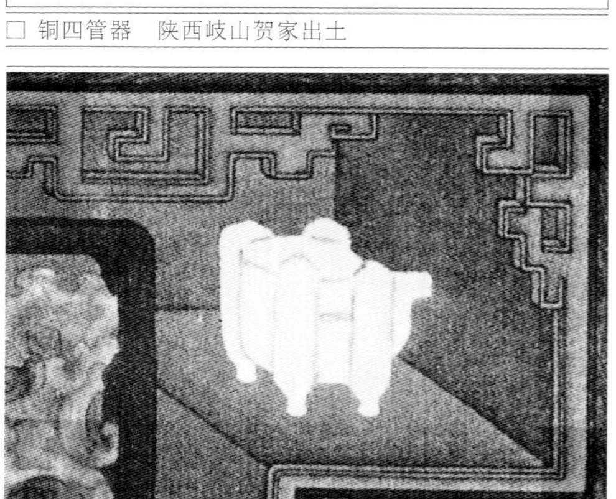
□ 《十二美人图》中所见四管式香炉

184

褐釉胡人俑

C.222—1934
隋
高72.5厘米，宽13.5厘米
购自约翰·史帕斯

此俑头戴兜鍪，中部起棱，两侧有护耳，深目阔鼻，络腮胡，身罩披风，下着靴，兜鍪及披风施褐色铅釉。兜鍪于魏晋南北朝时出现，是古代武士戴的头盔。北朝和隋唐武士俑都是戴兜鍪穿铠甲的，而此俑以外罩有假袖的披风遮住盔甲，可谓造型独特。

俑是古代用于陪葬的雕塑，主要是指陶瓷或木制的人形雕塑，庄子称之为“象人”。《礼记·檀弓下》云：“谓为俑者不仁。”注曰：“束草为人形，以为死者之从卫，谓之刍灵。略似人形而已，亦明器之类。中古为如木偶人谓之俑，则有面目机发，而太似人矣，故孔子谓其不仁。”所以，《孟子·梁惠王上》言：“始作俑者，其无后乎。”初期的俑是代替活人殉葬的偶人，始见于春秋时期，战国以后，殉俑之风大兴。隋代在俑像的塑造上，摆脱了南北朝呆板的定型，出现从现实中创造人物形象的塑造手法，这是一个很大的发展。唐代俑无论在数量还是艺术性上都达到鼎盛。清初以后造俑之风式微。

胡人形象源自高昌以西诸国，据《汉书·西域传》记载：“自宛以西至安息国，虽颇异声，然大同，自晓相知也，其人皆深目，多须髯。”《北史·西域传》记载：“自高昌以西诸国人等，深目高鼻。”胡人俑包括出行仪卫俑、奴婢俑、乐队俑等。

张　萌

182

陶昆仑俑

C.827—1936
唐
高25.8厘米
乔治·尤莫霍浦路斯旧藏

此俑卷发，袒胸赤足，颈系璎珞，胫臂均戴钏，着横巾络腋式服装，举手摇身作舞蹈状。它的皮肤呈黑色，但并不意味着其原型为人类学上的黑种人，而应是唐代所称昆仑。《旧唐书·林邑国传》说："自林邑以南，皆拳发黑身，通号为'昆仑'。"宋代赞宁《宋高僧传·唐洛阳罔极寺慧日传》说他："始者，泛舶渡海，自经三载。东南海中诸国：昆仑、佛誓（今苏门答腊东部）、师子洲（今斯里兰卡）等，经过略遍，乃达天竺。"可见从广义上讲，今大巽他群岛以北、印巴次大陆以东的东南亚一带均可泛称昆仑。其得名的由来，或与越南湄公河口以外、位于北纬8°左右的昆仑岛（Pculo-Condore）相关。此岛即《新唐书·地理志》引贾耽"广州通海夷道"所记军突弄山。元代汪大渊《岛夷志略·昆仑》条所说"古者昆仑山又名军屯山"者，亦指此岛。当地的俗名为kon-non，故其对音可写作昆仑。另外昆仑又是扶南国贵族的称号。《南州异物志》称，扶南国"官长及王之左右大臣皆号昆仑"（《御览》卷七八四引）。此昆仑可能是吉蔑语kunrun（相当梵文的gurn，意为高贵）的对音。所以无论从哪方面说，唐人所谓昆仑绝无贬义。不过在东南亚一带，除安达曼群岛等个别地方有黑种人外，居民多为黄种人，唯其肤色较深。《南齐书·林邑传》说："人色以黑为美，南方诸国皆然。"然而所谓黑，只是深浅不一的棕色或褐色。当时中国汉族之肤色较深的人，也有缘此而被戏称为昆仑的。如《晋书·孝武文李太后传》说："时后为宫人，在织坊中，形长而色黑，宫人皆谓之昆仑。"《新五代史·慕容彦超传》说："彦超黑色胡髯，号阎昆仑。"他们都不是黑种人。陕西礼泉唐郑仁泰墓出土的一件昆仑俑，虽双臂残断，但服饰体态均与此俑相似，然而肌肤却呈肉红色。综合起来看，可知昆仑人的肤色本来并不特别黑。唐代诗人张籍的《昆仑儿》一诗所云："昆仑家住海中洲，蛮客将来汉地游。""金环欲落曾穿耳，螺髻长卷不裹头。自爱肌肤黑如漆，行时半脱木绵裘。"乃是文学上的夸张之笔。此俑的皮肤被涂成黑色，可能也是基于这种用意。

唐代的达官贵人有时货买"南口"供其驱使。《旧唐书·孔戣传》说："先是帅南海者，京师权要多托买南人以为奴婢。"后来直到元朝，如明初叶子奇在《草木子》中还说那时北人"家僮必得黑厮，不如此，谓之不成仕宦"，尚残余此风。故此俑正可被视为唐代权贵家内之从事歌舞伎乐的昆仑人。

孙 机

183

陶墓仪神像

C.879—1936
唐
高104.2厘米
乔治·尤莫霍浦路斯旧藏

此像戴进贤冠，肩上覆帔，广袖衫，高头履，其装束接近唐代文官在大典礼中穿的朝服，所以习称“文官俑”。但俑之本意是用以代替杀殉的奴隶，其中不应出现官员，尤其是盛装的高官。在唐代大墓中，它们本应以六件为一组：两件“镇墓兽”、两件“甲士”、两件“穿朝服的官员”。根据五代时之《大汉原陵秘葬经》的记载，两件镇墓兽是“祖明”、“地轴”，两件甲士是“当圹”、“当野”，全称“四神”。另外两件穿朝服的是“大夫”、“太保”。唐长安城醴泉坊三彩作坊出土陶片上刻有“祖明”字样；河南巩义市康店镇砖厂唐墓出土的一件镇墓兽，背部书“祖明”二字，证明《秘葬经》的记载可信。它们均属“墓仪神煞”，其身份绝非代表陪葬的奴仆。此像应为神煞中的“大夫”。上海博物馆所藏同类陶像中有一对“大夫”和“太保”，其“大夫”的造型与本品极相似。

孙 机

184

三彩胡服女俑

C.815—1936
唐
高32厘米
乔治·尤莫霍浦路斯旧藏

此俑梳蝉鬓、倭堕髻。穿翻领窄袖长袍，束革带，佩香囊。袍下露出袴管，着线鞋。双手捧宠物。

唐代正式女装的基本构成是裙、衫、帔。衫为交领。裙子也比较宽大，一般用六幅布帛缝制，即李群玉诗所称“裙拖六幅潇湘水”。换算成今制，其周长约3.18米，相当肥。再加上长围巾般的帔帛；虽然显得雍容华贵，但也有拖沓的一面。此女俑的翻领袍却相当紧凑，应属胡服。《安禄山事迹》说，天宝初年，妇女的“衣服之制，襟袖狭小”。《新唐书·五行志》也说：“天宝初，贵族及士民好为胡服胡帽。”不过从壁画等形象资料看，这时的贵妇人仍以着“帔服”者为多。如着翻领袍则不能施帔子，在当时人看来，就不够体面了。又由于翻领袍要和长裤搭配，所以也将这样的穿着称为“袍袴”。而“袍袴”则是唐人对婢女的一种称呼（见《太平广记》卷三三三引《李陶》，卷四四八引《李参军》）。此俑的身份正是如此。从发式看，制作的时期也恰在天宝前后。

孙 机

185

三彩持镜女坐俑

C.71—1935
唐
高32厘米，宽10厘米
乔治·尤莫霍浦路斯旧藏

本器带有方形底座。女俑头梳双髻；着短衫长裙，外罩半臂，肩搭披帛；足蹬昂头重台履。她左手持镜，右手抚胸，正优雅地端坐梳妆。该器胎质洁白。人物服饰施有深浅不同的黄、绿色釉。头部未施釉，仅涂以白粉，并以朱、墨彩绘毛发和五官。

三彩是一种多彩釉陶。施釉陶器早在商代就已出现，但唐三彩的施釉技术更趋成熟，可以呈现出绿、黄、赭、白、蓝等多种色泽，且釉色明快、造型独特。其中，三彩陶俑最具代表性，正所谓“偶人象马，雕饰如生”，具有很高的艺术价值。本品的釉色光润晶莹，富于质感，又通过釉色的变化表现衣纹，自然逼真。女俑面部未施釉的做法，则将写实与写意结合，展现出女子的婉约神韵。

本品捕捉到的是一位女子起居梳妆的日常生活场景，类似造型的三彩女俑也见于中国国家博物馆、北京故宫博物院、陕西历史博物馆、法国吉美国立东方美术馆、美国波士顿美术馆、瑞士瑞特保格博物馆、日本东京国立博物馆、瑞典斯德哥尔摩远东艺术博物馆等的藏品中。这些女俑的坐具称为“筌提”，多为腰鼓形，用以熏衣取暖。本器中的坐具形态虽不明显，概不会出此类器范围。它的出现也反映出当时华夏传统的席地起居的习俗早已不存，取而代之的是日益普及的“垂足而坐”。

女俑身材匀称，面颊丰润，细眉小嘴，神色沉静安详，透出秀颀之美，展现出盛唐时“丰肌为美”之外的另一套审美标准。其发髻形态与初唐郑仁泰墓的乐舞女俑发型十分相似，是当时年轻女性偏爱的一种发型。她身着的裙、衫、半臂、披帛的搭配是唐代女装的基本构成。其披帛一端结扣，一端内曳的做法与永泰公主墓壁画人物服饰相合。女俑宽肥的长裙则已初现盛唐服制的风姿。其高大的“重台履”系由南北朝的笏头履发展而来，时人有“金薄重台履”之颂，本品履头的黄色上翻部分正表现出履头边缘的金饰，对于齿状上翻的履头又可称为“金齿履”。值得注意的是，如此高大的履头虽在唐代壁画中比较常见，却鲜见于三彩俑，这也使得该件作品独具一格，别有一番韵味。

王　方

□ 三彩女坐俑　法国吉美国立东方美术馆藏

186

三彩陶马

C.50—1964
唐
高76厘米，宽84厘米
梭罗门夫人赠

白马，现已呈浅黄灰色。鬃部和尾部施赭色釉，鞍部施绿釉。此马丰肥适度，骨肉停匀。挺身正立，并未嘶风啮膝作何姿态，但自气度不凡，应是盛唐时期的佳作。

唐马之所以具有矫健的体形，是因为当时已用突厥马和回纥拔野古部之“筋骼壮大，日中驰数百里”的良马改善了中国原产的蒙古马，唐马与后来的哈萨克马、阿拉伯马都有亲缘关系。而且唐代的马具便捷实用，马饰也装点得很有分寸。以本品为例：其络头结构合理，口边的角形镳也很轻巧。马鞍之凹曲的弧面适于骑乘。这种马鞍叫“后桥倾斜鞍”，比南北朝时的“两桥垂直鞍”改进了许多，与现代骑兵用的马鞍几乎没有多大区别。鞍下有鞯即鞍褥，鞍褥下再施障泥，垂过马腹下。当不用于骑乘时，鞍子上覆以鞍袱。这匹马上的鞍袱在下方用带子束缚，表现手法相当写实。马鞍的后缘应设鞘孔，当时豪贵的细马（“细马”是唐代高级马的专门名称）设五鞘孔，垂五条鞘带。此马只垂一鞘，为常见的式样。

此马身上的装饰品主要是杏叶。通过络头，在额前、鼻端及两颊上各装一枚杏叶。遗物中所见唐代杏叶的质地有铜、银、鎏金和镶嵌琉璃者。上面的纹样有卷草、宝相花及鸾鸟、麒麟、狮子等多种。此马之杏叶饰卷草，也属于常见的那一种。杏叶不但装在络头上，也装在攀胸上，这个位置上装的杏叶又简称银花。白居易诗：“翩翩白马称金羁，领缀银花尾曳丝”，说的就是垂在马胸带上的银杏叶。杏叶也装在鞍后的鞦带上，它又叫压胯。花蕊夫人宫词中“鞍鞯盘龙闹色装，黄金压胯紫游韁”的压胯，说的就是它。上述饰品在这匹马上都能见到。而且它的各条带子上还凸出一些小方块，应即所缀小金属花，与杜甫诗所称“马头金匼匝”的情况相似。它的饰件既齐备，又规范，在唐马中可谓有一定的代表性了。

孙机

187

石碑造像

A.9—1935
北魏神龟三年（520）
高173.4厘米
乔治·尤莫霍浦路斯旧藏

此碑四面皆有造像，圆首，碑首刻交龙，碑阳开三龛，上层雕一佛二菩萨，中间龛内雕释迦摩尼及四位胁侍眷属，佛结跏趺坐，着双领下垂式僧衣，衣裾自然垂于座下，呈“裳悬座”造型。第三层龛雕维摩诘与文殊菩萨辩经的场景，出自《维摩诘经》。该经是大乘佛教重要经典，通过居士维摩诘解释了不二法门和空的概念，此经在中国备受欢迎，对不愿违背儒家信条而出家的中国佛教徒具有很大的吸引力。这一主题在北魏后期的佛教雕塑中非常流行，侧面证明了佛教的汉化。碑阳底部刻发愿文，铭文风格文雅，辞藻华丽，标明此碑雕凿于神龟三年（520）。

根据此造像碑的铭文，碑为山西信众所立。佛教造像碑的用途之一，是作为公共场所的空间标志，这一点从此碑的铭文可看出来，铭文记载“树在村落之前，端立九路之侧”，可见树碑目的是传播福祉。佛教造像碑最初在山西兴起，因为这一地区是北魏政权重心所在地，也是宗教和艺术中心，著名的云冈石窟即开凿于此，代表了这一时期中国佛教艺术的最高水平。

张　萌

188

三尊石碑造像

FE.7—1971
东魏武定二年（544）
高92.5厘米
购自拍卖会

此尊雕塑为一佛二菩萨背屏式造像，造像背屏及右侧菩萨头部残缺。佛顶结低矮的磨光肉髻，脸形方正，着双领下垂式僧衣，露出系带的僧祇支，衣裾绕经左下臂敷搭于体侧，左手结施无畏印，右手下垂，跣足站立。菩萨形象瘦削，束发戴筒形冠，颈饰宽项圈，上身赤裸，披帛，帛带在身前穿环垂下后又斜搭在臂上，下身着裙，跣足立于莲花台座之上。碑底为长方形底座，正面刻发愿文，铭文记载此碑造于武定二年（544）。

两魏时期流行背屏式佛立像、佛坐像和一佛二菩萨像。东魏早期延续了北魏晚期盛行的佛、菩萨脸型窄小、身躯瘦弱的风格，中后期逐渐向方形脸、身躯饱满转变。僧衣方面，早期服饰厚重宽大，之后逐渐变薄而贴体，使身体线条透过服饰显现出来。从此尊造像风格看，应为转型期的作品。

张　萌

189

石雕佛坐像

A.36—1950
北齐
高166.7厘米，宽92厘米
贺伯·高尔文赠

此像低肉髻，水波状发纹，袒右肩式大衣。手部已残，原应作施无畏印。结跏趺坐于圆形有束腰的二重莲座上，右脚外露。后部为大火焰光背，分成三层：中心为莲花；第二层为忍冬纹；外层为火焰纹，中有坐佛。佛衣之飘带缤纷上举，与火焰纹相杂，热烈而壮观。石佛的面相恬静，微含笑意，能看出南朝“秀骨清像”的影响。此像虽为北齐时的作品，然犹存北魏遗风。

孙 机

190

鹭鸶补子

FE.11—1986
明
高32厘米，宽35厘米
购自珍品店

红地，下部为波浪，上部为流云。两只鹭鸶或翔或立，戏水于莲塘中。补子是明清官服上表示官阶的纹章。它的渊源可追溯到唐代武则天时。《旧唐书·舆服志》说，武后曾赐官员袍服，根据职位的不同分别饰以对狮子、对麒麟、对虎、对豹等花纹。然而在遗物中未曾见过实例。金、元时有所谓“胸背”。《金史·仪卫志》说，皇妹等人“服紫罗绣胸背葵花夹袄”。元刊本《事林广记》所载弈双陆之人物的服装上，能看到其背部的方形图案，但具体等级不详。明代称这种图案为补子，也施于官服胸、背处。文官用鸟，武官用兽，从而形成制度固定下来。级别不同的官员所用补子上的禽兽的种类不同，如文官一品为仙鹤、二品为锦鸡等。这块饰鹭鸶纹的是六品文官的补子。入清后，虽然官服的式样与明代已大不相同，但补子依然沿用。只不过清代补子的幅面减小，而且仅饰一只鸟。其质地，如明代的《天水冰山录》所记，当时有“织金仙鹤补”、“刻丝锦鸡补”、“妆花孔雀补”等，本品即是一块缂丝。到了清代，大多数补子的图案却都是绣上去的了。

孙　机

191

黄缎绣云龙缉珊瑚珠女吉服袍

T.253—1967
清
高144.7厘米，宽199.5厘米
斐西瓦乐·大维德旧藏

此袍为皇后的服装，二开气，以米粒大小的珊瑚珠穿组成串，代替丝绒在袍上绣出双喜字和火焰纹等。这些是这件女吉服袍在工艺上的特点。

孙　机

192

明黄缎绣十二章朝袍

T.753—1950
晚清
身长146厘米，两袖通长218厘米
钟斯夫人遗赠

此件朝袍为明黄色，圆领，右衽，马蹄袖，开裾。两肩及前胸、后背各绣正龙一条，上衣前后列十二章。间以五彩云，下平水江崖。清代袍服的最大特点就是改革了历代的宽衣大袖，而创造出本民族生活所需要的形制。《礼记·深衣》注："名曰深衣者，谓连衣裳而纯之以采者。"说明"袍"当属礼服。清代自皇帝到宗室、官员的朝袍，均是以上衣和下裳相连属的长袍为主体，另加具有满族特色的马蹄袖和披领所组成。关于十二章的最早、最全面的记载，见于《尚书·益稷》载："予欲观古人之象，日、月、星辰、山、龙、华虫，作会宗彝、藻、火、粉、米、黼、黻，絺、绣。以五彩彰施于五色，作服，汝明。"十二章图案是清代帝王权威的重要标志，这十二种形象结合成一套图样范式，象征着崇高无尚的皇权。清代皇帝的服饰基本上分为三大类，即礼服、吉服和便服。

清代朝袍制度最终固定下来是在乾隆时期，从颜色到纹样都严格与穿着者的身份相对应。本件朝袍以明黄色为主，绣有九条龙。朝袍的下摆，斜向排列着许多弯曲的线条，名谓水脚。水脚之上，还有许多波浪翻滚的水浪，水浪之上，又立有山石宝物，俗称"海水江崖"，它除了表示绵延不断的吉祥含义之外，还有"一统山河"和"万世升平"的寓意。此件朝袍制成于清末，与明定陵万历棺内出土的十二章缂丝龙袍相比，同属缂丝匠师巧夺天工而成的代表作。

于 璐

□ 前胸正龙

□ 右衽正龙

193

钿子

M.118—1966
清
高16.5厘米，宽25.5厘米
巴克夫人赠

钿子是清代八旗妇女盛妆时戴的一种头饰。以金属丝缠线为骨编成框架，前高后低，呈箕形。戴时扣在发髻上，再插缀各种钿花。宫廷后妃着吉服（等级低于朝服的礼服）时，或可不戴吉服冠而戴钿子。钿子分凤钿、满钿、半钿三种。饰以珍珠旒苏垂饰的叫凤钿，后妃戴的多为这一种。但民间举行婚礼时，新妇也可以戴。她们在一般节庆日戴满钿或半钿，二者都叫常服钿子，而依所插钿花的多少为区别。

本品为半钿。以方形钿花组成钿口，额首及两侧均饰以缉米珠为瓣的钿花。冠前与冠顶饰珠宝料石点翠钿花，点翠是将翠鸟的羽毛剪贴在金属制作的各种花式底托上。所以本品之钿花的地色皆呈蓝色，从而映衬得上面的宝石格外光鲜。

孙　机

□ 清代钿子正、侧面　台北故宫博物院藏

194

山林高致犀角杯

2721—1856
清
直径17.6厘米
早期采购

犀角的天然形状为根部粗大、左右不完全对称的圆锥体。截去角尖而倒置之，正呈杯状，所以犀角杯多具有大致相近的外轮廓。但如果仅是一件光秃秃的杯子，则去中国古代人的审美好尚甚远，故良工乃根据原材料的形状，加工出投合文士雅趣的各种造型。本品雕出老松杂木、斜岸横峰，俨然是山水画作里的图景。置之案头，将带来一片嶂影岚光，使书斋中平添不少逸气。这件杯子不小，但不似经过蒸煮或以火碱浸泡拉长拉大的。其呈色深厚淳正，亦不似经过熏染。

孙　机

195

《浮筠焕采》印谱

MSL/1975/3285
清乾隆十八年（1753）
经折装，钤印本，10页
高12厘米，宽22厘米
购自史萍父子公司

古代鉴赏家将古玺印编印成册，以便研究鉴赏学习。印谱有两种传统制作方法：一种是用原印钤盖，然后汇集成书，这是钤印本；还有一种是木刻雕版印刷。一般来说，木刻本价值不如钤印本高。印谱起源宋代，但是目前所能见到的最早的印谱，是顾从德在明代隆庆六年（1572）编辑的六册《集古印谱》。

有清一代，帝王企慕汉文化，乾隆帝对古玺印收藏尤为醉心，经其研究整理的古铜印有1600多枚，集古玉印虽多明清仿刻，数量也超过100枚，其中以《虹文荟古》套印为最大宗，计有80枚。另有《鉴古席珍》32枚、《集成契赏》8枚、《六文韫古》6枚，以及《浮筠焕采》10枚，各以漆盒储藏，并钤拓印谱置内，分藏紫禁城内外宫殿、斋馆、楼阁。晚清之际，战乱频频，清宫文物多有散佚，因此出现印章与印谱两相分离的情况，比如，《虹文荟古》套印现藏台北故宫博物院，其印谱则藏于法国吉美博物馆；而《浮筠焕采》套印现存北京故宫博物院，其印谱则由维博在伦敦一家老字号古董店史萍父子公司于1975年购得。

本印谱瘿木作封底封面，上刻隶书四字标明印谱名称。印谱内含10页，内容分别为“五福五代堂古稀天子宝”、“八征耄念之宝”印文二枚、乾隆御笔行书“古韵”二字、宫廷西洋画家无款乾隆肖像一幅、古玉印文十枚、乾隆无款御笔小品“幽芳”、“贞干”两幅，以及乾隆本人及诸文臣跋尾二则。与上面提到的乾隆朝其他几种集古玉印谱相比对，本印谱有如下几个特征可圈可点：首先，它的成书年代最早；其次，与其他印谱中所载的印文重叠少；最后，乾隆肖像和御笔绘画同时出现在一本印谱中更是绝无仅有。

张弘星（V&A博物馆）

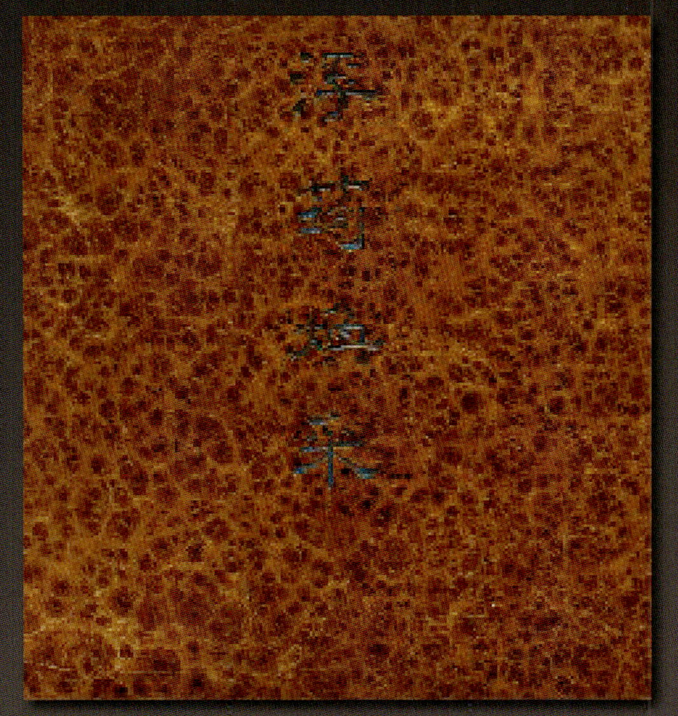

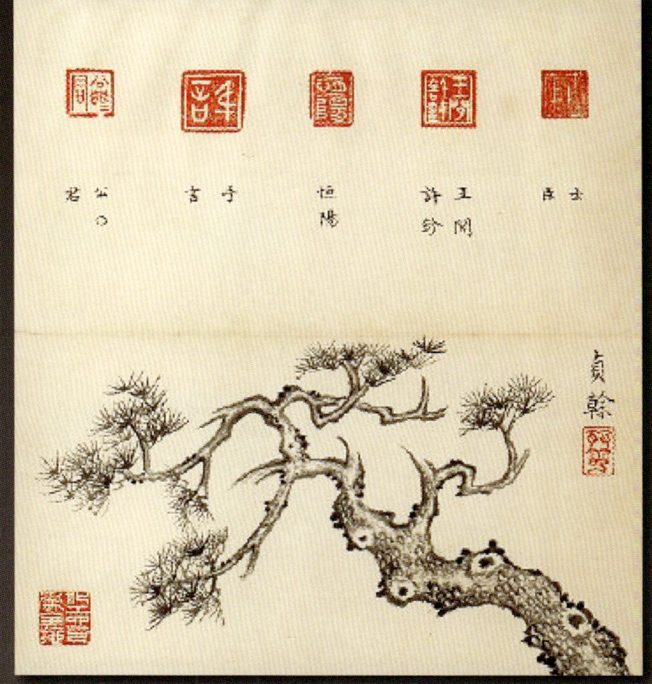

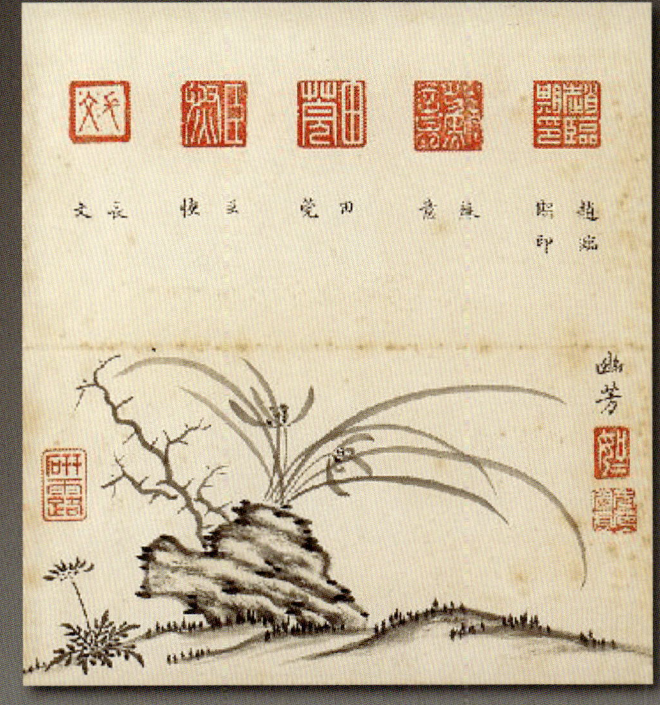

內府所貯漢玉印頗多與秦漢印統所載亦往往相脗合此趙麟期等印是也古物流傳已逾千載夫世言太樸不雕斯爲至美顧若諸印者非磨礱藏章務鳥跡鼎書以題亦未必克壹恒新如此然則傳世行遠厥惟文章不足信夫

乾隆癸酉夏四月

御識

蒙

賜觀漢玉印十皆古澤熒煌篆手亦非俗工所及製甚樸不作絞紐實兩京舊物也今復得與子墨客卿同陳筍席以供文房清讌之娛而所刻某某其人雖不傳然因此印得知其姓氏是亦致古者之借資也

臣蔣溥臣汪由敦臣嵇璜臣董邦達臣裘曰修臣觀保臣錢維城臣于敏中拜手恭跋

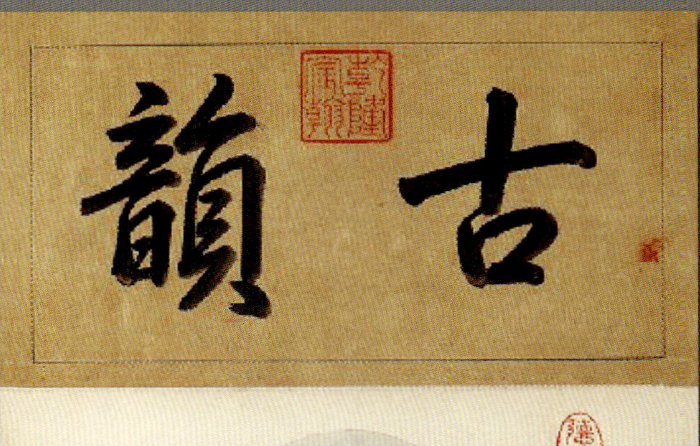

图版索引

LIST OF PLATES WITH CAPTIONS

1. Green-glaze wine warmer with applied decoration
C.78—1949
Western Jin dynasty
Height 8.9cm, Diameter 13.2cm
Formerly collection of Bluett & Sons

2. Xing ware brown-glaze flask with moulded decoration
C.432—1920
Sui dynasty
Height 21.9cm, Width 19.1cm
Formerly collection of Tonying

3. Xing ware white-glaze flask with incised decoration
C.894—1936
Tang dynasty
Height 35.6cm
Formerly collection of George Eumorfopoulos

4. Xing ware wine flask of leather bag shape
C.103—1913
Tang dynasty
Height 21.6cm
Formerly collection of S.M.Franck & Co.

5. Three-colour ewer with animal-shape handle
Circ.57—1935
Tang dynasty
Height 29cm
Formerly collection of George Eumorfopoulos

6. Ru ware cupstand with bluish crackled glaze
FE.1—1970
Northern Song dynasty
Height 5.8cm, Diameter 16.5cm
Formerly collection of Harry Garner

7. Jun ware drum-shape washer with sky blue glaze
FE.117—1978
Northern Song dynasty
Height 9.1cm, Diameter 21.7cm
Formerly collection of Count Dominique de Grunne

8. Jun ware jar with sky blue glaze
C.936—1935
Northern Song dynasty
Height 21.3cm, Diameter 22.8cm
Formerly collection of George Eumorfopoulos

9. Jun ware flower pot with sky blue glaze
C.171—1938
Northern Song dynasty
Height 21cm, Diameter 22.2cm
Formerly collection of George Eumorfopoulos

10. Ding ware white-glaze jar with incised decoration
C.37—1935
Northern Song dynasty
Height 29.5cm, Diameter 24cm
Formerly collection of George Eumorfopoulos

11. Ding ware brown-glaze cupstand
C.603—1918
Northern Song dynasty
Height 6.3cm, Diameter 11.5cm
Formerly collection of Aubrey Le Blond

12. Cizhou ware jar with painted decoration
C.32—1935
Northern Song dynasty
Height 24.5cm, Diameter 21cm
Formerly collection of George Eumorfopoulos

13. Dangyangyu ware cup of marbled clay
C.602—1918
Northern Song dynasty
Diameter 12.2cm
Formerly collection of Aubrey Le Blond

14. Dengfeng ware meiping with incised and punched decoration
C.31—1935
Northern Song dynasty
Height 38cm, Diameter 16cm
Formerly collection of George Eumorfopoulos

15. Mixian ware pillow with incised and punched decoration
C.425—1923
Northern Song dynasty
Height 13.6cm, Length 26.4cm, Width 19.2cm
Formerly collection of Charles Vignier (Paris)

16. Yaozhou ware vase with incised decoration
C.810—1936
Northern Song dynasty
Height 24cm, Diameter 12cm
Formerly collection of George Eumorfopulos

17. Yue ware lidded jar with green glaze
C.1385—1924
Northern Song dynasty
Height 38.1cm
Acquired from a dealer

18. Jingdezhen qingbai-glaze pillow
C.842—1936
Northern Song dynasty
Height 11.2cm, Length 17.8cm
Formerly collection of George Eumorfopoulos

19. Guan ware vase with crackled glaze
C.25—1935
Southern Song dynasty
Height 10cm, Diameter 12cm
Formerly collection of George Eumorfopoulos

20. Ge ware bowl with crackled glaze
717—1883
Southern Song dynasty
Height 16.3cm, Diameter 17.8cm
Formerly collection of Stephen W.Bushell

21. Longquan ware lidded jar with dragon in relief
C.28—1935
Southern Song dynasty
Height 25.5cm, Diameter 12cm
Formerly collection of George Eumorfopoulos

22. Jingdezhen qingbai-glaze incense burner on pedestal
C.279—1910
Southern Song dynasty
Height 26cm
Formerly collection of S.M.Franck & Co.

23. Three-colour lidded jar with incised decoration
C.10—1935
Liao dynasty
Height 47cm, Diameter 18.2cm
Formerly collection of George Eumorfopoulos

24. Three-colour pillow with incised decoration
C.828—1936
Jin dynasty
Height 9cm, Length 44.4cm
Formerly collection of George Eumorfopoulos

25. Cizhou ware tiger-shape pillow
C.47—1911
Jin dynasty
Height 10.8cm, Length 37cm
Formerly collection ofS.M.Franck & Co.

26. Longquan ware *cong*-shape vase
Circ.125—1938
Yuan dynasty
Height 27cm
Formerly collection ofGeorge Eumorfopoulos

27. Longquan ware *meiping* with inscription
FE.34—1972
Yuan dynasty
Height 47cm
Formerly collection ofEsonhero Victor Lee

28. Jingdezhen qingbai-glaze figure of Guanyin
C.30—1968
Yuan dynasty
Height 26.7cm
Acquired from auction

29. Jizhou ware bottle with scrolling foliage pattern
C.82—1953
Yuan dynasty
Height 18.7cm
Acquired from a dealer

30. Blue-glaze bowl with sprout and small ring
C.27—1953
Yuan dynasty
Height 4.5cm, Diameter 16.8cm
Formerly collection of Alfred Clark

31. Flask painted in underglaze blue with dragons
C.47—1935
Yuan dynasty
Height 37cm, Width 28cm
Formerly collection of George Eumorfopoulos

32. *Meiping* painted in underglaze blue with scenes from Xixiangji
C.8—1952
Yuan dynasty
Height 35.9cm
Formerly collection of William W. Winkworth

33. Basin painted in underglaze blue with ruyi and floral pattern
C.10—1954
Yuan dynasty
Height 13cm, Top diameter 46cm, Bottom diameter 23cm
Acquired from a private collector

34. Dish painted in underglaze blue with pheasants and floral pattern
C.24—1968
Yuan dynasty
Height 7.6cm, Top diameter 45.8cm, Bottom diameter 27cm
Formerly collection of Mrs Walter Sedgwick

35. Bowl painted in underglaze blue with lotus
C.18—1957
Hongwu period
Height 14cm, Diameter 33.7cm
Formerly collection of Sotheby's

36. Ewer painted in underglaze red with scrolling chrysanthemum
C.857—1936
Hongwu period
Height 36.9cm
Formerly collection of George Eumorfopoulos

37. *Kendi* painted in underglaze red with lotus
C.54—1937
Hongwu period, Ming dynasty
Height 15.3cm, Width 16cm
Formerly collection of Percival David

38. White-*glaze jue*
706—1883
Yongle period, Ming dynasty
Height 14.5cm, Width 17.5cm
Formerly collection of Stephen W. Bushell

39. Copper red-glaze stemcup
168—1905
Yongle period, Ming dynasty
Height 10.5cm, Diameter 15.5cm
Formerly collection of William G. GuLand

40. Bowl painted in underglaze blue with floral pattern
C.15—1952
Yongle period, Ming dynasty
Height 8.1cm, Diameter 15.9cm
Formerly collection of Archibald D. Brankston

41. Jar painted in underglaze blue with scrolling lotus
C.131—1928
Yongle period, Ming dynasty
Height 21.6cm, Diameter 27.3cm
Formerly collection of Rev. John F. Bloxam

42. Square jar painted in underglaze blue with floral pattern
C.115—1928
Xuande period, Ming dynasty
Height 14.6cm, Width 12.7cm
Formerly collection of Rev. John F. Bloxam

43. Stemcup painted in underglaze red with fish
C.64—1935
Xuande period, Ming dynasty
Height 9.2cm, Diameter 10.1cm
Formerly collection of George Eumorfopoulos

44. Jar painted in underglaze blue with figurative scenes
6840—1860
Zhengtong period, Ming dynasty
Height 35.6cm, Diameter 39.4cm
Early acquisition

45. Cup painted in doucai enamels with cockerels and chicks
C.1—1960
Chenghua period, Ming dynasty
Height 3.6cm, Diameter 8.3cm
Formerly collection of Edward T. Chow

46. Stemcup painted in doucai enamels with birds on branches
C.34—1954
Chenghua period, Ming dynasty
Height 7.6cm
Formerly collection of Charles Seligman

47. Jar painted in overglaze enamels with peonies
Circ.219—1930
Chenghua period, Ming dynasty
Height 11.4cm
Acquired from a dealer

48. Vase painted in underglaze blue with flying fish
FE.6—1986
Hongzhi period, Ming dynasty
Height 67cm
Formerly collection of Stephen D. Winkworth

49. Jar painted in overglaze enamels with figurative scenes
C.998—1910
Zhengde period, Ming dynasty
Height 45.7cm, Midst diameter 35.6cm
Formerly collection of George Salting

50. Gourd-shape vase painted in underglaze blue with children at play
C.106—1928
Jiajing period, Ming dynasty
Height 26.7cm, Diameter 15.9cm
Formerly collection of Rev. John F. Bloxam

51. Octagonal jar painted in underglaze blue with shou characters and Eight Precious Objects
1718—1876
Jiajing period, Ming dynasty
Height 38.7cm, Diameter 34cm
Formerly collection of Jules Richard

52. Ewer painted in underglaze blue with European coat of arms
C.222—1931
Jiajing period, Ming dynasty
Height 33.3cm, Diameter 23cm
Formerly collection of William G. Gulland

53. Vase with *chi*-dragon handles and underglaze blue and red decoration
1699—1888
Jiajing period, Ming dynasty
Height 58.4cm, Diameter 22.9cm
Acquired from a dealer

54. Lidded jar painted in underglaze blue and overglaze red with fish
Circ.118—1936
Jiajing period, Ming dynasty
Height 40.6cm
Formerly collection of George Eumorfopoulos

55. Lidded box with turquoise and blue glazes and incised decoration
339—1898
Jiajing period, Ming dynasty
Height 14.9cm, Diameter 25.7cm
Acquired from auction

56. Gourd-shape vase painted in overglaze enamels with scrolling lotus
C.943—1935
Jiajing period, Ming dynasty
Height 21.3cm
Formerly collection of George Eumorfopoulos

57. Jar painted in underglaze blue with phoenix roundels
FE.111—1975
Longqing period, Ming dynasty
Height 42.9cm, Diameter 48.9cm
Formerly collection of Stephen W. Bushell

58. *Gu*-shape vase painted in underglaze blue and overglaze enamels
C.463—1920
Wanli period, Ming dynasty
Height 57.3cm
Formerly collection of S.M. Franck & Co.

59. Fish bowl painted in underglaze blue and overglaze enamels
C.189—1933
Wanli period, Ming dynasty
Height 38cm, Diameter 58.4cm
Acquired from a dealer

60. Longquan ware dish with incised decoration
C.64—1964
Early Ming dynasty
Diameter 63.5cm
Acquired from a private collector

61. *Meiping* with fahua glazes
701—1883
Mid-Ming dynasty
Height 36.5cm, Diameter 20cm
Formerly collection of Stephen W. Bushell

62. Dehua ware figure of Guanyin
C.548—1910
Ming dynasty
Height 28cm
Formerly collection of George Salting

63. Dehua ware figure of Guandi by He Chaozong
C.544—1910
Ming-Qing dynasties
Height 29.8cm
Formerly collection of George Salting

64. Vase painted in underglaze blue with scenes from Xixiangji
C.859—1910
Kangxi period, Qing dynasty
Height 75cm, Diameter 22.4cm
Formerly collection of George Salting

65. Dish painted in underglaze blue with European musicians
C.781—1910
Kangxi period, Qing dynasty
Diameter 22.4cm
Formerly collection of George Salting

66. Brushpot painted in underglaze blue and red with Kuixing
C.976—1910
Kangxi period, Qing dynasty
Height 14.8cm, Diameter 18.5cm
Formerly collection of George Salting

67. Vase painted in underglaze red with dragons
FE.9—1976
Kangxi period, Qing dynasty
Height 20cm
Formerly collection of Harry Garner

68. Deep bowl with pale green and copper red glazes
C.385—1910
Kangxi period, Qing dynasty
Height 18.4cm, Width 26cm
Formerly collection of George Salting

69. Vase with Eight Immortals in relief
C.1257—1910
Kangxi period, Qing dynasty
Height 45.1cm, Width 19.4cm
Formerly collection of George Salting

70. Bowl painted in overglaze enamels with mandarin ducks in a pond
C.120—1929
Kangxi period, Qing dynasty
Diameter 17.2cm
Formerly collection of Henry B. Harris

71. Lidded box painted in *famille vert* enamels with sailing boats
C.1027—1910
Kangxi period, Qing dynasty
Diameter 27cm
Formerly collection of George Salting

72. Polychrome figures of Fuxing and Shouxing
C.1272、1273、1271—1910
Kangxi period, Qing dynasty
Height 48.3cm
Formerly collection of George Salting

73. Lantern painted in doucai enamels with immortals
C.1457—1910
Kangxi period, Qing dynasty
Height 21.5cm
Formerly collection of George Salting

74. Blue-glaze *duomu* ewer with Arabic inscription
1—1885
Kangxi period, Qing dynasty
Height 43.2cm, Diameter 14.6cm
Formerly collection of Jui Hsing Lung

75. Square vase painted in *famille jaune* enamels with prunus and birds
C.1284—1910
Kangxi period, Qing dynasty
Height 51.5cm
Formerly collection of George Salting

76. Copper red-glaze vase
C.388—1910
Kangxi period, Qing dynasty
Height 40cm, Diameter 23.2cm
Formerly collection of George Salting

77. Vase with dragon handles and underglaze blue decoration
C.286—1910
Yongzheng period, Qing dynasty
Height 52cm
Formerly collection of S.M. Franck&Co.

78. Hexagonal bowl painted in underglaze red with bats
599—1907
Yongzheng period, Qing dynasty
Height 10cm, Diameter 22cm
Formerly collection of William G. Gulland

79. Lidded bowl painted in *doucai* enamels with flowers and birds
635—1907
Yongzheng period, Qing dynasty
Height 14.6cm, Diameter 18.7cm
Formerly collection of William G. Gulland

80. Dish painted in *famille rose* enamels with peaches
719—1907
Yongzheng period, Qing dynasty
Diameter 50.8cm
Formerly collection of William G. Gulland

81. Jar painted in *famille rose* enamels with lotus
C.1462—1910
Yongzheng period, Qing dynasty
Height 48.2cm, Diameter 35.5cm
Formerly collection of George Salting

82. Vase painted in overglaze enamels with figurative scenes
C.1463—1910
Yongzheng period, Qing dynasty
Height 57.5cm, Diameter 24.8cm
Formerly collection of George Salting

83. Brushpot with wood-simulating glaze and overglaze decoration
682—1907
Yongzheng period, Qing dynasty
Height 14cm
Formerly collection of William G. Gulland

84. Polychrome hexagonal vase
C.1392—1910
Yongzheng period, Qing dynasty
Height 45.1cm, Diameter 21.3cm
Formerly collection of George Salting

85. Tea-dust glaze vase with parrot handles
C.487—1910
Yongzheng period, Qing dynasty
Height 23.5cm, Diameter 22.2cm
Formerly collection of George Salting

86. Robin's egg glaze vase with long neck
601—1907
Yongzheng period, Qing dynasty
Height 31.7cm
Formerly collection of William G. Gulland

87. Pair of candlesticks painted in underglaze blue with inscription
FE.129—1975
Qianlong period, Qing dynasty
Height 67cm
Formerly collection of Stephen W. Bushell

88. Incense burner with lid painted in underglaze blue with floral pattern
206—1885
Qianlong period, Qing dynasty
Height 39.7cm, Diameter 19cm
Acquired from a dealer

89. *Jue* and tray painted in underglaze blue with dragons
C.95—1913
Qianlong period, Qing dynasty
Height 13cm, Diameter 16cm
Formerly collection of S.M. Franck&Co.

90. Flask painted in underglaze blue and red with a sun above waves
FE.57—1982
Qianlong period, Qing dynasty
Diameter 50cm
Formerly collection of Esonhero Victor Lee

91. Cylindrical vase painted in underglaze blue and red with scrolling flowers
6956—1860
Qianlong period, Qing dynasty
Height 47.6cm, Diameter 18.4cm
Early acquisition

92. Vase with chi-dragon handles and polychrome decoration
C.1196—1917
Qianlong period, Qing dynasty
Height 53.7cm
Formerly collection of Henry L. Florence

93. Polychrome vase with revolving inner cylinder and pierced outer wall
C.1484—1910
Qianlong period, Qing dynasty
Height 20cm
Formerly collection of George Salting

94. Jar painted in *famille rose* enamels on a graviata ground
C.1461—1910
Qianlong period, Qing dynasty
Height 24.2cm, Diameter 12.8cm
Formerly collection of George Salting

95. Gourd-shape vase painted in overglaze enamels with European figures
C.219—1931
Qianlong period, Qing dynasty
Height 17.1cm, Diameter 10.2cm
Formerly collection of William G. Gullard

96. Pale green-glaze vase with panels painted in overglaze enamels
C.1466—1910
Qianlong period, Qing dynasty
Height 36.5cm, Width 27.5cm
Formerly collection of George Salting

97. Gongba vase with silver-simulating glaze
C.499—1910
Qianlong period, Qing dynasty
Height 24.6cm
Formerly collection of George Salting

98. Pale blue-glaze jar with animal-head handles
C.526—1910
Qianlong period, Qing dynasty
Height 27.3cm
Formerly collection of George Salting

99. Oxhead-shape rhyton
C.497—1910
Qianlong period, Qing dynasty
Height 10.8cm
Formerly collection of George Salting

100. Model of pagoda with underglaze blue and overglaze decoration
C.80—1954
Jiaqing period, Qing dynasty
Height 276cm
Acquired from a private collector

101. Vase with wood-simulating glaze and overglaze decoration
FE.12—1984
Jiaqing period, Qing dynasty
Height 33.5cm
Acquired from auction

102. Pair of polychrome figures of women wearing *dianzi* headdress
FE.18—1978
Late Qing dynasty
Height 40.5cm
Formerly collection of C.N.Ades

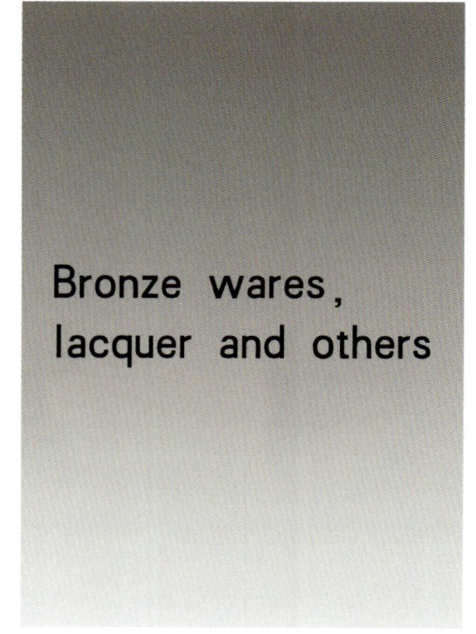

Bronze wares, lacquer and others

103. *Lei* wine jar
M.1163—1926
Shang dynasty
Height 35cm
Formerly collection of Ernest A. Brooks

104. *Ding* tripod
M.60—1953
Shang dynasty
Height 19cm
Formerly collection of Bluett & Sons

105. *Li* tripod
M.3—1935
Shang dynasty
Height 26cm
Formerly collection of George Eumorfopoulos

106. *Jue* cup
M.3—1950
Shang dynasty
Height 21cm
Formerly collection of Bluett & Sons

107. *Gu* wine vessel
FE.156—1988
Shang dynasty
Height 32cm
Formerly collection of Mrs Doris Marchetti

108. *Zun* wine jar
M.4—1935
Shang dynasty
Height 28.7cm
Formerly collection of George Eumorfopoulos

109. Owl-shape wine vessel
M 5—1935
Shang dynasty
Height 21cm
Formerly collection of George Eumorfopoulos

110. *Fangyi* wine jar with lid
M.185—1935
Shang dynasty
Height 32cm
Formerly collection of George Eumorfopoulos

111. *You* wine jar with bail handle
M.186—1935
Shang-Western Zhou dynasties
Height 26cm
Formerly collection of George Eumorfopoulos

112. *Yan* steamer
M.214—1938
Western Zhou dynasty
Height 35.3cm
Formerly collection of Bluett & Sons

113. *Gui* food vessel
203—1899
Western Zhou dynasty
Height 10.3cm, Width 17cm
Formerly collection of Stephen W. Bushell

114. *You* wine jar with bail handle
M. 6—1935
Western Zhou dynasty
Height 34.2cm, Width 29.7cm
Formerly collection of George Eumorfopoulos

115. Axe head
M.15—1948
Western Zhou dynasty
Height 12.5cm, Length 16cm
Formerly collection of C.L. Rutherston

116. *Zun* wine jar
FE.123—1974
Western Zhou dynasty
Height 16.8cm
Formerly collection of Charles Seligman

117. *Ding* with lid
M.1158—1926
Spring & Autumn period
Height 37cm, Diameter 29.8cm
Formerly collection of Ernest A. Brooks

118. Wine jar with turquoise inlay
M.7—1935
Warring States period
Height 36cm, Width 24cm
Formerly collection of George Eumorfopoulos

119. Wine vessel of animal shape
206—1899
Warring States period
Height 28.5cm
Formerly collection of Stephen W. Bushell

120. Mirror with *chi*-dragon pattern
M.31—1952
Warring States period or later
Diameter 17cm
Formerly collection of Bluett & Sons

121. Square jar with gold and silver inlay
M.1154—1926
Western Han dynasty
Height 50cm
Formerly collection of Ernest A. Brooks

122. Lidded flask with ring handles
M.1161—1926
Western Han dynasty
Height 30.5cm
Formerly collection of Ernest A. Brooks

123. Brazier with Animals of the Four Directions
FE.133—1974
Western Han dynasty
Length 14.5cm
Formerly collection of Charles Seligman

124. Mirror with TLV pattern
M.16—1935
Eastern Han dynasty
Diameter 19.5cm
Formerly collection of George Eumorfopoulos

125. Weight of phoenix shape
M.724—1910
Han dynasty
Height 6.4cm
Formerly collection of George Salting

126. Square mirror with *pingtuo* silver inlay
M.27—1935
Tang dynasty
Length 10.9—11.1cm
Formerly collection of George Eumorfopoulos

127. Bird-shape vessel with gold and silver inlay
M.731—1910
Song dynasty
Height 16.5cm
Formerly collection of George Salting

128. Mirror with sailing boat and inscription
M.78—1937
Jin dynasty
Diameter 17cm
Formerly collection of Aubrey Le Blond

129. Figure of Acuoye Guanyin
M.155—1938
Dali Kingdom
Height 28.5cm
Formerly collection of George Eumorfopoulos

130. Figure of Lu Dongbin
71—1889
Ming dynasty (1368-1644)
Height 25.5cm
Formerly collection of Stephen W. Bushell

131. Mirror stand of horned animal shape
M.737—1910
Ming-Qing dynasties
Length 27cm
Formerly collection of George Salting

132. Set of writing accessories
M.605—1924
Qing dynasty
Various sizes
Formerly collection of Royal Asiatic Society

133. Figure of Laozi riding an ox
M.2—1922
Qing dynasty
Height 94.5cm, Length 95.2cm
Formerly collection of Mrs H.M. Schiff

134. Cup carved in *tixi* style, with silver liner
FE.10—1974
Northern Song dynasty
Diameter 9.4cm
Formerly collection of Harry Garner

135. Polychrome figure of Guanyin
A.7—1935
Jin dynasty
Height 114.2cm
Formerly collection of George Eumorfopoulos

136. Figure of Luohan
A.29—1931
Yuan dynasty
Height 98cm, Width 82cm
Formerly collection of Bluett & Sons

137. Carved black lacquer dish with phoenix pattern
FE.20—1974
Yuan dynasty
Diameter 31.8cm
Formerly collection of Harry Garner

138. Carved red lacquer cupstand with floral pattern
FE.23—1974
Yongle period, Ming dynasty
Diameter 16.5cm
Formerly collection of Harry Garner

139. Carved red lacquer table with drawers
FE.6—1973
Xuande period, Ming dynasty
Height 79.2cm, Width 119.5cm
Formerly collection of Fritz Low-Beer

140. Polychrome incised lacquer chest
FE.7—1973
Xuande period, Ming dynasty
Height 48cm, Width 56.5cm
Formerly collection of Fritz Low-Beer

141. Carved red lacquer box with figurative scenes
FE.32—1974
Jiajing period, Ming dynasty
Diameter 8.1cm
Formerly collection of Harry Garner

142. Black lacquer box with mother-of-pearl inlay
FE.20—1982
Jiajing period, Ming dynasty
Height 12cm, Diameter 28cm
Formerly collection of Harry Garner

143. Carved red lacquer box with children at play
FE.45—1974
Wanli period, Ming dynasty
Diameter 7.1cm
Formerly collection of Harry Garner

144. Carved red lacquer folding armchair
FE.8—1976
Ming dynasty
Height 114.5cm
Formerly collection of Harry Garner

145. Gold lacquer figure of Guandi
A.7—1917
Ming dynasty
Height 120cm
Formerly collection of T.C.Sandeman

146. Square lacquer cup with mother-of-pear inlay
FE.75—1974
Kangxi period, Qing dynasty
Width 6.1cm
Formerly collection of Harry Garner

147. Black lacquer ewer with mother-of-pearl inlay by Jiang Qianli
41—1876
Kangxi period, Qing dynasty
Height 36.2cm, Width 12cm
Early acquisition

148. 12-leaf Coromandel screen
130—1885
Kangxi period, Qing dynasty
Height 270cm, Width 53.3cm
Formerly collection of Siegfried Bing

149. Square lacquer dish with coloured stone inset
W.611—1910
Kangxi period, Qing dynasty
Height 3.2cm, Length 24cm
Formerly collection of George Salting

150. Carved red lacquer box with 'spring' character
655—1872
Qianlong period, Qing dynasty
Diameter 17.3cm
Formerly collection of Harry Garner

151. Hexagonal carved red lacquer box with figurative scenes
351—1880
Qianlong period, Qing dynasty
Height 25.8cm, Diameter 37cm
Acquired from a dealer

152. *Huali* wood washstand
FE.28—1989
Qing dynasty
Height 183.5cm, Width 65.5cm, Diameter 44.9cm
Acquired with assistance from Mrs Amy Tsui

153. Small lacquer cup with mother-of-pearl inlay
FE.77—1974
Qing dynasty
Diameter 5.7cm
Formerly collection of Harry Garner

154. Carved red lacquer throne
W.399—1922
Qing dynasty
Height 119.3cm, Width 125.7cm
Formerly collection of Spink & Son

155. Set of boxes of carved and incised lacquer
1145—1875
Qing dynasty
Height 24.8cm, Width 19.3cm
Early acquisition

156. Ram-shape cloisonné box
M.192—1917
Qianlong period, Qing dynasty
Height 15cm, Length 16.2cm
Formerly collection of Henry L. Florence

157. Rectangular cloisonné ice chest
255—1876
Qianlong period, Qing dynasty
Height 72.4cm, Length 109.9cm
Formerly collection of Professor Stockbauer

158. Hand mirror with painted enamel back
T.53—1939
Qianlong period, Qing dynasty
Length 28cm
Formerly collection of Mrs E.L.Cockell

159. Cloisonné three-legged hat stand
M.33—1959
Qing dynasty
Height 30.5cm, Width 20.3cm
Formerly collection of Miss V.M. Matthey

160. Cloisonné twin-tube 'hero' vase
M.178A—1917
Qing dynasty
Height 29.3cm, Width 16.5cm
Formerly collection of Henry L. Florence

161. Gilt and enamelled incense burner of horned animal shape
545—1903
Qing dynasty
Height 23.5cm, Width 17cm
Acquired from a private collector

162. Ox-shape enamelled stand with gold inlay
M.75—1953
Qing dynasty
Height 19cm
Formerly collection of Spink & Son

163. Painted enamel kettle with bail handle
488—1872
Qing dynasty
Diameter 17cm
Early acquisition

164. Painted enamel hand-warmer brazier with bail handle
C.37—1924
Qing dynasty
Height 11cm, Width 18.5cm
Formerly collection of Miss Marcus

165. Painted enamel cooker
C.111—1947
Qing dynasty
Height 17.8cm, Width 24.8cm
Formerly collection of Walter L. Hildburgh

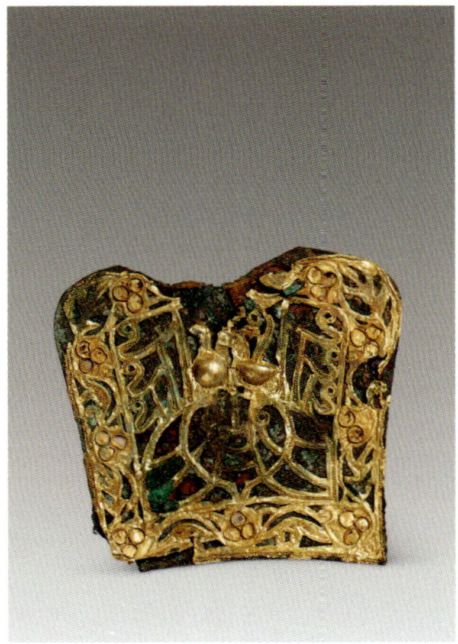

166. Openwork gold hat ornament with cicada pattern
M.96—1938
Wei-Jin dynasties
Height 5cm, Width 4.5cm
Formerly collection of George Eumorfopoulos

167. Gold bowl with flange and ring
M.30—1935
Yuan dynasty
Diameter 7cm
Formerly collection of George Eumorfopoulos

168. Silver cup with scrolling foliage pattern and ring handle
M.32—1935
Tang dynasty
Diameter 6.5cm
Formerly collection of George Eumorfopoulos

169. Eight-lobed silver cup
M.35—1935
Tang dynasty
Length 18.8cm
Formerly collection of George Eumorfopoulos

170. Silver box
M.125—1938
Tang dynasty
Height 5cm, Diameter 7.5cm
Formerly collection of George Eumorfopoulos

171. Openwork spherical silver censer
M.98—1938
Tang dynasty
Height 4.3cm, Diameter 7.5cm, Weight 40g
Formerly collection of George Eumorfopoulos

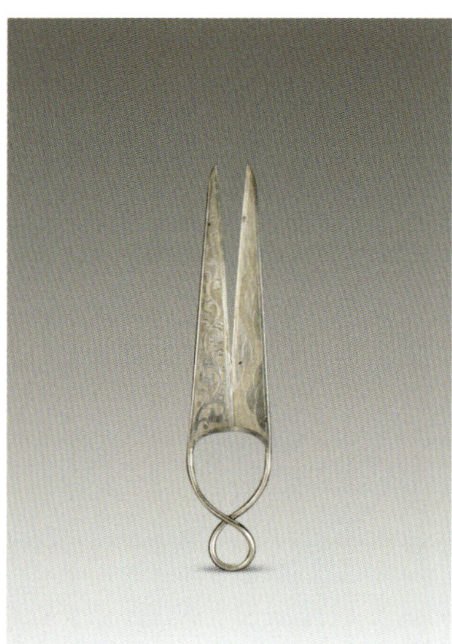

172. Silver scissors
M.38—1935
Tang dynasty
Length 18.5cm
Formerly collection of George Eumorfopoulos

173. Pair of fan-shape gilt silver hairpin
M.62—1935
Tang dynasty
Length 21.3cm
Formerly collection of George Eumorfopoulos

174. Jade *ge* blade with bronze handle
FE.21—1984
Shang dynasty
Length 33.4cm
Formerly collection of Harry Garner

175. Jade pendant of coiled dragon shape
A.73—1936
Western Zhou dynasty
Diameter 8.2cm
Formerly collection of George Eumorfopoulos

176. Jade winged cup
FE.3—1985
Western Han dynasty
Height 2.4cm, Length 15cm
Formerly collection of Henry Garner

177. Jade horse head
A.16—1935
Han dynasty
Height 14cm, Width 17.2cm
Formerly collection of George Eumorfopoulos

178. Jade brushrest in the shape of four boys
C.1898—1910
Ming dynasty
Length 9cm
Formerly collection of George Salting

179. Jade *qilin* carrying vase
1542—1882
Qianlong period, Qing dynasty
Height 17.2cm
Formerly collection of Arthur Wells

180. Jade four-tube censer
751—1903
Qing dynasty
Height 14.3cm
Formerly collection of W.H. Cope

181. Brown-glaze figure of a foreigner
C.222—1934
Sui dynasty
Height 72.5cm, Width 13.5cm
Formerly collection of John Sparks

182. Figure of a *kunlun* boy
C.827—1936
Tang dynasty
Height 25.8cm
Formerly collection of George Eumorfopoulos

183. Figure of a tomb deity
C.879—1936
Tang dynasty
Height 104.2cm
Formerly collection of George Eumorfopoulos

184. Three-colour figure of a woman wearing foreign dress
C.815—1936
Tang dynasty
Height 32cm
Formerly collection of George Eumorfopoulos

185. Three-colour figure of a woman holding mirror
C.71—1935
Tang dynasty
Height 32cm, Width 10cm
Formerly collection of George Eumorfopoulos

186. Three-colour figure of a horse
C.50—1964
Tang dynasty
Height 76cm, Width 84cm
Formerly collection of Mrs Robert Solomon

187. Limestone Buddhist four-sided stele
A.9—1935
Beiwei dynasty
Height 173.4cm
Formerly collection of George Eumorfopoulos

188. Limestone stele of Buddha flanked by two Bodhisattvas
FE.7—1971
Dongwei dynasty
Height 92.5cm
Acquired from auction

189. Marble figure of seated Buddha
A.36—1950
Northern Qi dynasty
Height 166.7cm, Width 92cm
Formerly collection of Herbert Coleman

190. Rank badge with egret motif
FE.11—1986
Ming dynasty
Height 32cm, Width 35cm
Acquired from a dealer

191. Woman's festive robe with coral beads and seed pearls
T.253—1967
Qing dynasty
Length 144.7, Width 199.5cm
Formerly collection of Percival David

192. Bright yellow satin court robe with Twelve Symbols
T.753—1950
Late Qing dynasty
Length 146cm, Length 218cm
Formerly collection of Mrs W. Llewellyn Jones

193. Woman's *dianzi* headdress
M.118—1966
Qing dynasty
Height 16.5cm, Width 25.5cm
Formerly collection of Mrs Jennifer Barker

194. Rhinoceros horn cup carved with mountain scene
2721—1856
Qing dynasty
Diameter 17.6cm
Early acquisition

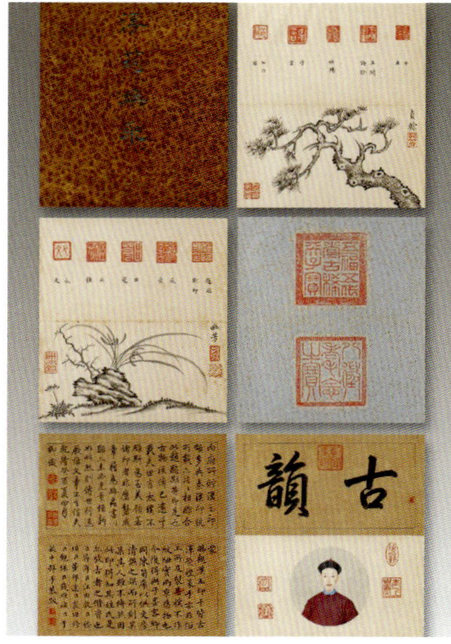

195. Album of seals
Dated 1753
Height 12cm, Width 22cm
Formerly collection of Spink & Son

后 记

由中国国家博物馆策划的《中国国家博物馆海外交流系列丛书·海外藏中国古代文物精粹》于2005年立项，之后陆续与各国收藏中国古代文物较为集中的著名博物馆洽谈。英国国立维多利亚与艾伯特博物馆即是与中国国家博物馆最先合作的博物馆，其馆长马丁·罗特先生、副馆长马克乐女士等对此项目全力支持，无偿提供了文物的图片和信息，马丁馆长还为此书撰写了序言；其中国藏品主任刘明倩女士不但专为此书撰写了《中国文物和英国国立维多利亚与艾伯特博物馆》一文，还审校了全书文稿，提出了诸多修改意见，为该卷书的推出付出了极大的辛劳。

中国国家博物馆非常重视这项工作，从策划、立项到编撰出版，期间经过了艰苦的工作。中国国家博物馆吕章申馆长亲自指导立项以来的各项具体工作，并为该丛书题写书名、撰写总序；陈履生副馆长亲自联系并指导与各家博物馆开展工作，并审核书稿内容；馆内专家孙机等先生，以其广博深厚的学识确定了文物的目录，撰写了部分条目，并审阅了全书内容，从学术上给出了具体的修改意见，虽已耄耋之年但仍为此书付出大量心血；已经退休的王冠英先生和已调任的田善亭先生亦为此书所付良多；学术研究中心的全体同仁，以及藏品保管一部、外事处等部门的领导和同事也都付出了辛勤的劳动。

本套丛书的书装设计是由中国国家画院画家申少君先生（蠹鱼阁）担纲，他全力以赴，用他的智慧和汗水，为读者在欣赏文物之时带来美的观感。

本套丛书的成功出版，亦有赖于时代出版传媒股份有限公司安徽美术出版社的全力配合，武忠平社长高度重视，亲自指导各项具体工作；其编辑部主任秦金根先生更是往返京皖多次，与中国国家博物馆海外丛书项目组讨论具体修改意见。本套丛书的出版得到了北京雅昌艺术印刷有限公司的大力支持，在此一并致以深深的谢意！

正是在热爱祖国文化和艺术事业的人们、单位和领导们的支持和帮助下，本套丛书才能成功出版。我们相信，本套丛书的出版必将为弘扬祖国的优秀传统文化做出贡献。

中国国家博物馆
2014年5月

图书在版编目（CIP）数据

海外藏中国古代文物精粹·英国国立维多利亚与艾伯特博物馆卷 / 吕章申主编. — 合肥：安徽美术出版社，2014.11
（中国国家博物馆国际交流系列丛书）

ISBN 978-7-5398-4960-7

Ⅰ.①海… Ⅱ.①吕… Ⅲ.①文物—介绍—中国 Ⅳ.①K87

中国版本图书馆CIP数据核字（2014）第079412号

装帧设计
蠹鱼阁

责任编辑
秦金根　金前文　李　鼎

责任校对
司开江　陈芳芳

责任印制
徐海燕

中国国家博物馆国际交流系列丛书
海外藏中国古代文物精粹
英国国立维多利亚与艾伯特博物馆卷

ZHONGGUOGUOJIABOWUGUAN GUOJI JIAOLIU XILIE CONGSHU
HAIWAICANG ZHONGGUO GUDAI WENWU JINGCUI
YINGGUOGUOLIWEIDUOLIYAYUAIBOTEBOWUGUAN JUAN

主　　编：吕章申
出 版 人：武忠平
出版发行：时代出版传媒股份有限公司
安徽美术出版社（http://www.ahmscbs.com）
地址：合肥政务文化新区翡翠路1118号出版传媒广场14F
邮编：230071
营销部：0551—63533604（省内）　0551—63533607（省外）
印制：北京雅昌艺术印刷有限公司
开本：787mm×1092mm　1/8　印张：48.5
版次：2014年12月第1版　2014年12月第1次印刷
书号：ISBN 978-7-5398-4960-7
定价：1200.00元